我的北洋军旅生涯

MY BEIYANG MILITARY CAREER

李藻麟 著

团结出版社

图书在版编目（ＣＩＰ）数据

我的北洋军旅生涯 / 李藻麟著. -- 北京 ：团结出
版社，2017.11

ISBN 978-7-5126-5287-3

Ⅰ．①我… Ⅱ．①李… Ⅲ．①李藻麟－自传②张宗昌
（1881-1932）－生平事迹 Ⅳ．①K827=6

中国版本图书馆 CIP 数据核字 (2017) 第 154241 号

出　　版：团结出版社

（北京市东城区东皇城根南街 84 号　邮编：100006）

电　　话：（010）65228880　65244790　（出版社）

（010）65238766　85113874　65133603（发行部）

（010）65133603（邮购）

网　　址：http://www.tjpress.com

E-mail：zb65244790@vip.163.com

fx65133603@163.com（发行部邮购）

经　　销：全国新华书店

印　　装：三河腾飞印务有限公司

开　　本：170mm×240mm　　　16 开

印　　张：14

字　　数：214 千字

印　　数：4045

版　　次：2017 年 11 月　第 1 版

印　　次：2017 年 11 月　第 1 次印刷

书　　号：978-7-5126-5287-3

定　　价：36.00 元

目录

张宗昌与李藻麟的不解之缘 ···················· 金满楼 1

前言 ·· 7

第一编　援湘之役与直皖战争 ······················· 1

　第一章　援湘之役起因 ····························· 1

　第二章　作战节节胜利 ····························· 2

　第三章　第一路突然撤防 ··························· 3

　第四章　第二路退至江西 ··························· 5

　第五章　直系消灭皖系长江势力 ··················· 5

　第六章　直皖战爆发 ······························· 6

　第七章　第二路覆灭于江西 ························· 7

　第八章　陕西与库伦事件 ··························· 9

第二编　第一次直奉战 ····························· 11

　第一章　战前形势 ································· 11

　第二章　战前部署 ································· 12

　第三章　第一次会战 ······························· 13

　第四章　河南之变 ································· 17

　第五章　第二次会战 ······························· 18

　第六章　一场人事风波 ····························· 20

第三编　第二次直奉战 ··· 22

　第一章　战前形势 ··· 22

　第二章　解决开滦煤矿罢工问题 ··································· 25

　第三章　战争导火线——朝阳寺事件 ······························ 26

　第四章　临战动员与作战部署 ······································ 27

　第五章　战事历程 ··· 29

　第六章　结束语 ··· 45

第四编　张宗昌生平简记 ··· 49

　第一章　童年生活贫困坎坷 ·· 49

　第二章　青年时期崭露头角 ·· 51

　第三章　投身辛亥革命 ··· 54

　第四章　归附北洋政府 ··· 56

　第五章　参加援湘战役 ··· 58

　第六章　出关依附奉系 ··· 64

　第七章　投身第一次直奉战 ·· 65

　第八章　济身奉军高级将领 ·· 66

　第九章　第二次直奉战战功显赫 ··································· 69

　第十章　护送卢永祥上任 ·· 73

　第十一章　驱逐齐燮元之战 ·· 75

　第十二章　连续荣任新职 ·· 81

　第十三章　抗击孙传芳之战 ·· 82

　第十四章　挫败陕军进攻山东之战 ································ 88

　第十五章　瓦解直军进攻山东之战 ································ 95

　第十六章　收编孙殿英 ·· 101

　第十七章　接应李景林部队进入山东 ····························· 103

　第十八章　攻打冯玉祥国民军之战 ································ 104

第十九章　渡长江抗击国民革命军之战 ……………………111

第二十章　苏皖豫地区抗击国民革命军诸战役 …………116

第二十一章　山东抗击国民革命军之战 …………………125

第二十二章　漆河与国民革命军最后一战 ………………128

第二十三章　企图夺回山东之战 …………………………134

第二十四章　东渡日本 ……………………………………138

第二十五章　寓居大连 ……………………………………140

第二十六章　九一八事变后回归北平 ……………………143

第二十七章　遇刺殒命 ……………………………………147

第二十八章　施政点滴 ……………………………………150

第二十九章　生活琐记 ……………………………………152

第三十章　"三不知" ……………………………………155

第三十一章　关于张宗昌的综述 …………………………159

第五编　北洋政府所辖各师和混成旅变迁简况 …………165

第六编　清末兴办军事学堂梗概 …………………………177

第七编　琐闻数则 …………………………………………181

第八编　作者的经历散记 …………………………………193

后记 …………………………………………………………206

张宗昌与李藻麟的不解之缘

金满楼

近人好拿参谋开涮，所谓"参谋不带长，啥啥都不响"，这也从侧面说明参谋一向不好当。事实上，即便是带了"长"，有时也未必遂人心意。

先说个吴佩孚的参谋长张方严的故事。1923年时，吴佩孚的原参谋长李倬章调任河南省长，遗缺由参谋处长张方严接任。张自知能力不济而向吴请辞，说："我的军事学不行，政治、经济、外交都很幼稚，恐怕不能胜任，还是请大帅另委贤能吧！"

吴佩孚听后哈哈一笑，说："张良、韩信，我自任之。一不用你替我拟军事计划，二不用你到前线指挥军队，三不用你带兵去冲锋陷阵。你只要老老实实地跟着我，听我的话就可以了。"如此，张方严还有什么话可说，只能感谢"大帅栽培"了。

之后，张方严便像影子一样跟在吴佩孚的后面，从来没有做过参谋长出谋划策的事情。因此，有人在背后嘲笑他："这哪里是参谋长？分明就是个高级副官嘛！"

话说1924年第二次直奉大战最激烈时，恰恰是这位从不出谋划策的参谋长自作主张了一次，用他自己的话来说，就是"给直军开了一张送死的药方！"

这是怎么回事呢？原来，当时吴佩孚亲临前线指挥作战去了，而张方严在总司令部给吴看摊。这时，前线来电告急，要求速调援军，而靳云鹗部正好有两个旅开到并准备到营口登陆，张方严觉得预备队陕军张治公部战斗力不强，于是想让这两个旅前去支援，但靳云鹗的旅长看不起张参谋长，便推脱说："我们另有

1

任务，你直接跟我们头儿说吧！"

军情急如星火，张方严一时间又找不到靳云鹗，于是只能发电报给援军总司令张福来速调军队前来支援。电报发出后，张方严又觉得远水解不了近渴，他突然想起第三军冯玉祥部尚未发动战事，于是又给冯去一个电报，大意是："此间形势危急，不有意外胜利，恐难挽回颓势"，其希望冯玉祥赶紧出兵夹击奉军，以奏大功。

本来呢，冯玉祥就一直关注着山海关大战的局势发展。正当他举棋不定之间，张方严的电报来了，于是冯玉祥判定吴军一定不行了，之后断然决定班师回京发动政变，囚禁大总统曹锟，这下给吴佩孚来个釜底抽薪。

北京政变的消息传到山海关后，吴佩孚所部军心动摇，张学良趁机指挥奉军精锐突破直军防线，一举击溃吴佩孚的主力并缴械纳降达三万余人。经此大败，吴佩孚率数万残兵败将连战连退，而冯玉祥等部又向东进军包抄，吴佩孚只剩下数千兵卒退守天津，最终浮海逃遁。

就这么着，一封电报把吴佩孚的前途毁于一旦。据说，在乘坐军舰离开天津时，吴佩孚手下的那些残兵败将们愤恨张方严擅发电报导致功败垂成，其纷纷要求将张方严扔到海里去喂王八。吴佩孚听后摆摆手，苦笑道："这也不能怪他。全怪我运气不好，还是算了吧！"①

在此役中，本书的传主李藻麟也有一个类似的电话故事。当时，李藻麟在直系吴佩孚所部彭寿莘第十五师中任参谋长。正当直奉主力在山海关一带鏖战之时，张宗昌所部突破冷口，之后急行军插入滦州，直逼直军的后方。在占领滦州车站后，张宗昌走进直军的电话室，这时电话铃响起，张即抓起耳机问："你是哪里？"对方答道："总指挥部。"张便问："你是谁？"对方答："我是李参谋长。"张听后，想也不想就问道："你可是李伯仁？"对方说："是"，并反问道："你是谁？现在哪里？"张呵呵一笑，说："我是张宗昌，现在滦州车站！"对方就把电话给挂上了。②

李伯仁即李藻麟，"伯仁"是他的字。原来，李藻麟用电话向后方联络情况，不意之中竟碰上了昔日的长官张宗昌。之后，冯玉祥倒戈的消息传来，直系军队

① 以上参见文斐编：《我所知道的吴佩孚》，中国文史出版社2004年版，第49—50页。
② 以上参见文斐编：《我所知道的张宗昌》，中国文史出版社2004年版，第53—54页。

一时阵脚大乱，兵败如山倒，吴佩孚被迫撤至天津一带，而包括彭寿莘等人在内的直系部队也大多被奉军缴械。

故事到这还没有完。据张宗昌的手下大将王翰鸣回忆，在直系大败之后，张宗昌给他交代了一个任务，就是把李藻麟给找来。王随后命褚玉璞的团长翟文林持他的名片去北京找李。李见奉军团长来访，不知要出什么事情，大感不安。经翟说明原委，李藻麟随后即来天津，张宗昌随即委派他为随军参谋长。①

关于这段故事，李藻麟在自己的传记中另有详细记述。当时直军全线崩溃后，李藻麟奉师长彭寿莘之命率十五师残余官兵向奉军张学良与郭松龄投降。所谓棋逢对手，张学良、郭松龄并未因此前山海关之战奉军损失很大而相报复，相反，其对李藻麟不计前嫌，并委以司令部交通处长之职。话虽如此，身为战败者的李藻麟最终仍不安于位而出走。

消息传出后，已将天津占领的张宗昌立即派了二十几个人并分成七、八个小组，到天津租界内外大小旅馆仔细查询。原来，张宗昌知道，李藻麟家在北京，从山海关出走的话一定经天津返回北京。但是，因为战争的缘故，当时京津尚未通车，所以李藻麟一定在天津某个旅馆等待通车。果然，李藻麟很快被担任褚玉璞参谋长的翟文林发现，并立即被护送到张宗昌的司令部。张宗昌见了李后，当即表示：立刻回到他的队伍里来，协助他处理军务；至于郭松龄的任命，已经成为过去，不必考虑。

张宗昌的态度既诚恳又坚决，毫无回旋商量的余地。盛情难却之下，李藻麟只得答应，但要求先回家看望一下，然后再到任。张宗昌怕李藻麟借机离去，坚决不同意而提出让李的陆军大学同学齐长增赴京代为看望家属。事后，张宗昌把李藻麟安排在自己隔壁车厢，并派卫队严密守卫，以防其再次出走。于是乎，李藻麟又一次当上了张宗昌的参谋长。②

以上是张宗昌、郭松龄等人争夺人才的故事。郭松龄与李藻麟都是民国后陆军大学毕业生，两人正好一前一后。陆军大学三年一期，毕业一期再招一期，毕业生本就极其有限，郭松龄作为学长，有意延揽学弟也属正常。不过，李藻麟最终弃郭随张，这说来也不奇怪，因为这二位早在1918年时就已相识相知，彼此

---

① 文斐编：《我所知道的张宗昌》，第53-54页。
② 李藻麟：《我的北洋军旅生涯》，九州图书出版社1998年版，第118页。

间的渊源较郭松龄的关系要深入多了。

从李藻麟的个人历史看，其在陆大毕业后被分配到保定陆军军官学校担任战术教官。期间，湘鄂之战爆发，北洋军大举南下，张宗昌时任新编混成第六旅旅长，其所部也随同南下作战。在陆大同学齐长增的介绍下，李藻麟结识了张宗昌，并在其邀请下担任所部参谋。这是李、张合作之开始。在之后两年中，两人相处甚得，李藻麟颇受张宗昌之赏识。

1920年，由于南下的北洋军主力吴佩孚所部率军北返，南军乘机反攻，湖南督军张敬尧随即垮台，张宗昌所部撤入江西后也被江西督军陈光远设法缴械。在张宗昌成立光头司令后，李藻麟也只得与之分手，改投直系曹锟、吴佩孚门下。

事实上，失势后的张宗昌一度也想投入曹锟门下，但最终被吴佩孚所阻扰。无奈之下，张只得出关投张作霖，并由此再度复起。所谓"风水轮流转"，奉军在第二次直奉大战中大获全胜，张宗昌立下大功，也算是扬眉吐气。就在这种情势下，李藻麟又回到张宗昌身边并跟随到张被刺死为止。

本书传主李藻麟为保定科班出身，后分配到第三镇（师）担任排长、连长之职，后又考入航空学校，为民国年后培养的第一批飞行员。袁世凯称帝期间，其曾随冯玉祥第十六混成旅南下四川作战。1916年，李藻麟回到北京并考入陆军大学，为第五期学员。1918年后，又相继参加湘鄂战争、两次直奉大战，其早年经历十分丰富。而其中，对直鲁联军尤其是张宗昌的回忆最多，也颇为真实。

关于张宗昌，现在人一提及即谓之"三不知"（不知道兵有多少、钱有多少、姨太太有多少）、"狗肉将军"，实则未免偏颇、妖魔化过甚，与史实差之甚远。试想张宗昌纵横南北，无论辛亥之役还是北洋期间的诸多战事，其都一一参与并得到冯国璋、段祺瑞、张作霖的高度信任与赏识，如果做人做事没点能耐，那是完全不可想象的。从这个角度说说，仅把张宗昌描绘成是一个"三不知"的混世魔王，于逻辑、于事实都说不过去。

这本《我的北洋军旅生涯》，系1998年由九州图书出版社首次出版。2008年笔者写作《北洋往事》一书时，曾在上海图书馆借阅，印象颇深。由于之前印数不多，如今在市面上已不多见；而从引用率看，普及面也不是太广，颇令人有些遗憾。2016年时，笔者在自建的微信群中不经意间提及此书的情况，当时立刻引起了多家出版社编辑的回应，并最终由团结出版社敲定重版此书，此举真算得上是一件大好事。

　　最后，特别值得一提的是，本书大体是私人自传的性质，没有太多的门户党派之见，因而比较实在，值得一读。从这个意义上说，如欲了解张宗昌及北洋时期的相关战役，这本书是极难得的参考书之一，不容错过。

前　言

我是北洋政府时代的一个军人，自一九〇九年（清宣统元年），投身军界，至一九二八年（民国十七年）北洋政府倒台，在将近二十年中，始终没有脱离北洋军阀集团，先属直系，后隶奉系。我的军事生涯是从清末投考保定陆军速成学堂开始的，民国以后又继续深造，曾先后毕业于航空学校和陆军大学。在军队中，历任排长、连长、航空连长、军官学校战术教官、参谋、参谋处长、师参谋长、军参谋长、山东省军务善后督办公署参谋长、直鲁联军总参谋长、二七方面军总参谋长兼第二十军军长等职务。我曾被授衔步兵少尉、中尉、上尉、少校、中校、上校、陆军少将、中将；并蒙授智威将军、勋五位、二等宝光嘉禾章、二等文虎章等称号和奖励。

我曾亲身经历军阀混战时期的一些重大战役，诸如援湘战役、第一次直奉战、第二次直奉战、直鲁联军与国民军之战、北洋政府安国军与国民革命军（即北伐军）之战，等等。由于职务关系，我和上层领导人接触比较多。对作战全局情况了解比较多。因此，我的一些亲身经历对后世了解当时一些事件的详细情况和事实真相，或多或少会有些帮助。

我归属奉系后，主要是跟随张宗昌南征北战，因此这一时期军事经历，都与张宗昌的活动息息相关；由于在他麾下任职，对他的身世和过去的经历也有所了解，便以《张宗昌生平简记》概括了这一段经历。

此外，我也知道一些道听途说的事，然而这些事不是来自市井里巷，而是出自局内知情人之口，因此也一并志之，以为后世参考。

李藻麟

一九五八年九月

7

第一篇　援湘之役与直皖战争

一九一八年（民国七年），援湘之役军兴。当时，我正在保定陆军军官学校任战术教官，经陆军大学同学齐长增介绍，结识张宗昌。应张的邀请，前往湖南参加其所属援湘部队，担任参谋工作。

第一章　援湘之役起因

援湘之役起于湖南督军傅良佐被逐。傅本属皖系，到湖南任职不久，便为南军谭延闿所逐。当时，冯国璋任大总统，段祺瑞任国务总理。府院之间对国内南北问题的主张向有抵触，冯主和而段主战。经安徽督军倪嗣冲从中斡旋，最后决定组织援湘大军，以挽回北洋政府的威信。北洋政府明令任命直隶督军曹锟为两湖巡阅使兼第一路总司令，总司令部设在汉口。第一路由第三师及王承斌、阎相文、萧耀南三个旅编成。同时任命第三师师长吴佩孚为第一路前敌总指挥，驻衡阳，率第三师扼守湘中。任命山东督军张怀芝为湘赣检阅使兼第二路总司令。第二路由山东第五师并两个独立团、潘鸿钧和张克瑶两个旅以及安武军李传业部十五个营编成，任命第五师师长施从滨为第二路前敌总指挥。但恐总统冯国璋为主和派所动摇，主战派要求由北京政府明令指派冯属部队参加作战，委派高级军官一人到汉口第二路司令部参与作战计划的制定。冯皆一一许诺。于是派其参谋长熊炳琦任第二路总参议，派其副官长张宗昌为新编第六混成旅旅长。所属部队，经商得江苏督军李纯同意，由原七十四旅调出步兵一团，又将原稽私营扩编为一个团，并附炮兵、工兵、辎重兵各一部合编成一个混成旅，加入第二路战斗序列，开赴湖南前线。

1

当时，在湖南的军队尚有督军张敬尧所属第七师，张自兼师长，其所属夏树声旅驻邵阳，夏并兼任邵阳镇守使。冯玉祥率所部一个旅另附一个补充团驻守常德。

第二章　作战节节胜利

第一路曹锟所部各师旅，由第三师师长吴佩孚执行指挥，沿京汉铁路前进，到达汉口渡江，经由武昌向岳州（岳阳）前进，并会同张敬尧所属第七师占领岳州。尔后，第一路部队即做为前驱部队，沿湘江进占长沙，在长沙稍事停留，旋即继续经由株洲、衡山向衡阳前进。

第二路张怀芝所辖山东省部队并安武军及新编第六混成旅等部，系沿津浦铁路前进，到浦口后船运至九江，由九江登陆。其山东省部队及安武军各部到达南昌后分两路前进：一路由南昌、樟树镇、新余、袁州、萍乡入湘；一路由南昌、高安、万载入湘。因第一路作战部队节节顺利，前进极为迅速，故第二路前敌总指挥施从滨亦督饬部队迅速前进。入湘后，其由萍乡、万载两线所来之各部队，经由皇图岭直向攸县方面争进。部队既多，进度又难整齐，后方输送给养弹药尤为杂乱，因此大军拥挤于醴陵和攸县之间的大路上。而张宗昌所属第六混战旅通过铜鼓一带大山，攀藤附葛，备极疲劳，入湘后亦须通过醴陵直趋小集。当第二路部队尚未与第一路部队齐头并进之际，其最先到达攸县的先头部队突遭南军刘建藩部猛袭，由于长途跋涉疲劳不堪，加以警戒不周，遂被击溃。施从滨指挥下的各部队连同徘徊于醴陵、攸县路上的安武军共约六七个旅，均受牵扯而后退。正所谓一路被击，各路皆走。溃军复彼此惊骇，大有风声鹤唳、草木皆兵之势。此刻，张宗昌率第六混成旅方达小集，闻主力败退，乃向攸县、醴陵通路迂回，企图予以援助，而杯水车薪，无济于事，遂亦连同向长沙方面撤退。而施从滨的主力部队则大部向萍乡撤退，其到达长沙者寥寥无几，士气一蹶不振。张宗昌所部未受任何损失，完整无缺，锐气方张。到达长沙后，驻扎在长沙东郊开元寺。湖南督军张敬尧亲往视察，并表示满意，诸如弹药、饷需、鞋袜等均予以补充。张宗昌由部队中选拔奋勇约千余人，亲自率领；余部则由团长贾德臣率领，改编后立即向株洲进发。

南军刘建藩部自攸县战胜后，跟踪追击，经醴陵到达株洲，遂与张敬尧所属第七师吴新田旅遭遇，发生战斗，相当激烈。张宗昌率部到达株洲，经与吴新田商洽后，随即率领所部迁回到刘建藩部背后，乘夜猛袭，南军遂全线动摇，纷纷溃退。刘建藩在株洲铁路桥口督战，为溃军击毙，于是南军全线崩溃。张宗昌指挥如意，当即乘胜追击，不到三四天，便将醴陵、攸县及茶陵一带均行克复。当株洲战斗激烈进行时，第一路曾由衡阳派出一支部队，渡过湘江，占领耒阳、安仁两县，意图截击南军归路。故南军溃退时概由茶陵退到酃县以南地区，湘东局势因之稳定。

北京政府对援湘军事异常重视，总统冯国璋尤为关怀，自闻张宗昌湘东告捷，大喜过望。第二路总司令张怀芝方驻节汉口，意兴甚豪，以为胜券在握，及闻施从滨败讯，乃爽然自失；继而得到张宗昌的捷报，忧心方解，欢喜异常，赞叹不已说："幸亏有此，不然难以交待。"遂与北京政府协商，决定以张宗昌所率第六混成旅扩编为中央暂编第一师，任命张宗昌为师长。同时决定改变第二路建制，撤销第二路总司令一职，仍设第二路前敌总指挥一职，并以张宗昌兼任之，驻守醴陵，直属北京政府管辖。山东部队潘鸿钧和张克瑶两旅，仍拨归第二路指挥调遣。暂编第一师以贾德臣任第一旅旅长，王万金任第一团团长，褚玉璞任第二团团长；第二旅旅长则由张宗昌兼任，程国瑞任第三团团长，王康福任第四团团长，赵某任炮兵团团长，王栋任工兵营营长，我任参谋长。

第三章 第一路突然撤防

援湘之役正在顺利进行之际，第一路总司令部于是年秋季突然由汉口移驻保定，事前并未向北京政府报告，待北京知晓后，总司令曹锟已乘专车到达保定下车。同时，第一路前线部队在湖南衡阳一带停顿下来，宣言不再前进。据熟悉内幕者说，徐树铮建议将曹锟直隶督军一职开缺，专任前方军事；所遗直隶督军一缺，则由徐树铮任之。此意在铲除心腹之患，巩固皖系中央地盘。事在弦上，即将发表，故曹锟闻讯火速返回保定，以为抵制。因此，第二路也受到牵制，不能单独前进。援湘之役，遂由此而暂告一段落。

吴佩孚自援湘军到达衡阳后，自是年秋季起曾迭次联合各方将领通电谴责段内阁主战之非是，措辞激烈，内阁总理段祺瑞极为震怒。适第三师第五旅旅长张学颜私假到北京探视眷属。张学颜系安徽人,陆军大学第二期毕业,为段祺瑞的学生。段闻其到京,派人与其联系,并亲自接见,赠以二十万元做为活动经费,嘱其刺杀吴佩孚,事成即升张为第三师师长。张学颜回防后,立即秘密联系王承斌。王亦系陆军大学第二期学员,与张为同班同学。王询知一切情况后,立斥张学颜不应受段之蛊惑而欲谋害自己的长官和领袖,而且说:"你速自便,我这就去报告!"张学颜闻言,惊恐万状,吓得连旅部都没敢回,便逃之夭夭。迨吴佩孚派人前去逮捕时,张早已踪影不见,远飏他方。由此,段吴之间矛盾更趋尖锐,势如水火,难以并立。段遂加快编练其边防军,阴谋夺取直系地盘,促成直系自湖南迅速撤防,终于酿成直皖之战。

冯国璋任大总统时,为培植个人势力,曾秘密自国外购置步枪三万支并机关枪、火炮等轻重武器。事为段系首脑人物徐树铮得知,乃煽动奉军于此项武器运抵秦皇岛时出兵强行劫去。冯国璋扩充个人军事实力的计划遂成泡影,乃于一九一八年秋季乘安福国会选举徐世昌为总统时下野,隐居故里河北省河间县,后又迁回北京。一九一九年十二月病故于北京私邸。

自段系掌握中央政权后,吴佩孚从一九一九年秋季即开始电请北京政府准予撤防,但未蒙照准。至一九二〇年春季,吴佩孚更迭次重申前请,北京政府始终采取拖延态度。最后,吴于一九二〇年三月间将随军眷属七百余家悉数撤离湖南北归,一面电告北京政府决定撤防,一面电知湖南督军张敬尧派兵前来接防。与此同时,又暗中与南军谭延闿、唐生智取得联系,秘密协商一致。湖南督军张敬尧自到任以来,便积极扩充个人实力,此时已将所属部队增至五六万人之多。当其接到吴佩孚通知后,便电告北京政府决定派吴新田旅前往衡阳接防。是年五月中旬,吴新田率部乘船到达衡阳时,直军早已征集大批民船,取道湘江顺流而下,乘船北归,仅吴佩孚个人率同少数幕僚及卫兵乘坐小火轮最后出发。吴立于船头,见吴新田船到,便举手招呼说:"兰荪(吴新田字兰荪),你来了,好极啦,你们接防吧,我们走了!"吴新田再欲招呼有所询问,而船已行远,声哎不能相闻矣。斯时,南军早已进入衡阳城内,布置妥当。迨吴新田指挥所率之步兵团(有说为一营者)进城时,遂遭迎头痛击。湘军势力大,吴新田不得不后撤,沿湘江西岸向衡山县节节败退。退到衡山时,始有后续部队前来接应,但湘军攻击甚猛,追击迅速,吴新田部阻挡不住,不得不继续向株洲、湘潭方面溃退。邵阳(宝庆)

方面田树勋部亦遭猛攻，适值田本人卧病不起，不能执行指挥，因此战况也陷于不利。此次湘军作战，旨在驱逐张敬尧，故对第二路张宗昌部及常德冯玉祥部均取监视态度，未予进攻。

第四章　第二路退至江西

直军撤防并演成湘军驱张事件，事前因一、二两路联系不足，第二路方面对此毫无所闻，从直军方面未曾得到任何撤防的通知。迨直军实行撤防，张敬尧因恐各路联合行动对己不利，因此事前也未通知第二路。待第二路得到战报时，衡阳已经失守，吴新田部退至衡山县，战斗方进行中。驻守在醴陵的张宗昌闻讯后，立即命令在茶陵、安仁等县驻防部队速向攸县附近集结。茶陵、安仁距醴陵各约四百里，攸县距醴陵亦有三百里。向攸县集结尚未完毕，而株洲、湘潭又相继告急。张宗昌因侧臂数百里暴露于敌，遂命令集结攸县的各部队继续向醴陵集中。迨醴陵集中刚刚完毕，长沙即告失守。第二路部队由攸县北撤，经皇图岭向醴陵集中时，其殿后部队贾德臣旅越过皇图岭后，在泗汾附近河流上突遭湘军李仲麟部袭击，战斗通宵，翌晨拂晓后方将该部击退。于是第二路部队全体安全集结于醴陵附近。

张宗昌一面将上述情况电告北京政府，一面指挥第二路各部队经过老关移驻江西萍乡。到达萍乡后，即与赣西镇守使方本仁接洽驻军地点。山东潘鸿钧、张克瑶两旅暂驻萍乡附近，暂编第一师则移驻江西袁州（宜春）。待部队暂时得到安顿后，便又立即将经过情形电告北京政府，请示机宜。

第五章　直系消灭皖系长江势力

吴佩孚率领第三师自衡阳到达长沙后，稍事补充给养，便继续北上到达岳州（岳阳），通电暂驻岳州。但这是故作疑阵，实际上并未停留，而是立即开往汉口。

吴佩孚到达汉口后，便与湖北督军王占元达成秘密协议，消灭皖系在长江上游的实力。当时，长江上游警备总司令吴光新，系皖系实力派，统辖兵力约有六个旅，虎视眈眈，有伺机夺取湖北之势。王占元与其旅长孙传芳商定，采取"擒贼先擒王"的办法，一面由王占元出面宴请吴光新，乘机将吴扣留软禁；一面派兵将驻在孝感、武胜关一带吴军的两个旅包围缴械，并立即予以改编。

吴佩孚率领第三师到达洛阳后，立即将吴光新驻洛阳的两个旅包围缴械，也重新予以改编。吴佩孚除将所率部队一部分留驻郑州外，其余悉数北上。迨直系主力部队到达保定后，终与边防督办段祺瑞决裂，酿成直皖战争。

第六章　直皖战爆发

一九二〇年（民国九年）夏季，直皖战争爆发。

段祺瑞所属边防军分两路进攻。西路京汉线方面，由边防军第一师师长曲同丰任总司令，指挥边防军第一师及刘询所属第十五师向保定方面进攻。东路津浦线方面，由边防军第二师师长马良任总司令，指挥所部由济南向天津方面进攻。

西路边防军第一师和第十五师沿京汉路南进，在涿县附近与直军第三师等部遭遇，发生战斗。当时，边防军第一师沿京汉铁路西侧前进，第十五师沿京汉铁路东侧前进。时值盛夏，遍地庄稼，青纱浓密，边防军对直军情况捉摸不清。而边防军第一师和第十五师之间，又因进展速度不一，刘师进展较为顺利，曲部推进较为迟慢，因此两翼衔接出现空隙。直军遂以一部有力部队，乘机插入第十五师背后。当时，边防军阵容严整，而直军由于长途跋涉，倍感疲劳，作战有些吃力。于是，吴佩孚决定施展诡计，以智取胜。

吴首先派人说降第十五师的两个旅长——张国榕和齐宝善。第十五师原为冯国璋的旧部，由冯所编练的一个旅扩编而成，士兵均系直隶河间人（冯的家乡），官长也大多是直隶人（河北省）。一九一九年十二月，冯国璋病故后，该部改隶皖系。因此说降使者向张、齐两旅长说："咱们都是直隶人，何必给安徽人卖命！"吴佩孚在诱降第十五师两个旅长的同时，派人到曲同丰处进行联系，表示殷切希望和平解决争端。使者代表吴佩孚向曲同丰面陈："我们吴师长说，他并不敢违抗段老师（吴在小站练兵时也是段的学生），都是一班宵小从中挑拨离间，以致兵戎相见，实非初衷。吴师长还说，您和他来到两军阵前，所指挥的军队都是国家的，何必自相残杀！何况您和他都是蓬莱人，都是同乡，何事不可商量。如果段老师能谅解的话，那么就请曲总司令到松林店火车站，同他见一面，寻求解决问题的途径。"曲同丰信以为真，表示同意，按照约定时间如期赴会。松林店火车站地处两军阵地之间，曲到车站问吴师长在哪里？接待人员说就在车上等候。曲见车站上停有客车一列，毫不犹豫地登上了车，列车随即开动。曲大疑，问怎么回事，车上人员说是火车倒线。其实哪里是什么倒线，列车直奔保定飞驰而去。曲始恍然大悟，原来是中了敌人之计，上当受骗，然而悔之晚矣！西线边防军遂成群龙无首之势。第十五师齐、张两旅长因背腹均受到威胁，又经人说项，遂率部投降直军。第十五师师长刘询斯时正在琉璃河，闻讯大惊，不顾琉璃河水势凶猛，竟冒险泅水逃脱。

第十五师瓦解后，吴佩孚乃指挥直军各部队向边防军第一师展开猛攻。第一师由于师长曲同丰已成为阶下囚，军心涣散，丧失战斗力，在直军猛烈攻击下遂告不支而溃败。边防军在西路主战场既已失利，虽然天津及德州方面略有小胜，也无补大局。一时震动全国的直皖战争便告结束，段祺瑞随即下野，势难再起。

吴佩孚用兵，一向变化多端，什么花招都使，有时猛打，有时智取，所谓兵不厌诈，直皖战争便是一例。

第七章　第二路覆灭于江西

直皖战后，北京政府仍令靳云鹏组阁，靳任总理兼陆军总长。时张宗昌所部仍在赣西袁州暂驻。张以所部系由北京政府直接管辖，移防以及饷项等问题亟待请示解决，不得不亲往洽办。于是将师内各项事务略为安排，即带少数幕僚启程赴京。途经南昌时，张对江西地方当局亦事周旋；江西督军陈光远对张待如上宾，表面上颇露殷切关怀之意。张宗昌颇为满意，欣然北上。到京后，分谒府院，报告前方情况，同时请示今后方略。总理靳云鹏对张颇表慰劳之意，并答应诸事俱可商办。初步决定，军队除山东两旅应听其回防外，暂编第一师各部仍须暂时留驻袁州，以待后命。饷项则批交陆军部和财政部两部筹拨。实际上这是一纸空文，一句空话而已。当时库藏空虚，无力筹办，纵然稍有罗掘，亦为京畿一带强有力者捷足先登；至若驻防外省之军队，力薄路远，部中负责人员往往将其置之度外，不予考虑。张虽守候坐催，在京一住达四五个月之久，但最终只领得八万元。区区几万元，再将大量应酬费除掉，所剩无几。

张宗昌在京活动终无结果，不得不亲自到保定谒见曹锟，向曹求援。曹锟答应电请陆军部早予筹拨，但这只不过是口头敷衍而已，毫无实惠可言。

一九二〇年冬季，张宗昌意兴索然，不得不返回防地。途径南昌时，谒见江西督军陈光远，本拟向陈筹借一二十万元做为军饷，以应急需。不料陈态度大变，颇为冷淡。张遭此冷遇，口头上颇露忿忿之意，悻悻而别。此时，张的举止行动已完全落入陈之圈套中，陈光远乘张宗昌在北京活动之际，暗中对张所属各部进行挑拨离间，极尽煽动蛊惑之能事。张素性豪迈，心怀坦荡，对陈光远并无不良之心，因之也未怀有任何戒心。一九二一年六七月间，待其回到袁州后，见粮饷匮乏，仅凭宜春一县供应万人食用，本来就有困难，更何况地方官吏又受到上级指示，多方紧勒，不予协助。张遂拟将所部疏散到分宜、新余等县就食。他一面与驻萍乡的赣西镇守使方本仁联系，征得同意，并报告督军陈光远；一面饬令各部队出发。陈光远据报后，立即秘密派出部队，分数路包围袁州。迨张部第一团王万金部到达新余县后，夜间突遭陈光远所部第三混成旅袭击，激战甚急；张宗昌立即派第四团团长王康福率全团前往援助。而王团出发后即告失踪，盖已为陈光远所收买。此时，程国瑞第三团分出一部，方在途中。留在袁州的部队仅有程国瑞团的一个营和褚玉璞所属第二团。张宗昌本拟亲率全部留守部队前往新余县，援助王万金团，但尚未成行，王团即已被击溃。张迫不得已，又拟整饬所部背城一战，无奈所部欠饷已达十一个月之久，即自开到袁州以来，全师一文不名，亦有六七个月，士气实在无从振作；而且事出仓促，一无准备，尤以军粮一项，毫无储存，九十里内农户仓储均已罗掘殆尽。此刻，陈光远为动摇军心，迅速解决问题，提出缴械投降的具体办法。

陈光远指示赣西镇守使方本仁与张宗昌进行联系。彼时，我担任参谋长职务，同时又因我和方本仁是陆军大学前后班同学，所以张宗昌派我到萍乡会见方本仁，了解和平解决方案的具体内容。方本仁说陈督军提出的方案是：徒手投降者给洋二十元；携械投降者，一只步枪给洋四十元，一只盒子枪给洋八十元，一只新枪给洋一百元。我回来向张汇报，张不甘心缴械投降，欲突围北上，但随军官佐眷属多达数百户，无法且战且走；如果留下，又恐遭蹂躏，现在需要考虑。张宗昌思之再三，反复权衡利弊，最后不得不决定将部队交给旅长贾德臣、团长褚玉璞、程国瑞等相机全权处理，自己只身离队北上。

8

我和贾德臣、褚玉璞等带兵官开会商讨，一致认为当前大局已定，缴械投降是唯一出路，公推我全权处理有关事务。于是，我再次去萍乡，进见赣西镇守使方本仁，洽谈缴械遣送事宜。当时，方与督军陈光远亦有矛盾，加之我们又是同学，所以谈判十分融洽顺利。方本仁对我说："你们要办，可就赶紧快办，你们这堆破烂枪还能弄他（指陈光远）几十万块钱。他既然这样说了，我就按他的话去办，他也无可奈何。如果再拖，他一了解你们的真实情况，就可能变卦，到那时你们可能连一个钱也落不着了！"我代表暂编第一师签定了协议，并就缴械一事做了具体安排，随缴枪，随发钱，随遣送。至一九二一年（民国十年）冬季，褚玉璞团最后缴械遣送完毕。

张宗昌自袁州秘密出走时，为了安全起见，有两个江西学生护送。其中一个叫钟震国，后来曾任混成旅旅长。张在旅途中尚有当地百姓为之掩护，供给食宿，历经艰险，备尝辛苦，方始抵达汉口，然后乘京汉路火车回归北京。张到北京后，立即向北京政府申请派员查办。当时，北京政府对此也无能为力，只能是息事宁人，不了了之。援湘之役，至此即告结束。

第八章　陕西与库伦事件

溯自吴佩孚撤离湖南，冯玉祥也率部撤离常德，随吴北上。湖南督军张敬尧旋即为南军所逐。其所部第七师退出湖南后，北洋政府便明令委派吴新田接任第七师师长，暂驻河南南阳，由直军统辖。时陕西发生动乱，北洋政府明令发表阎相文为陕西督军，同时命令冯玉祥所属第十一师、吴新田所属第七师、阎治堂所属第二十师等部随阎进驻陕西。

阎相文原是第三师下级军官，一九一二年（民国元年）任第三师第九团第二营营长。后屡经升迁，并擢升为陕西督军。但阎为人懦弱无能，到任后也无所作为，各地均为地方部队所把持。阎虽然身为一省军政首脑，大权在握，但在财政上一筹莫展。当时，冯玉祥部队拥有一个师、两个旅，终朝每日向督军索取军饷；各地方军队也因阎老实可欺，逼索粮饷，故意刁难。阎相文穷于应付，竟愤然服毒自杀。

阎相文死后，冯玉祥继任陕西督军。当时，陕西只有陕南一带最为富庶，堪称鱼米之乡。只有牢牢控制陕南地区，才能控制整个陕西经济命脉，才能在政治和军事上控制整个陕西省。冯玉祥接任陕西督军后，其所部一师二旅不得不用于控制省城政治中心以及与之相毗邻的重要军事据点。至于陕南重镇则委之于吴新田。吴为安徽人，与冯有同乡之谊，且为清末第六镇老同事。吴平时对冯唯唯诺诺，极尽恭顺之能事。因此，冯委派吴为陕南镇守使。吴到任后不久，便将冯所委派的县长、道尹之类的地方官逐一排挤出去，将陕南完全控制在自己的手里。冯与阎相文一样，束手无策，十受其苦。正在进退维谷之际，第一次直奉战爆发，冯立即出兵援直，盖为时势所迫，不得不另谋出路。直系因之任命冯玉祥为河南督军，所遗陕西督军一职，曾拟任命第七师师长吴新田接替，吴坚辞不就，恐蹈阎、冯覆辙。

冯玉祥就任河南督军后，同样将曹、吴直系任命的地方官吏逐步替换，代之以自己的人，实际上也就是把赋税财源抓在自己手里。冯因之也就成为曹、吴的眼中钉，必欲除之而后已。于是，畀冯以检阅使名义，调其部队驻守京郊南苑，同时准其增编两个旅的兵力，表面上加官进爵，扩充其实力，实则是削掉冯的地盘，使之成为无本之木，无源之水。

与陕西省内部发生动乱的同时，外蒙古库伦（即今乌兰巴托）突为俄国白党巴龙所部攻占。北洋政府责成东三省巡阅使张作霖负责收复。张作霖曾任命张宗昌为征蒙右纵队司令。征蒙一事详见《张宗昌生平简记》。

第二编　第一次直奉战

一九二二年，民国十一年四月，第一次直奉战爆发。上年秋季，因远征外蒙古收复库伦（今乌兰巴托）一事奉令停止进行，我乃辞别张宗昌，自奉天回到保定陆军军官学校，继续担任战术教官。战事爆发后，由于前方作战迫切需要参谋人员，我奉参谋本部命令，调到直军东路司令部，协助东路司令彭寿莘指挥作战。

第一章　战前形势

直皖战后，北方政局发生一个重要变化，皖系势力土崩瓦解，奉系代之而起，成为能与直系抗衡的唯一势力。

直系战败皖系后，便大事扩军。王承斌旅扩编为第二十三师，张福来旅扩编为第二十四师，萧耀南旅扩编为第二十五师，曹锳旅扩编为第二十六师；此外，还编有葛树屏第十二混成旅，董政国第十三混成旅，彭寿莘第十四混成旅，孙岳第十五混成旅以及补充团若干，分驻豫、冀两省。

一九二一年（民国十年）夏季，北京政府任命阎相文为陕西督军，除阎部外，尚有附属于直系的队伍如冯玉祥所属第十一师、吴新田所属第七师，均随同入陕。直系势力伸入陕西。

同年秋季七八月间，湘省兴援鄂之师，湖北督军王占元战败，随即通电下野。北京政府任命萧耀南为湖北督军，率所部第二十五师援鄂。吴佩孚更调第二十四师，第十二、第十三、第十四各混成旅开赴湖北，终于演成直湘战役。湘军败绩、直军占领岳州（岳阳），停止前进，遂与湘军握手言和。直军各部仍驻岳州，湘

11

军则退驻湘阴以南。

直湘之役尚未了结，十月间，川军又分路攻入湖北省，包围宜昌。吴佩孚一面指挥原驻宜昌的王汝勤所属第八师等部应战，一面更调驻洛阳第三师所属郭敬臣第十二团，编成混成一团，随同他乘船开赴宜昌。川军被击退，宜昌遂告解围。川军撤回后，川、鄂之间又达成协议，彼此联防。事后，吴佩孚带领郭敬臣团回驻洛阳，并调靳云鹗部移驻郑州，同时将该部扩编为第十四师。

上述情况说明，当时南方正值多事之秋，直军驻军地点因之侧重在南方，即河南、湖北、湖南一带；而在北方者，仅有驻保定的第二十三师及第十五混成旅，以及驻天津青县、马厂的第二十六师而已。

一九二一年（民国十年）十二月，北京政府又生风波。总统徐世昌与内阁总理靳云鹏政见分歧，再次发生争议。徐世昌得到张作霖的支持，突然批准靳云鹏的辞职书。实际上，靳云鹏此次辞职仅系口头辞职，并未呈递辞职书，而徐世昌所批准的辞职书，乃是半年前提出的。半年前，靳云鹏曾一度提出辞职，经挽留后，事情便成过去，但辞职书并未撤回。而徐世昌此次竟然据此批准。张作霖推荐梁士诒组阁，总统徐世昌当即明令发表。原内阁交通总长张志潭遂即出京到达洛阳，向吴佩孚报告事态发展情况。吴佩孚立即通电反对梁士诒组阁，并驱梁下台。至一九二二年（民国十一年）一月末，梁士诒终于去职。

第二章　战前部署

奉张（当时对奉系张作霖的一种称呼）一面秣马厉兵，准备与直军决一死战，一面联络安徽督军张文生、河南督军赵倜以为臂助，大造声势。一九二二年（民国十一年）四月十日，奉军大举入关，兵车一列跟一列，源源不断。其进军路线是沿京奉铁路，经过天津转道津浦路，到达静海、独流等站下车，空车立即返回，继续运兵。与此同时，奉军驻北京南苑的暂编第一师张景惠部和第十六师邹芬部以及驻宣化、张家口一带的其他各旅，均迅速集中于京汉路北段长辛店一线。声势之壮，震动全国。直隶省长曹锐、第二十六师师长曹锳均惊恐万状，匆匆避入天津租界。直军驻青县、马厂的第二十六师师部及其所属第五十一旅并骑兵团、炮兵团、工兵营等部，立即撤往大城县；其所属第五十二旅附炮兵一部，沿津浦路南撤至兴济镇及沧县一带。保定直系方面之所以如此惊慌，原因有二：一则因为京、保两地兵力薄弱，仅有两师一旅之众；一则因为军需供应毫无准备，库存现款寥寥无几，仅有几万元，势难应付，尤以军粮短缺，最感困难。

吴佩孚在洛阳得知奉军活动情况后，立即进行部署，当即电调驻岳州（岳阳）的各部队星夜开拔，登车北上，并对到达目的地日期和时间一一做出具体规定，不得违令逾限。同时电委孙岳为西路司令，率第十五混成旅开赴琉璃河车站，掩护大军集中；电委第十四混成旅旅长彭寿莘为东路司令，率所部在大城县一带集中。最初，曾委张国榕为东路司令，指挥第二十六师。但第二十六师官佐仍拥戴曹锳，而曹锳此刻又尚未回防，所以改委彭寿莘为东路司令。彭为人正直，但傲视一切，待人接物态度一向极为严厉，故一般袍泽均戏呼之为"刺儿彭"。即使张国榕能指挥第二十六师，亦恐难以驾驭彭寿莘。而彭寿莘以旅长任东路司令，指挥第二十六师也有不便之处。因此，为了权宜之计，乃就第十四混成旅加入两个补充团，暂编为一师，番号即为暂编第一师，委彭寿莘为师长并兼任东路司令。委王承斌为总司令，率第二十三师负责指挥中路作战。

第三章　第一次会战

一九二二年（民国十一年）四月二十四日，直军对全军下达总攻击令。令王承斌指挥所部及董政国等旅，沿京汉路北进，攻击长辛店方面的奉军；令彭寿莘指挥所部及第二十六师等部，经姚马渡、南赵扶镇，向静海县、独流镇一带攻击前进，第二十六师所属第五十二旅沿津浦路北进，攻击马厂一带奉军；令西路司令孙岳率领所部自保定北上，向长辛店方面进击。全线通于本月艳日（二十九日）开始进击。

直军东路战况。攻击令下达后，东路司令彭寿莘立即指示我根据总攻击令拟定东线具体作战方案，经彭批准后立即付诸实施。首先命令第二十六师派步兵一营附机枪两挺前进至姚马渡，务须将该镇占领。姚马渡是横跨子牙河上的一个商业镇店，距大城县十五里，占领该镇是为了给大部队前进准备一个有利的渡河据点。第二十六师第五十一旅旅长刘景元遂派步兵一营，于二十六日午后出发，到达姚马渡时，适奉军第七旅李景林部也派来步兵一营，企图占领该镇。因此两军夹河发生冲突，相互枪击。

直军发现奉军，事出偶然。子牙河大堤很高，奉军一个营抵达姚马渡后，便在大堤下支搭枪架，开始休息，营长则回团部开会。迨营长开会归来后，随从人员牵坐马到大堤上遛马。彼时，奉军的标志是臂带黄色袖箍，直军见到遛马士兵带黄箍，方才发现奉军已经到来，当即开枪射击，东线战斗从此打响。

两军均陆续向前线增援兵力，直军第五十一旅向右翼延伸，奉军向其左翼延伸。至翌日即二十七日午间，均南达于南赵扶镇附近，隔河战斗颇为激烈。子牙河水虽不很深，但两岸大堤均高约两丈，坡度陡峭，特种兵在敌人火力封锁下渡河确有困难，所以奉军向姚马渡桥口增加兵力，步炮交织，火力甚猛，直军第五十一旅遂告不支而后撤，全线受到牵动，纷纷溃退。

二十七日下午二时许，奉令到前线侦察战况的参谋梅松竹，行至距大城县十五里的郝村时，发现五十一旅已经溃退，立即向司令部报告。彭寿莘在大城县城内得到报告后，当即将第二十六师五十一旅旅长刘景元撤职，擢升该旅团长曹永祥为旅长；并饬令该师各部队在大城县西距县城二十里地的尚村集结待命。同时令调原第十四混成旅第一团郭之桢部，在大城县东二宫院以南占领阵地；令调第四补充团刘锡龄部，在大城县南门外田村占领阵地；令调原第十四混成旅第二团吴绮如部，开至大城县南关，作为总预备队。上述部署主要是为了迎击大城县东南方向南赵扶镇方面的奉军。但是当日奉军并未前进。

二十八日清晨，直鲁豫巡阅副使吴佩孚来到大城县视察，并与彭寿莘商定整编第二十六师部队的各项事宜。适奉军于是日正午由南赵扶镇及白洋桥一带地方向前推进，攻击直军阵地。于是东线司令部便令第二十六师部队增援右翼，意在由守势转成攻击。二十九日和三十日两天的战斗情况，极为激烈。

五月一日，第二十六师师长曹锳到达大城县，谒见东路司令彭寿莘。曹系化装由天津乘轮船到青岛，由胶济路转道陇海路，再转京汉路，到保定换乘汽车来到大城县防地。彭寿莘见面一句寒暄话没说，当头就是一棒："你来了，很好。你是师长，我本来是旅长，可今天是我当司令，你服从不服从？"曹锳立即回答说："当然服从！"彭接着说："那么你回去听命令好了！"说话时态度极为严厉，毫不客气，给曹锳一个下马威。盖彭恐其仗恃是曹锟的亲兄弟，不肯俯首听命。彭寿莘人称"刺儿彭"，于此可见一斑。

由王承斌指挥的中路部队第二十四师四十八旅，在旅长苏世荣的率领下，通过大城县开赴魏家王文。魏家王文是一个村子的名字，距大城县城约有三十里，靠近东子牙镇。东子牙镇也是横跨子牙河两岸的一个大镇店。第四十八旅前进的路线接近东路军，所以东路军司令部始终与其保持联系，相互通报情况，相互声援配合。五月二日和三日两天，在魏家王文与大城县中间地区，连续发现奉军骑兵侦探群两组，在该地区内进行活动。东路司令部据报，当即将屯驻在大城县南关的总预备队——原第十四混成旅第二团吴绮如部调至二宫院附近，并令该团务必将二宫院前方的郝村占领。占领郝村须派步兵两连附机枪两挺，并选派干练的营长或营副负责指挥。该团团长吴绮如对东路司令部的部署用意不明，但他没有找我询问原因，而是径向司令彭寿莘提出质问，为什么司令部将其一团人拆散。彭寿莘当即把我叫去，让我解释这样做的原因。我立即将这样部署的理由一一详细说明。首先介绍奉军最新动态以及我们的分析和判断。然后指出郝村是二宫院的前哨，如果不以有力部队占领，则敌人将直扑二宫院，到那时恐怕第二团来不及展开，便被敌人包围。即使总部没有这样布置，团部也应该这样布置。现在唯恐团部忽略这一点，所以总部才这样布置。至于派往郝村的队伍，仍归第二团直接指挥，总部下达的命令并没有改变指挥系统。彭寿莘听完我的说明，照着团长吴绮如胸部便是一拳，声色俱厉地说："你懂了吧！"吴绮如一声没敢吭，便低头默默退下。这虽然是一个小小插曲，但可以看出彭寿莘的为人和作风。他是一个辞严色厉而又知人善任，能独挡一面的帅才。当他一经对我有所了解，便授我以指挥的重任，大胆放手让我去干，在关键时刻，又以其严厉作风全力支持我的工作，保证作战计划顺利实施。

五月四日拂晓，突有奉军第一混成旅阚朝玺部，分两个纵队，由东子牙镇、姚马渡中间渡过子牙河，乘黎明天尚不亮之际，直向大城县城攻击前进，推进速度甚猛，其左纵队遂与占领郝村的直军部队遭遇，其右纵队为屯驻在魏家王文的第二十四师四十八旅所发觉。该旅旅长苏世荣指挥所部，除留一部警戒东北方，悉数向魏家王文南侧的奉军展开猛攻。屯驻在大城县城东二宫院的第十四混成旅第二团也立即就地展开向北攻击。当时尚有第四十八旅九十五团第一营部队加入战斗。该营原在河南省外县驻防，第四十八旅全部北上时，没有及时赶到，随后乘火车追来，在保定下车，经高阳、任丘，于五月三日到达大城。由于长途跋涉，队伍十分疲劳，遂在大城宿营。四日早六时出发，前往魏家王文旅部报到。正行进间，突然遭遇敌人，乃立即展开，向敌人进击。奉军阚朝玺旅三面陷入直军包围。仅仅三个小时的战斗，当场阵亡七百余人，被俘的有一千余人。阵亡的高级军官有该旅参谋长阚朝宗和营长、团副三人，下级军官多人。直军缴获山炮数门，各种枪支不下两千余支。

奉军由南赵扶镇及白洋桥渡河攻击大城县的各部，因阚旅被歼，随之动摇。四日午间，直军全线展开猛烈攻击，当晚占领白洋桥、南赵扶镇、姚马渡各重要据点，奉军全线撤退。

翌日拂晓后，东路司令彭寿莘命令第二十六师各部向马厂及唐官屯一带攻击前进；其本人则率领暂编第一师各部，经姚马渡、黄华镇，向静海县、独流镇一带攻击前进。

直军西路战况。四月二十八日上午，吴佩孚在大城县视察东路战况完毕后，认为大城县方面形势已经稳固，而西路情况告急，遂于午后三时乘汽车星夜返回保定。比经到达保定，西路司令孙岳所指挥的各部队，由于遭到奉军猛攻而溃败。吴佩孚立即改乘火车到琉璃河督战。当时，西路在前线的部队计有第十二混成旅葛树屏部、第十三混成旅董政国部、第十五混成旅孙岳部。其余如第二十四师所属第四十七旅及第十一师冯玉祥等部，均在京汉路上源源北运中。

四月二十九日，西路败退的部队经吴佩孚整顿后，乘黑夜向奉军南岗洼阵地展开反攻。与此同时，直军还派出若干战斗小组，到处放枪，虚张声势，佯做全线出击。奉军不明真相，全线进行还击，因此消耗了大量弹药。

四月三十日和五月一日，直军后续部队相继开到，立即加入战斗。五月二日，冯玉祥所属第十一师李鸣钟旅开到，下车后稍事休息，吴佩孚即令该旅旅长李鸣钟率领全旅，经坨里西侧地区绕过奉军右翼，经马鞍山直袭奉军炮兵阵地，并须于五月四日拂晓到达。五月三日黄昏后，直军全线向奉军展开猛攻，彻夜激战。五月四日拂晓，继续进攻。李鸣钟旅由于绕道较远，迟到约三个小时。吴佩孚见敌后没动静，非常着急，乃派飞机轰炸敌后。直军飞机携带一百八十磅黄色炸药炸弹三枚，直飞长辛店火车站，连续投弹。第一枚炸弹落在长辛店火车站第三股车道上，铁轨、枕木炸得一齐飞上天。第二枚炸弹落在奉军总司令部列车的尾部，三节列车均被炸得粉碎，尾车上装有战马二三十匹，炸得血肉横飞，惨不忍睹。

奉军总司令张景惠立即下令开车，退往丰台，长辛店随即陷入混乱状态。适直军李鸣钟旅恰好越过马鞍山，直向奉军炮兵阵奇袭而来，奉军首尾不能相顾，遂全线动摇而溃退。吴佩孚及时部署追击，各部队立即行动，不给奉军以喘息机会；其本人则乘总司令部专车，率卫队一部，也立即经卢沟桥、丰台转入京奉铁路，单枪匹马向天津追击前进。

直军中路战况。直军东西两路五月四日大捷之时，中路王承斌所部却为奉军第三旅张学良部、第八旅郭松龄部和第二十七师张作相部所战败。奉军这一路虽然获得胜利，但是由于东西两路均遭失败，也不得不向廊坊车站撤退。当其撤至廊坊车站附近时，风闻吴佩孚追击专车即将到来，未做任何迎战准备，即行漫荒撤走。

东三省巡阅使张作霖在战事伊始之际，也组成了作战总司令部，并乘专车进关，亲自到达军粮城督战。待奉军各路作战失利后，遂即撤至滦县，收容各路溃军，加以整编，开赴山海关，企图占领阵地，再与直军决一胜负。

五月五日拂晓后，吴佩孚乘司令部专车到达天津总站。第十三混成旅董政国部也随即到达天津，当即奉令开赴塘沽。吴佩孚又令津浦路局派出空车两列，到静海县接运暂编第一师彭寿莘各部，通过天津开赴塘沽、茶淀、汉沽、胥各庄一带；随之任命彭寿莘为前敌总指挥，三路并成一路，令其指挥暂编第一师及第十二和第十三两混成旅，沿京奉路向山海关方面追击前进。此时，直军在天津、塘沽一带集中的部队有暂编第一师、第三师一部、第二十三师、第二十四师、第二十六师、第十二、十三、十四等混成旅，总兵力约有十几万人。冯玉祥第十一师所属李鸣钟旅，已于第一次会战胜利后，立即乘车回援郑州，盖因此时河南突然发生严重事变。

第四章　河南之变

五月四日，正当直奉两军在长辛店、永清、大城县一带酣战不已之时，河南督军赵倜为响应奉军，突然出兵夺取郑州。赵倜本与奉张暗中联合一致，准备夹击直军；但赵又投机取巧，意在观望，不敢贸然出兵。迨两军大战展开，战斗正在激烈进行之际，奉张借前敌小胜，通电告捷，赵倜不明真相，为其所误，发动叛变，令赵杰宝、德全等部直袭郑州。

此刻，直军主力绝大部分均调至京汉线北段长辛店及津浦线北段青县一带作战，其留郑州者，仅有第十四师的两个旅，其中靳云鹗旅尚有一团在信阳，兵力十分薄弱，因此得知赵倜的军事行动后，当即速电告急。时陕西督军冯玉祥正代吴佩孚坐镇洛阳，因其所部第十一师李、张两旅均已北调，乃率第三师第五旅，所部第一、第二两混成旅，并中央第四混成旅张锡元部、陕军第一师胡景翼部迅速进援郑州。陕西第一师胡景翼部名为一师，实有三万余人，但仅有枪三四千支，徒手者居多，士兵酷爱新式步枪，因此经常发生夺取友军枪支事件。此刻，冯乃利用陕军特殊心理，告诉这些兵：敌人所用的步枪完全是新式的，比第三师的枪还好，谁能把枪抢过来，就归谁所有，并记功一次。因此陕军斗志昂扬，乘夜蛇行，接近敌垒，便发起突然袭击，采取人海战术，一拥而上，伸手就夺枪。赵倜所属赵杰宝、德全等部深受其苦；更兼有第五旅、第四混成旅等部从侧面包抄，仅战斗两三天，遂告不支而大溃。冯玉祥率直军各部乘胜向开封追击前进。北京政府旋即任命冯玉祥为河南督军，赵倜随即微服去职。河南之变，即告平息。

第五章　第二次会战

直军在第一次会战胜利后，总司令王承斌便移驻天津军粮城，第二十三师也有一旅开赴天津。第二十六师克复马厂后，即抽编了一个混成旅备调。

前敌总指挥彭寿莘，自五月十三日起逐日前进。首先到达河头集中，即胥各庄车站。十九日，更继续前进到滦县集结。在滦县，暂编第一师奉令改编为第十五师，仍委彭寿莘为师长，委我为参谋长，郭敬臣为第二十九旅旅长，郭之桢为第三十旅旅长，曹士孟为骑兵第十五团团长，国锡祺为炮兵第十五团团长，其余各步兵团长及工兵营长亦均有任命。

第十五师编成后，立即渡过滦河，沿京奉铁路，经鞍山、昌黎、留守营、北戴河、南大寺、秦皇岛，向山海关方面前进。因为是步行军，所以进度迟缓。

此时，奉军已在山海关西郊大石河线上占领阵地，布置妥当，准备迎击直军。六月六日，直军在安民寨、东阎务线上展开，准备进击奉军。七日，彭寿莘亲自到前线视察各部队，当晚七时回到秦皇岛车站。据报有奉军参谋一人，名叫高峻岫，来秦皇岛司令部，要求会见李参谋长。由于我正陪同彭寿莘在前线视察，该人随即返回山海关，言明次日早八点再来秦皇岛车站，有事需要面谈。当晚八时，山海关车站又接到奉军参谋高峻岫利用铁路电讯打来的电话，要我亲自去接。我当即驱车到山海关接电话，问高有什么事见教。高峻岫说："我今天是奉长官命令到秦皇岛车站的，想和你见一面，有事相商，恰巧你不在。我打算明天早八点再到秦皇岛车站，和你面谈，你可以相候吗？"我当即回答，可以相候，就请前来晤面。高接着又说："国内战事反正少不了我们这些熟人，我们既不能因公义而耽误私交，也不能因私交而损害公义，你说对吗？"我回答说："你的话，我明白了。明早见吧！"我在返回司令部途中，反复揣摩高的一番话。高和我本是老同学，现在处在敌对地位，正值两军对垒之际，突然出头露面讲了这番令人莫名其妙的话，其中必有缘故。比经到达司令部，我立即向彭寿莘汇报了与高通电话的全部内容。彭说那就等他明早来，看他说什么吧。我说了自己的想法："高的为人，我是深知的，他是一个非常机警的人，最后所说公义和私交的话，我很怀疑。"彭反问我："你怀疑什么？"我讲了自己的推测："高峻岫说他明早来的话是个稳军计，刻下奉军恐怕就要向我们反攻了！就是他明早真来，您想一想，一个参谋的话又能解决什么问题？"彭沉思了片刻说："若是这样，你快去下命令，通知前线严加戒备！"我说："书面命令要费时间，恐怕来不及了，还是先由军用电话通知前线各部队一体戒备好了。"于是一面令参谋处训令各部队严加戒备；为了引起重视，一面又由我亲自电话通知各部队长官务必严加防范。

当晚十时，奉军全线向直军展开猛烈反攻，战斗极为激烈，双方战线搅在一起，七出八进，犬牙交错，火力和白刃并用。奉军多有冲入直军阵地者，但延至翌日晨三时许，悉数就歼。拂晓后，直军更得发挥火力，奉军不得不逐渐退回阵地。此刻，双方炮战也极为炽烈。直军并出动飞机前来助战，计有大型轰炸机两架，小型者数架。大型轰炸机每架携弹六枚，每枚重一百八十磅。炸弹投掷至奉军炮兵阵地，使奉军深受威胁。

直军海军也前来助战，海军舰队指挥官杜锡珪、甘联璈等率领海旗号、海筹号、海容号等战舰，约有七八艘，在秦皇岛海面上列阵，炮轰奉军在山头上设置的探照灯等军事设施。旗舰海旗号，排水量四千七百吨，时速六点五海里，但因年久失修，舰上主炮不敢施放，恐将舰体震裂。其余海筹号、海容号排水量均为三千五百吨，皆系过时老战舰，威力不大，只是造一造声势而已。海军作战时，海军耆宿、海军上将萨镇冰曾亲临前线视察，足见各方对此次战事均极重视。

六月十二日以后，直军后续部队陆续开到，准备大举进攻。而此时战局竟急转直下，发生巨大变化。奉军自初战失利后，曾先在滦县集结整编，继又退至山海关，在山海关西关大石河一带占领阵地，对直军追击部队展开猛烈反击。六月七日晚十时又进行了一次大规模猛烈袭击，奉军满以为这次逆袭定可大功告成，夺取最后胜利。孰料直军都是久经战斗的部队，颇难侥幸取胜，夜袭终于失败。此刻，奉军深感若在山海关前隘路口作战，如果再次失利，难免导致全线瓦解，重兵器势必得不悉数抛弃，造成惨重损失。审时度势，当前以保存实力为上策。于是，奉张派使者到保定卑词求和，要求曹锟看在儿女亲家份上，允许奉军安全撤退。据当时内部透露，使者代表张作霖向曹锟说："求三哥（曹锟排行在三）给留个体面，留碗饭吃，我一定将所有队伍撤出关外，绝不侵占直隶省的寸土！"曹锟接受和议，派总司令王承斌驰赴秦皇岛主持和议，与奉军前敌将领张作相、张学良、郭松龄、李景林等晤面，握手言和。海军上将萨镇冰也前往参加和谈会晤。

和议达成后，六月十八日，奉军开始向山海关外撤退；直军各部队除第十五师移驻滦县、卢龙县，第十二混成旅移驻廊坊，第十三混成旅移驻芦台外，其余各部队均撤回原防。轰动一时的第一次直奉战争便由此宣告结束。

第六章　一场人事风波

这里补叙直军的一场人事风波，对了解当时直军财政情况和内部矛盾，也有一定帮助。

最初，奉军大举入关时，来势迅猛，声势浩大，直隶省长曹锐，即曹锟的四弟，人称"曹四爷"，闻讯立即避入天津租界。彼时，保定方面既无存款，又无存粮，而作战大军迅速集中，军需供应极为困难。此时，曹锐深感奉军实力雄厚，形势有利，直军在此次战事中能否胜利，实无把握，付出巨额款项以济军用，宛如投钱入海，岂能捞回。因此，他借口奉军来势突然，躲进租界，而对于保定方面军事费用的筹措则袖手旁观，置之不理。是以保定方面总军需处处长严凤楼陷入绝境，对大军供应极度困窘，虽经千方百计，罗掘殆尽，也难应付。当时，东路、西路、中路各路的军事费用，每路仅仅发了五千元。其困窘之状，于此可见。

迨第一次会战结束后，直军胜利在握，天津租界又已解围，于是曹锐挺身而出，携带大批款项到达保定。彼时，彭寿莘指挥直军各部，正向山海关方面追击前进。军事行动究竟何时结束，尚难逆料。为了充分供应前方军需，乃组织总兵站，而以曹锐董其事，对于总军需处处长严凤楼则未加理睬，一若不甚信任。于是，严凤楼迅速结束处内外包括供应大军的兵站临时组成部分的各项事宜，准备移交；本人随即具文申请辞职。曹锟百般慰解，但严辞意甚坚，虽经派人疏通，也未奏效。万不得已，遂令总军需处其他官员如副处长、科长接替严的职务，而彼等也不肯接受，甚至表示如欲强行授予，则彼等也将辞职。因此，曹锟气极败坏，在盛怒之下呼道："我的事，人都不侍候了！小六子，你去接军需处！""小六子"是李彦青的乳名，当时任巡阅使署上校副官，担任承启职务。李彦青说："我哪干得了，请大帅另派旁人吧！"曹锟佯装怒气冲天地说："旁人不侍候我，行；你敢说不侍候我，我就枪毙你！"李彦青从十四五岁起就跟曹锟当差，侍候茶水，是曹的亲信奴仆。李彦青就这样当上了总军需处处长。这件事也反映了当时在直军内部，也有一部分人对曹氏兄弟飞扬跋扈甚为不满，对立情绪相当严重。

谁料想，李彦青竟因担任此项职务，而于一九二四年为冯玉祥杀于天桥。曹锟的任命竟断送了李彦青的性命。

第三编　第二次直奉战

一九二四年（民国十三年）九月中旬，第二次直奉战爆发。直军负责守卫山海关方面的第十五师师长彭寿莘升任第一军总司令，仍兼第十五师师长；我也随之由第十五师参谋长升任第一军参谋长，仍兼第十五师参谋长，协助彭寿莘指挥作战。

第一章　战前形势

第一次直奉战，以奉军失败告终。奉军自退到关外，整军经武，秣马厉兵，网罗人才，养精蓄锐，立志雪仇，问鼎中原。直军则在山海关一带部署精锐部队，拟定紧急应变作战方案，严加戒备，防犯万一，一旦战端再起，则全力以赴，一举消灭奉军，占领东三省。彼时已经内定，彭寿莘攻占奉天省垣（沈阳）后，立即发表彭为奉天督军；同时扩充其所属部队，准备新编一个直属卫队旅，由我兼任旅长，其他督署人选也均有所考虑。

直奉两军虽然各怀异心，但是表面上仍然保持和好，双方信使不断往还，时有联系。一九二三年（民国十二年）夏初，为布置夏季防务，直系派直隶督军王承斌到山海关，与奉系代表吉林督军孙烈臣（字赞尧）会晤。目的是说明夏季防务的重要，倘有少数部队调动，都是为了青纱帐起防备宵小蠢动，安定地方，两军切勿因此发生误会。我以地方驻军代表身份，随同王承斌参加两军首脑会晤。

民国十二年秋末，曹锟贿选总统前夕，局势又趋紧张。直系方面派李殿荣（字兰斋，大城县人）到奉天，面见张作霖说明有关情况。李说曹三爷当选总

22

统的票数已经够额，不成问题，云云。张作霖闻之勃然大怒说："你们办理贿选，票数够与不够，与我何干，告诉我干什么？"谈话陷入僵局。此行目的本来是为了寻求支持而进行疏通，结果适得其反。于是，曹锟又派赵玉珂使奉。赵玉珂字子声，天津人，民国五六年间，曹锟任直隶督军时，曾任督署参谋长及天津镇守使等职。赵玉珂使奉归来时，途经滦县，我代表驻军到车站迎送。登车相晤时，赵使向我介绍了使奉的大略情况。他首先向张作霖表示歉意，责斥李殿荣不会说话，歪曲了曹锟的意图，继又说道："说真的，曹三爷要想当总统，还得大帅维持，大帅如果不维持，岂能做得成，这不是很明显的事实吗？至于选举，那不过是逢场做戏，走走过场而已。"张作霖闻言，脸色转霁，稍有悦色，此后谈话始渐融洽。最后，张作霖表态说："曹三哥做总统，与我无干，我绝不和他捣乱就是了！"

民国十三年冬初，国会在北京举行总统选举，曹锟当选大总统。曹锟就任总统后，直军传令各地驻军少将以上军官均须晋京祝贺。第十五师驻防山海关前线，特予优待，排列在先，成为第一个祝贺单位；我和两个旅长成为首批地方驻军祝贺人员。通知规定，祝贺时必须身着军礼服。为此，我们三人每人赶制一套军礼服，上身为黑色将校呢，下身为天蓝色、两侧加红条呢裤，大穗肩章，参谋带、腰带均系进口金丝线制成，军帽上插白色羽缨。觐见时，首先向总统行三鞠躬礼，以示祝贺，然后接见谈话。曹锟问我多大岁数，我如实回答。他听了以后点点头说："你这么年轻，就做这么大官，了不起呀，今后还要好好干，前程还远大得很！"说了一些鼓励的话，又对处在前线的第十五师全体官兵一再表示慰劳之意。告别时，他又一再叮嘱，要我们密切注意奉军的行动。

民国十三年夏季，江浙风云突变。江苏督军齐燮元与浙江督军卢永祥，为上海护军使地盘发生争执。当时，吴佩孚任直鲁豫巡阅使（此时部属称其为"巡帅"），深恐江浙战争引起连锁反应，导致其他派系战争，乃于是年六七月间在洛阳召开军事会议，电令直系各部队参谋长或主任参谋前往参加。十五师方面，因师长彭寿莘不在防地，而又地处前线，我不敢轻意离防，遂派主任参谋梅鼐（字松竹，湖北黄陂人，军官学校第五期毕业）前往参加会议。会上，吴佩孚下达给十五师的任务是：将来如有军事行动时，山海关地位险要，由十五师负责占有而巩固之，以掩护大军向山海关方面集中，不得稍有疏失。但刻下无事，应保持镇静。

现将第二次直奉战爆发前夕，直军各部队驻屯地点、分布情况叙述如下，这将有助于了解战事开启后，直军部队部署调动情况。

（一）直军嫡系部队

第三师，师长吴佩孚，驻河南洛阳

第九师，师长董政国，驻北京北苑

第十四师，师长靳云鹗，驻河南郑县

第十五师，师长彭寿莘，驻河北滦县

第二十三师，师长王维城，驻天津及河北保定

第二十四师，师长杨清臣，驻河南开封

第二十五师，师长陈嘉谟，驻湖北武昌

第二十六师，师长曹锳，驻天津马厂

第十二混成旅，旅长葛树屏，驻河北廊坊

第十三混成旅，旅长冯玉荣，驻河北芦台

第十四混成旅，旅长时全胜，驻河北涿县

第十五混成旅，旅长孙岳，驻北京

第十六混成旅，旅长曹世杰，驻河北保定

第一步兵旅，旅长程希圣，驻河北迁安

（二）隶属直系部队

陕军第一师，师长胡景翼，驻河北顺德

王怀庆部第十三师，师长刘金标，驻北京西苑

冯玉祥部第十一师，师长冯玉祥以及冯任检阅使后所编各师旅，总兵力
约五个师，驻北京南苑及河北通县

陕军第二师，师长张治功，驻河南

豫军第二十六军，军长田维勤，驻河南

从上述驻军情况可以看出，直军已将部署重点放在北方，防范奉军进攻。

24

第二章　解决开滦煤矿罢工问题

在直奉两军严重对峙情况下，直军还遇到一个重大问题，这就是开滦煤矿工人举行大罢工。

一九二二年十月，开滦煤矿工人发动大罢工，要求英国资方增加工资。事件发生后，直隶督军王承斌下达命令，要求十五师立即派兵镇压工人罢工，"格杀勿论"，迅速平息这一事件，以防奉军乘机进攻。

当时，师长彭寿莘不在师部。盖自第十五师建师以来，彭即常住北京，师内一切事务诸如部队的部署、训练、发饷等各项事宜，均委诸我代差代行。彭寿莘对我的信任，是通过第一次直奉战建立起来的，尔后一直委我以重任，可以说言听计从，充分发挥我的作用。彭寿莘为人的特点非常突出，既有威严凶猛，能镇得住部属的一面。又有虚怀若谷、知人善任的一面。他虽然寓居京城，远离驻地，但是对部队情况了如指掌。从严明的军事纪律到紧张的军事训练，从士兵操场点名发饷到我个人从未向军需处索取分文等等，事无巨细，他都一清二楚。因为他在师内有许多耳目，经常向他做详细汇报。只要你干得好，干得对，他必定全力支持，决不妄加干涉。

接到处理罢工命令后，师长既然不在师内，自然由我全权处理。我反复思量，原来采取的不闻不问、概不介入的立场，显然是不可能了。如果完全按照上级命令去办，则事态必将扩大，地方秩序将陷入严重混乱状况，若奉军真的借机大举入侵，则十五师首尾不能相顾，势必造成严重后果。防范奉军入侵，是十五师的首要任务，绝对不能让意外事件冲击主要任务。更何况开滦矿资方是英国人，而工人都是中国人，我身为中国军官，又肩负地方父母官的责任，怎能替外国人去镇压中国人呢？因此，我决定采取居间调解的办法，一方面派员向英国资方说：现在直奉两军对垒，剑拔弩张，一触即发，形势极为严峻，开滦矿地临前线，是后方的军事重镇，我们军队决不允许后方出现混乱情况，要求开滦矿资方迅速解决增加工资问题，否则引起的一切后果，概由矿方负责。一方面又派员向工人代表说，我们驻军支持你们的要求，已经向矿方提出，让他们一定要考虑增加工人工资问题，也希望工人适当让步，否则，战事一旦爆发，后果如何很难逆料。几经交涉洽商，最后双方达成协议，矿工日工资由原来的九角钱增至一元二角六分。一场风波始告平息。

第三章　战争导火线——朝阳寺事件

朝阳寺是当时热河省朝阳县的一个乡镇，邻近奉天省北票、义县等地。尔时，朝阳镇守使龚汉治（安徽人）派有步兵一营驻守该地。一九二四年（民国十三年）九月十九日夜晚，该部突然被奉军包围并遭歼灭。镇守使龚汉治当即将事变发生经过分别电告北京政府、洛阳总部及滦州驻军第十五师。于是，直奉双方均立即采取紧急军事行动，第二次直奉大战的序幕从此揭开。

朝阳寺事件究竟是谁策划并挑起的？曩时，直军指责奉张首先发难，挑起此次大战；而奉张则指责直军首先动手，向奉军发动进攻。交战双方相互攻讦，莫衷一是。

直至一九二七年（民国十六年），有一天，我和直隶军务督办褚玉璞闲谈，方将朝阳寺事件真相弄清。看来，究竟谁是肇事者，当时无论是曹吴，还是奉张，交战双方首脑人物均蒙在鼓里，只知其然，而不知其所以然。

第二次直奉战导火线——朝阳寺事件，是张宗昌和褚玉璞密谋策划的，是他们一手挑起的。要想了解他们这样做的动机和目的，必须追溯到张宗昌投靠奉张后的情况和当时处境。

冯国璋的倒台和去世，暂编第一师在江西的彻底覆灭，使张宗昌走投无路，不得不风尘仆仆跑到关外去投靠张作霖。张虽然表示热诚欢迎，并立即给予安排，但这种安排也只限于给他个人以闲散名义，并无实际职务，至于数以百计的随从人员的安置，则毫无着落。以寥寥无几的薪金，要想维持偌大一批人的生计，其艰难困窘之状，可想而知。张宗昌无时无刻不在寻觅机会，以求摆脱这种困境。

第一次直奉战时，直奉双方除在战场上明枪明斗之外，还暗地里派人去扰乱各自敌人的后方。张宗昌曾自动请战，率旧部到徐州一带活动，以扰乱直军后方。不料此行出师不利，在山东大败而归。时值吴佩孚派高士宾潜入黑龙江省，企图攻占哈尔滨，以扰乱奉军后方。张宗昌再度请战去平定高乱。此行大获全胜，张作霖喜出望外，立即电委张宗昌为师长。第一次直奉战以奉军失败告终。奉军退回关外，锐意整顿并改革军制，废师建旅，以旅为军事编制最高单位。张师也改编为旅，张宗昌由师长改任旅长，但兼任绥东镇守使，仍带中将衔。当时，绥芬河一带地处中俄边境，人烟荒芜，但土地肥沃，颇宜种植罂粟。张宗昌部属庞杂，加以军饷匮乏，无以为生，竟然干起种植鸦片、贩运毒品的勾当。因此，张部遭到各方责难，声誉日下，成为众矢之的。

一九二三年（民国十二年），奉军在西丰县举行秋季大演习。张旅奉调参加演习。当时，各方均谣传张部在演习中如果成绩不佳，有可能就地缴械、遣散或改编，总之作为一支独立部队将不复存在。后以演习成绩优良，幸免于难，得以保存下来。演习结束后，张部奉令移驻义县、北票一带。张宗昌及其部属虽然暂渡险关，但均已成惊弓之鸟，人人自危，切盼直奉大战再起，亟需大量部队，彼等方有生存余地；若能打入关内，谋得一席之地，不仅生活安全无虞，而且生活享受有盼。正是在这种思想指导之下，张裉两人密谋策划了朝阳寺事件。上报张作霖，诡称直军首先袭击了奉军。而奉张也以对直军作战已一切准备就绪，正好借题发挥，一拍即合。对北方政局产生极大影响的第二次直奉大战，从此拉开帷幕。

第四章　临战动员与作战部署

一、曹锟主持的第一次军事会议

总统曹锟接到朝阳寺镇守使龚汉治的紧急报告后，立即电商洛阳吴佩孚，遂于九月二十三日召集在北京的军事要员举行紧急会议。参加会议的有总统府军事处处长陆锦、第十五师师长彭寿莘以及冯玉祥、孙岳等人。会议决定对奉出兵，以张挞伐，命令第十五师及第十二混战旅葛树屏部进占山海关，掩护大军向山海关方面集中。第十二混成旅原驻廊坊，经彭寿莘提议，要求该旅开赴山海关，负责防守九门口。

当时，第十五师司令部设在滦县，所属第二十九旅驻卢龙，第三十旅驻滦县，骑兵团驻开平。九月二十一日，十五师司令部接到朝阳寺事件报告后，根据吴佩孚过去所做指示"一旦直奉战事再次爆发，必须守住山海关，否则以十五师是问"，我立即派山海关稽查处处长带领几十人赶赴山海关侦察情况，密切注视奉军行动；同时在留守营集中了一个营，以防万一。当时没在昌黎县集中，是由于考虑昌黎是个大地方，耳目众多，难于保密。因为当时尚未奉到正式命令，队伍不宜做较大调动。

九月二十五日上午，彭寿莘自北京回到滦县防地，当即召集全师高级干部开会，说明情况，并下令火速准备出发。经过三天，准备就绪，全师遂于二十八日夜开抵山海关。翌日早晨，第十二混成旅也开到秦皇岛，下车后又立即开往九门口。京奉铁路正常运输至此也告中断。

第十五师开到山海关后，立即开始布防。最初，我将战线布置在五眼城一带。彭寿莘不同意，拟将战线向前推进到约十五里的地方。照此布防，战线延长，顿显兵力不足，没有预备队可供使用。两个旅长也都不同意这样布置，但他们不敢当面向彭寿莘提出，会后又来找我要求重新考虑。于是，我又再次向彭说明情况，比较利害得失。最后，彭寿莘同意仍在五眼城一带高地占领阵地。

五眼城系一座碉堡，阵地左翼依托高山并在三道关上布置据点；阵地右翼沿五眼城一带高地向东延伸，直达海岸。左翼由二十九旅负责防守，旅长为郭敬臣；右翼由三十旅负责防守，旅长为郭之桢。十五师建制系属旧制编制，由两个步兵旅、一个骑兵团、一个炮兵团、一个机枪营、一个工兵营组成。每个步兵旅有两个步兵团，每个步兵团尚附有一个独立机枪连。机枪连拥有九挺重机枪。师属机枪营，每连编制与团属机枪连基本相同。当时，十五师兵员是足额的，满一万人；枪炮的火力，特别是机枪的火力具有相当威力。

战线和兵力部署确定后，便立即开始构筑防御工事。或依山势深挖洞，或修盖板壕沟，掩体工事做得极其坚固，特别是机枪掩体不仅坚固，而且遍布全线。我们深知奉军炮兵训练有素，无论是数量还是质量，均较直军有过之无不及，预计他们在攻击直军阵地时，一定会充分利用其炮兵的威力和优势。直军若不构筑坚固的防御工事，恐难以制敌取胜。

二、吴佩孚主持的第二次军事会议

九月二十六日，直鲁豫巡阅使吴佩孚自洛阳抵达北京，立即在中南海四照堂召集最高级军事会议，所有当时在京的军政要员无不参加，文臣武将济济一堂，当场宣布讨伐张作霖的命令，调兵遣将，极尽壮大声势之能事。除山东仅调动潘鸿钧一旅，山西、陕西也只调动少数部队外，所有驻在华北各地的嫡系与非嫡系部队无不一一调动，这便是名噪一时的"四照堂会议"。

讨奉命令中有关战斗序列及作战要点如下。

（一）吴佩孚任讨伐军总司令。

（二）第一军总司令彭寿莘。

加入第一军战斗序列的部队计有：第三师、第九师、第十四师、第十五师、第二十三师、第二十四师、第一混成旅、第十二混成旅、第十三混成旅、第十四混成旅、河南第二十六军（实有一个师）、第一旅、第二旅，总计兵力约有十五六万人。其中，第三师、第十四师、第十五师的战斗力最强。

部队部署如下：

第十五师，指定到山海关占领阵地；

第十三混成旅，指定到九门口占领阵地；

第二十三师，指定出界岭口，经干沟向绥中前进，由吴佩孚直接指挥；

第十二混成旅，指定出界岭口，在干沟和九门口中间地区前进，由吴佩孚直接指挥；

第九师，指定出冷口，经凌源向朝阳前进，由吴佩孚直接指挥；

第十四混成旅，指定出冷口，在凌源和干沟中间地区前进，由吴佩孚直接指挥。

（三）第二军总司令王怀庆。

部队部署如下：

第十三师及胡景翼师，出喜峰口，经平泉、凌源向朝阳前进。第二路兵力约有四五万人，胡景翼师约有二三万人而枪只有一万支。

（四）第三军总司令冯玉祥。

部队部署如下：

第十一师及所属其他部队，出古北口，经由滦平、承德、赤峰、开鲁向东三省腹地前进。第三路总兵力约有七八万人。

（五）另外有十路援军，由陕、豫各省地方部队组成，张福来任总司令。

第五章　战事历程

一、山海关首战告捷

自十月三日起，奉军大部队开始逐渐向直军第十五师阵地接近。十月六日，十五师阵地顿显紧张。午后黄昏时分，奉军一个传令兵前来告密，说奉军将于翌日早四时向直军展开进攻。当饬全线部队严加戒备。翌日早四时，即十月七日早四时，一声令炮，奉军全线向十五师阵地发动进攻，步炮机枪火力交织在一起，进而白刃冲杀。奉军进攻重点是五眼城，他们以三个团的兵力反复冲杀。十五师团长刘寿恒率两营人坚守阵地，沉着而勇敢地应战，全线机枪扫射始终连续不停，战斗到最激烈时刻，连伙夫都赤膊上阵，没有刀枪，他们就抄起扁担、杠子去拼搏。两军鏖战达三个小时。此时天色渐明，直军火力更得以发挥，奉军死伤惨重，战线骤然散乱，纷纷向后撤退。由于目标裸露，遭机枪猛烈扫射，死伤尤多。

奉军前来告密的传令兵是保定人，此时尚在直军阵地，因其告密属实，特奖给一百元。此人便高高兴兴离去。

二、九门口失守

十月七日上午九时后，奉军炮兵又开始轰击十五师阵地。下午二时后，炮火更加猛烈，约有四个炮兵团和一个重炮团参加战斗。奉军炮击时，直军十五师前敌官兵绝大部分均隐藏在掩蔽工事深处，只留极少数士兵监视敌人活动。阵地盖沟虽间有损坏者，但掩蔽工事十分牢固，士兵伤亡甚少。待奉军步兵冲锋时，直军官兵立即离开掩体，各就各位，进行强有力的阻击，挫败奉军攻势，使奉军多次强攻难以奏效。待到下午四点多钟，奉军炮火又突然集中猛射二十九旅阵地，硝烟弥漫，有如大雾，情况异常吃紧。为了激励士兵，鼓舞斗志，彭寿莘当即决定亲自到前线视察。正在巡视间，杜参谋突然出现在我身旁，低声密报：第十三混成旅于今日午间被奉军击溃，九门口和荒山口同时失守。目前，该旅正向石门寨方面溃退。闻报后，我立刻走近彭寿莘身旁，小声告诉他："九门口失守。"彭闻讯后，故做镇静，佯装无事，继续视察。但事态毕竟严重，他在火线上稍事逗留，便缓步退出阵地。进入长城后，我始将九门口方面的详细战况做了汇报。彭寿莘当即指示我电询后方各车站是否有援军开到。参谋处随即利用铁路电话询问秦皇岛以西至唐山各站，均未有兵车，仅在昌黎车站停有陕军第二师张治公所部赵团兵车一列。彭寿莘立即命令该团迅速前进到秦皇岛下车，星夜转赴石门寨，听从第十三混成旅旅长冯玉荣指挥。彭寿莘一面向九门口增派援军，一面严令冯玉荣将所部张、杨两团迅速收集起来，向九门口方面反攻，限三日克复九门口，否则按军法处理。

十月八日早八时，接石门寨十五师骑兵团第二营营长牛子文电话报告："第十三混成旅旅长冯玉荣于今晨自杀身亡！"此刻，彭寿莘深感石门寨问题严重，需要亲自去处理。但当时山海关方面十五师阵地，自七日午后六时至八日清晨，全线激战不已。彭一再踌躇，万不得已，遂将十五师阵地交给二十九旅旅长郭敬臣负责指挥；令我随同他一起转道秦皇岛，奔赴石门寨督战。在山海关上火车时，深恐日本人刺探军情转告奉军，彭寿莘脱去军装，改着便服，以躲避日本人耳目。

八日午后四时，我们到达秦皇岛车站，适逢陕军第二师师长张治公率领该师旅长金尊华、参谋长万金声等所部队伍也先后到达秦皇岛。当即令该师全部开赴石门寨，到达后立即迅速向九门口方面攻击前进。石门寨距九门口为九十里。

八日午后五时许，我又接到郭敬臣电话报告，谓奉军又开始猛攻十五师阵地，战斗正在激烈进行。

八日晚八时，接车站报告，吴佩孚及总司令部专车已通过昌黎向秦皇岛前进中。彭寿莘决定等候吴佩孚到达，以便报告前方军情，并请示机宜。晚九时三十分，专车到达秦皇岛，我随同彭寿莘登车谒见吴佩孚，报告山海关战况及九门口失陷情况。

三、九门口失守详情

战事伊始之际，九门口要隘原派第十二混成旅防守。中南海四照堂会议又改派第十三混成旅防守。该旅旅长原为董政国。曹锟就任总统后，调派第九师师长陆锦任陆军总长并兼任总统府军事处处长。所遗第九师师长一缺，由第十三混成旅旅长董政国升任。董任师长后，又调第十三混成旅第一团团长刁鸿图升任第九师步兵旅旅长。原第九师步兵旅旅长冯玉荣调充第十三混成旅旅长，该旅第一团团长则由该团一营营长升任。

总之，第九师和第十三混成旅是两支不同系统的队伍，前者隶属中央，后者隶属直系。第九师原是北京政府直辖部队，由第五混成旅扩编而成；第五混成旅系由袁克定模范团第二期学员扩编而成。第九师建制后，魏宗翰任师长，隶属皖系。徐世昌任总统后，魏辞去师长职务。徐世昌派陆锦接任第九师师长。陆为天津人，徐派陆为师长，也是为了自己掌握一部分实力，以巩固中央地位。曹锟任总统后，调陆锦为陆军总长，派董政国接任第九师师长，实际上是将第九师纳入直军势力范围。而第九师步兵旅旅长冯玉荣调任直系第十三混成旅旅长，所部张、杨两团长以冯非直系宿将，根本不把他放在眼里，时与冯玉荣龃龉，自队伍开到九门口、荒山前线后，对旅长更是多方要挟。冯为人懦弱，一味迁就，驾驭乏术，窘迫不堪。例如子弹、给养领到后，两个团长都抢着多要，争吵不休，冯一筹莫展，只好对半平分，而且悉数分光了事。即使在占领阵地支配兵力时，张、杨两团长亦多方掣肘，不听指挥。十月六日午后六时，张团在九门口、杨团在荒山口分别遭到奉军进攻。此刻较山海关遭到攻击早十个小时。两个团长都向旅长告急，要求增派援军，而冯玉荣在分配任务时，又未控制预备队，因此陷于无法应付的窘境。

彼时，第一军司令部对第十三混成旅官长间龃龉情况已略有所闻，遂派参谋张登举（天津人）携带大砍刀四把，并命令第十五师骑兵团第二营营长牛子文（正定人），在张参谋经过石门寨时拨予骑兵一连，护送到九门口督战。山海关与九门口间的交通，平时是出山海关，沿大山东麓北行五十里便可到达九门口。但现在奉军控制这条通道，不能通行，只能绕道秦皇岛或安民寨，再经石门寨东行九十里，方能到达九门口，相距竟有一百五六十里，且山海关和九门口间山势极高，坡度又陡，荒无人烟，交通极为不便。十月七日上午九时许，张登举行抵关东店地方（在九门口山沟中，东距九门口八里地），竟与临阵脱逃的第十三混成旅张团长相遇。张登举立即上前问道："这不是张团长吗？你往哪里去？"张自觉满有理地回答说："战况这样激烈，要援军没援军，要子弹没子弹，我已经是残废人了（一九二二年第一次直奉战时张曾受炮伤，右臂残废），我还能跟着他（指旅长冯玉荣）栽这个跟头吗？我不干了！"张登举义正辞严地说："平时说不干是可以的，现在是什么时候，我是奉令来督战的，你回去不回去，如果不回去，我可就不客气了！"手指大砍刀厉声说："你看见没有，我的刀可不认人！"张见势不妙，连声说："我回去，我回去……"遂同赴九门口。将到九门口前，便见前线部队纷纷溃退。经了解，当奉军开始向九门口展开进攻时，战斗颇为激烈，奉军并不得手。恰巧有一个士兵是九门口人，知道有条小道可以爬上山头。于是奉军派了一个排绕道爬至张团阵地右后方山头上，从背后鸣枪射击。营长以为后方有变，急派人去报告团长，而团长此时早已逃之夭夭，遂致全线动摇。张团既已自九门口退出，荒山口杨团亦随同向石门寨方向撤退。至此，九门口和荒山口两个重要据点相继失守。

旅长冯玉荣退至石门寨后，一筹莫展，又接到彭寿莘的严峻命令，实感无法完成收复失地任务，又恐为军法所不容，瞻前顾后，只有死路一条，遂吞食大量鸦片，自杀身亡。

四、陕军第二师溃败猪熊峪

彭寿莘与吴佩孚会晤后，于十月十日上午八时率领幕僚和卫队自秦皇岛出发，乘轻便铁路运煤车到柳江车站。柳江系一小型煤矿，南距秦皇岛三十余里，东北距石门寨约四里，西北通义院口。下车后，我们立即转赴石门寨，将司令部临时设在石门寨南门内路东一家盐店里。

石门寨是当地的一个中心镇店，居民和商家约有三百户。镇店周围筑有低矮围墙，东西南北四面设有四个寨门。我们到达该地后，立即开始详细调查了解该方面部队的情况。陕军第二师正经由沙河寨（位于石门寨东约五六里）向九门口方面前进中。第十三混成旅旅长冯玉荣尸体已经成殓，其残部在石门寨西北地区，除死伤溃散者外，所余不及半数。据该部官长报告：因山路崎岖，尚未集合完毕，行李等军需用品损失严重，士气沮丧不堪，不经整顿补充，殆难使用。当时，还获悉第二十六师及新编第一旅程希圣部前来石门寨助战的消息。

十月十一日，接陕军第二师报告，该师于是日下午在猪熊峪一带与奉军接触。猪熊峪是由石门寨通往九门口山沟中的一个小乡村，东距九门口约五十里。双方接触后，随即逐步展开战斗。

十月十二日，接山海关第十五师二十九旅旅长郭敬臣报告，自本月九日早四时开始，奉军对我猛攻三昼夜，以后攻势稍杀，但炮战仍复猛烈不休。

十月十三日，据陕军第二师报告，两三日来与奉军作战极为激烈，伤亡甚众。同日，接第十五师郭敬臣旅长报告，自十二日午后起，奉军兵力似有增加，又开始向我阵地猛扑，刻下正在激战中，我军士气极为旺盛。

十月十四日，山海关和猪熊峪两线均在激战中。

十月十五日午后四时许，陕军第二师师长张治公来到石门寨司令部报告猪熊峪战况，诉说该师损失惨重，强兵勇将伤亡殆尽，不得已正向沙河寨方面撤退，实在无力继续应战。彭寿莘当即严词饬令该师在沙河寨以东地区占领阵地，坚决抵抗，以待援军。当时谈话气氛极为严肃，彭寿莘向张治公说："大哥，咱俩是朋友，这一点是不错的；可是现在是打仗，我认识朋友，可是刀不认识朋友，你赶快回去干！"张见势不妙，不敢继续陈述己见，无可奈何地乖乖离去。

陕军第二师与奉军在猪熊峪激战数日，伤亡的确很大。当时，陕军每人是两条枪，一条是真枪，一条是大烟枪，系在腰里。如果大烟抽足了，便精神抖擞，打起仗来确实很勇敢，不怕死，一天能连抢七个山头；但抢完之后，又自动退回宿营地，占领的地方又白白丢掉，前功尽弃。

当陕军第二师与奉军鏖战之际，第二十六师及新编第一旅均各到一部，由于对陕军张师的情况不明，不敢贸然增援。

十月十五日夜，据第十五师驻秦皇岛副官报告，谓吴玉帅（吴佩孚字子玉）今夜乘军舰巡查海面。我们估计，吴玉帅可能是寻查适当的登陆地点，准备敌后登陆，袭击奉军根据地。

十月十六日早七时，奉军经猪熊峪，复向沙河寨以东地区陕军第二师展开猛攻，该师大溃，师长张治公本人骑快马逸去。由于彭寿莘上次下命令时态度十分严厉，张不敢再回石门寨向彭汇报军情。张部溃退时，情形极为混乱，致使直军新到各部援军也随之动摇而后撤。

是日上午十时，奉军追击部队的炮兵在沙河寨东西山坡上放列，其先头部队已迅速推进到石门寨东门，旋即鸣枪攻入寨内。事出仓促，我们不得不突围而出，当我们听到东面枪声大作，情知有变，我和彭寿莘及参谋、副官、司书并卫兵等少数随从人员立即跃出住屋，跨上坐马，人人手持盒子枪，从司令部大门纵马冲出，同时开枪还击，边战边走，从南门退出石门寨。幸而奉军是小股步兵，我们才得以安全脱离险境。为了瞭望奉军进攻形势，我和彭寿莘驱马登上石门寨南门外的一个小山头，随从人员以及卫兵也相继登上山头。正当我们用望远镜瞭望战地形势时，不料为奉军炮兵发现，且在有效射程之内，因之又突然遭到奉军排炮的猛烈轰击，几十个人立即扬鞭策马，飞驰下山，四散躲避。我和彭寿莘还有三四十个随从人员跑进一条小山沟，其余人员均不知去向。

五、设置小不老临时防线

十月十六日上午，我和彭寿莘并随从人员在石门寨南门外遭到炮轰后，驰下山头，随即沿西面山坡向柳江方向前进。柳江位于石门寨正西偏南，相距约有四里地。比及到达柳江时，十五师原驻石门寨骑兵团第二营营长牛子文带领七八十个骑兵也追随而至；失散的卫兵也由官长集合起来，纷纷赶至。此时，柳江车站堆积了大量供给各部队的给养弹药，然亦无法顾及，我们沿小火车道继续向南行进。我边走边想，此次沙河寨和石门寨失陷，影响极大。敌人如果由沙河寨南进，经安民寨可以直攻秦皇岛；敌人如果由高山西侧山沟，经刺儿沟、魏家沟折向东行，由二郎庙西面几个山口出来，可直捣山海关背后，则十五师将处于极其危险的境地。形势严峻，必须采取紧急应变措施，刻不容缓。于是，我将上述情况分析以及应变对策向彭寿莘做了汇报。征得彭的同意，我便在行军途中马背上写了一份报告，派骑兵急驰送往秦皇岛总司令部。因为知道吴佩孚不在，所以报告直接写给总部，请求总部速派当时充当总部卫队的骑兵第三团警戒安民寨，如能将该地占领更好；并请通知山海关第十五师郭敬臣旅长，注意警戒山海关背后。

　　沿柳江南行，第一站便是小不老车站。到达小不老车站后，我查看附近地形尚可利用，遂向彭寿莘建议："我们应在此地建立一个据点，以为吴帅布置作战的掩护和依据。倘若吴帅认为据点无用，我们再撤也不为迟。反之，如果就这样回去，没有任何安排部署，怎么向吴帅交待呢？两手空空去见吴帅，岂不太难为情吗？"彭同意我的意见，但是他说，上哪儿去找队伍呢？我提出了自己的看法："从九门口撤退下来的队伍，目前肯定都在这一带附近，每个带兵官绝不是光杆儿一个人，少说手下也得有二三百人。如果能把这些人都召集来，尚能抵挡一阵。"于是抽调了一些骑兵，分成若干小队，到附近左右山沟里去搜寻作战失散的官兵，告诉他们一律到小不老车站附近的徐庄集合，彭司令在那里等候。午后三时许，便有第二十六师五十二旅旅长曹建章、新编第一旅旅长程希圣及陕军第二师赵团长等各率所部相继到达徐庄报到。计曹有三连人，枪二百八十支；程有一连多人，枪九十余支；赵有三百余人，枪三百余支。经粗略核查，总计约有士兵八百余人，实有枪四百八十支。各部官兵集合后，彭寿莘宣布由我执行指挥，并说明作战意图。我告诉大家，吴玉帅已经亲临秦皇岛坐镇督战，援军大队人马就要开到。当前的任务是拖住敌人，等待援军，决不是叫兄弟们做无谓牺牲，鼓励士兵坚守阵地。讲话完毕，立即部署占领阵地，构筑简易工事。一切就绪后，我随即又去杜庄子了解情况。路上，恰巧碰见一列小火车迎面缓缓开来，边行边鸣笛。派人一问，原来是十五师司令部派来找师长的小火车。我立即给吴佩孚写了一份报告，汇报小不老据点部署情况，并请第三师迅速占领安民寨。报告由小火车带回，当日深夜递交总司令部。此时，吴佩孚已由海面视察归来，由于他对石门寨方面作战情况一无所知，正在焦急等待前方消息，见报告后，喜出望外，立即下令派第三师一个营作为先头部队，火速前进，援助小不老据点。

占领小不老据点的兵力，本是杂凑而成，数量又很少，夜间受到攻击，尚能支持，但延至翌日，即十七日拂晓，遭到奉军猛烈攻击，便难以支持。正在危急时刻，吴佩孚派来的援军先头部队——第三师第十二团第一营，由刘营长率领，乘轻便铁路运煤车及时到达。刘持来简单命令一纸，上写："派十二团刘营长率领步兵全营开赴小不老车站，听十五师李参谋长指挥"。我在站台上与刘营长会面，并询问后方有无大部队开来。刘营长回答说："第三师第六旅张席珍旅长率领全旅，已由秦皇岛出发，向小不老方向开来，再有四五个小时便可到达。因为前方紧急，所以派我们这个营坐小火车先来一步。"于是，我将前方情况详加介绍，并明确指出作战意图："我们这里仅有各部临时杂凑的几百人，就连你这个营计算在内，总共也只有千余人。我们的兵力很小，而敌人超过我们六七倍。我们要想迟滞敌人前进，只有反过来向敌人展开反攻，同时还必须将其一部分战线突破，使敌人左右徘徊，迟疑观望，迨其发觉我们仅有这一点兵力时，四五个小时已经过去了，我们的大部队也就开到了。"我叮问他是否能做到，刘营长坚定地回答说："好，我就照您的意思去做！"他立即率领全营出发，随即向敌人展开猛攻，并以刺刀冲锋，杀声震天，终于突破奉军战线，并一鼓作气直攻到柳江车站。旋被敌军包围，该营又复突围而出，退回小不老车站。比经退回，官兵又齐声呐喊："我们第三师从来没打过败仗，我们绝不当孬种，一定要打回去！"于是又一鼓作气反攻柳江车站，复被包围，又再次突围而出。在小不老车站和柳江车站中间地区，如此施行反冲锋，共计三次。从早晨七时一直鏖战到午后一时。此时，第三师第六旅开到，加入战斗行列，小不老据点始告巩固。综观此次战斗，第十二团第一营全营二十二个官长，除一名司务长未曾受伤，其余无一幸免，士兵共伤亡二百七十余人，堪称壮烈完成任务。由此可见，吴佩孚亲自统率的第三师，直军的王牌师，其战斗力确实是非常出色的，作风是非常顽强的。

第六旅方将到来时，由秦皇岛开来小火车一列，满载弹药给养，随车还到达了三位高级官员——前福建督军李厚基、前近卫军军统王廷桢和袁世凯时代的参谋部长唐在礼。这三位大员是代表吴佩孚前来慰问的。他们下车后，与彭寿莘握手说："你真可以的，那么多队伍都垮了，你居然还能守住一个据点！"彭寿莘当即指着我非常坦率地说："这都是我们参谋长办的，他很能沉得住气，打这么大仗，他照旧睡大觉。"三位大员马上过来和我握手，连说："辛苦了，辛苦了！"此刻恰值奉军大举反攻，小不老车站上空子弹横飞，嗖嗖尖叫声不绝于耳。露天谈话极其危险，慰问大员万一出点差错，担当不起，我们赶紧请他们上车回去。

彭寿莘提起我睡大觉之事，是因为他刚刚费了很大力气，才把我从酣睡中弄醒。自从第三师刘营长开始反击后，形势稍趋安定。我因连日作战疲惫不堪，躺在站房地上小憩，不知不觉睡着。待奉军反攻回来，形势又呈紧张，彭寿莘叫不醒我，非常着急，叫来两个士兵把我从地上拉起来，搀着我在房里来回遛，我依然酣睡不醒。彭寿莘急了，叫人用凉水浇我的头，才把我浇醒。这件事给他留下的印象可能太深刻了，所以在接待三位大员时脱口而出。

十月十八日上午，吴佩孚亲自到小不老车站视察，我随同彭寿莘在车站迎接，并报告了前方作战情况。吴佩孚告知我们，安民寨已派第十四师靳云鹗所部占领，并且已和奉军接触开战。山海关方面曾有奉军约一个团的兵力，通过高山山麓袭击山海关背后，附属于十五师的第九师骑兵营在二郎庙遇敌，营长张春雨阵亡。经十五师二十九旅和三十旅各抽步兵一营，将敌军击溃，逃入深山。随后，吴帅又派第三师第十团到山海关，增援十五师左翼；十五师由前线抽出的两个营，仍归还原建制。

吴佩孚与彭寿莘商定，小不老车站一线据点交由第三师第六旅旅长张席珍负责指挥。吴帅视察完了，做出决定，随即离去。我和彭寿莘将防务移交工作办理完毕，于当日即十八日午后三时离开小不老车站，返回秦皇岛。在秦皇岛休息一夜，翌日即十九日晨返回山海关，继续指挥山海关方面作战。

六、奉军第三次猛扑山海关

山海关阵地始终是直奉两军争夺的焦点。自十月七日奉军开始进攻以来，战斗便十分激烈，持续达三昼夜。十日以后，攻势稍缓。十二日晚，奉军又增加兵力，再次向十五师阵地展开猛攻，一直持续到十四日。

自十月十六日起，奉军又向山海关十五师阵地发动第三次总攻击。其主攻点仍是五眼城附近阵地。因为五眼城阵地虽属高地，但阵地前方比较容易接近，且略有死角，因此奉军屡次攻击这个阵地。奉军方面指挥官为郭松龄，他先以一个团的兵力黑夜潜行，伏于死角下，继又派一个团仍秘密伏于阵地前，最后再派一个团攻击前进。俟三道线拥集归一时，一声令下，齐向十五师阵地发起猛攻，白刃冲锋，杀声如雷，而十五师官兵则沉着应战，以数十挺马克沁式机枪密集扫射，火力猛烈，致使奉军死伤枕藉，始终未能接近十五师阵地边缘。

总之，奉军攻击十五师阵地，自十月七日早四时开始至十八日止，在十二大内，共计猛攻三次，死伤逾万。特别是第三次攻击最为激烈。当时，正值直军在沙河寨、石门寨再次溃败，奉军山海关方面指挥官郭松龄满以为此次攻击势在必胜，孰不知终未如愿以偿。尔后，奉军便放弃对十五师山海关外阵地的进攻，将攻击重点转向安民寨、小不老、三羊寨等直军关内据点。

十月十九日，我随同彭寿莘从秦皇岛回到山海关前线，恰值十五师粉碎奉军第三次猛攻之后，我们立即到前线去视察阵地，勉励官兵再接再厉打退敌人进攻。

十月二十日，吴佩孚亲自到山海关前线视察十五师阵地，见阵地极为巩固，非常满意，并严令十五师坚守山海关，决不让奉军越雷池一步。

吴佩孚此次来前线视察，仍和平时一样，身着全副戎装，头戴金丝绦帽箍军帽，肩头配戴金丝绦大肩章，在阳光照耀下，闪闪发光，十分耀眼。我陪同视察并负责介绍情况，在巡视阵地过程中，我发现随同视察人员似乎都有意放慢脚步，和吴保持相当距离，而不是像平日簇拥在他周围，争先恐后地靠近他。后据了解，确实如此，这些人认为吴的帽箍和肩章金光耀眼，极易为敌人发现，深恐奉军一旦发现目标，一顿机枪，就有丧生的可能。而吴佩孚越是在这种危险场合，越要穿起帅服，以显示自己堂堂大帅临危不惧的风度。

十月二十二口下午五时，奉军重炮突然轰击十五师司令部。当时，司令部设在山海关饭店。我正躺在办公室床上，听取一位参谋汇报情况。室内突然浓烟密布，把人呛得无法忍受，我们立即离开。事后查明，就在我的床头墙上塞着一发炮弹，不知什么原因，幸亏没有炸，否则后果不堪设想。这次炮轰没有造成任何重大损失。我们分析，可能是日本人告密，于是将司令部秘密转移到山海关城内西街一家店铺。

七、直系其他路部队作战概况

当十五师集中全力与奉军主力在山海关鏖战之际，第一军总部也不断得到其他路部队对奉作战情报。

界岭口外战况。第一军所属第二十三师，在师长王维城（河北任丘县人）率领下，出界岭口到达干沟，并未遭遇大敌，也未再前进。第十二混成旅在旅长葛树屏（安徽蒙城县人）指挥下，在界岭口干沟以南地区活动，亦未遭遇强敌。

冷口外战况。第九师在师长董政国（山东即墨县人）指挥下，出冷口向热河省凌源县前进，在鱼鳞山与奉军张宗昌部接触，随即在鱼鳞山占领阵地，与奉军展开激战。第十四混成旅在旅长时全胜的率领下，出冷口，在冷口通向凌源大路以东地区攻击前进。

第二军战况。王怀庆率领的米振标部在热河省东部地区作战失利；其所属刘金标第十三师与陕军胡景翼第一师，均徘徊于喜峰口、平泉路上，迟迟不前。胡景翼师约有三万人，大半皆是徒手，每与友军相遇时，便伸手夺枪，是以纠纷迭出。

第三军战况。冯玉祥所属第十一师及其他各师旅，经直隶省（河北省）顺义县、密云县、石匣、古北口、滦平向承德方向前进。但走在最后的一个师，行进到顺义县牛栏山一带，突然举行演习，或进或退，态度暧昧难测。吴佩孚所派第三军监军王承斌，据报已抵承德。但据可靠消息说，王并未去承德。

八、直奉两军主力在山海关战线形成对峙

奉军对直军山海关阵地发动三次总攻击失败后，即转移兵力攻击直军山海关防线左翼长城各据点，安民寨尤为奉军进攻的焦点。奉军曾于二十日前后，以优势兵力猛扑靳云鹗所部第十四师阵地，该师沉着应战，奉军伤亡惨重，未能突破十四师阵地，而十四师亦蒙受较大损失，旅长王乔（安徽人）便于是役指挥作战时阵亡。两军经过反复冲杀，直军阵地屹然不动，奉军攻势遂转沉寂。

十月二十日以后，直军兵力续有增加，援军总司令河南代理督军（亦称督理）张福来也抵达秦皇岛。增援的部队有杨清臣所部第二十四师的一个步兵旅和两个炮兵营，豫军李治云所部第一旅和迟云鹏所部第二旅，均布防于十四师安民寨防地和第三师第六旅小不老阵地的中间地带。豫军田维勤所部第二十六军于二十四日抵达秦皇岛，旋即布防于第三师第十团与第十四师之间的高地。小不老以南地

39

区亦有部队布防。曹锳所部第二十六师及直隶新编第一旅程希圣所部，均布防在三羊寨附近。三羊寨以西均属崇山峻岭，且上有长城，可资依托。小不老以西地区亦有援军布防。直军山海关战线不断得到充实，并向左翼延伸。

总之，直奉两军在山海关战场的阵地，右翼从山海关外海岸起，经五眼城、三道关、塔山、刺儿沟、安民寨、小不老；左翼一直延伸到三羊寨，战线长达八十余里。奉军虽然也陆续增兵，向长城内各口隘进攻，但均属局部活动。自十一月上旬起，直奉两军在山海关战场上，基本形成对峙局面，待机再行决战。

九、冯玉祥倒戈与吴佩孚应变措施

十一月二十二日下午三时许，副官报告无线电队队长金鸣岐要求见我，有要事报告。见面后，他递给我一份电报，据称系由收报机上截收而来。我阅后不禁大吃一惊。电报内容大略如下："大总统钧鉴：（捷密）职部驻长辛店团两营刻下被围甚急，要求援助，职已率领在保定各部前往增援，不知北京城内情形如何，恳请电示。旅长曹世杰叩。"曹世杰是总统曹锟的亲侄子，当时任第十六混成旅旅长，驻守保定。电文系用"捷密"。这项密电码是最近新发下来的，专门用于此次对奉作战，电报译文不会有误。我一面嘱咐金队长继续监听，收到情况随时报告，一面立即将上述情况报告司令彭寿莘。彭阅电报后，也惊讶不止。但真实情况一时尚难推断。二十三日早四时，收到冯玉祥漾电，真相始告大白。

二十三日早八时，吴佩孚在总司令部召开紧急军事会议，电话通知彭寿莘必须参加。彭令我负责指挥作战，略事安排，随即出发。二十三日晚八时，彭寿莘于会议结束后返回山海关。他告诉我：会议由吴佩孚亲自主持，参加会议的有张福来、彭寿莘、靳云鹗等前敌各师长、张席珍旅长以及海军将领等。会议决定重要事项如下：

（一）吴佩孚亲往天津主持讨伐冯玉祥军事事宜；

（二）山海关方面战争交由张福来和彭寿莘二人负责指挥，并分任总司令和副总司令。

吴佩孚离秦皇岛去天津，一方面是布置讨冯事宜，一方面是企图借此慑服山东督军郑士琦，使其不敢破坏津浦铁路，以便使江浙两省直军部队共计十一个旅得以顺利北上增援。吴佩孚为人刚愎自用，从不采纳别人意见，是以张福来、彭寿莘、靳云鹗等将领均无异议，一致表示完全同意最高统帅部的意见和安排。

我听了彭寿莘的传达，深感事态严重，战局可能急转直下，经商得彭的同意，遂于二十三日晚十时，以我个人名义草拟了一份意见书，以快递代电方式，派人送往秦皇岛总司令部，请吴玉帅定夺。意见书中力陈当前战事已届决战阶段，在此紧急关头，主帅万万不能更易，玉帅万万不能离开部队，刻下应集中兵力，在山海关一线发动反攻。根据当前战局发展形势来看，奉军主力有向长城其他关口转移迹象，出奇兵猛袭其根据地奉天，完全有可能一鼓作气将敌人击溃，胜利通电一经到达北京，则冯军不战自败，大局一经稳定，北京问题即可解决。但这份意见书到达秦皇岛后，宛如石沉大海，渺无音信。究其原因，或者是人微言轻，不屑一顾；或者是当时吴佩孚方寸已乱，无暇深思，会议既已决定，不再变更。总之，二十四日晚八时，吴佩孚按原定计划，乘总司令部专车离秦皇岛去天津。从此，战局势如堤坝决口，一泻千里，终至不可收拾，一败涂地。

十、直军山海关防线土崩瓦解

张福来代行总司令职务后，于二十五日在秦皇岛车站召开第一次军事会议。我奉派前往参加，会议决定事项如下：

（一）整饬全部战线，严防奉军突击；

（二）电调第二十三师和第十二混成旅速入界岭口，经抚宁县到深河镇待命，以掩护山海关大军的安全（深河镇位于秦皇岛西北十五里）。

会上，我再次提出自己的看法。我向张福来代总司令建议：集中第二十三师、第十四、十五混成旅，展开反攻，以维持战局。否则，一旦有一点为奉军突破，则全线必将崩溃。目前，要特别注意三羊寨方面的战况，如果这一点被突破，则秦皇岛就要失守，全线势将彻底瓦解。张福来的参谋长说："吴玉帅走时，嘱咐维持战线就行了，反对进攻。"第二十四师长靳云鹗支持我的意见，他说："李参谋长说得对，必须反攻，才能挽救当前的危局！"最后，张福来表示同意并决定进行反攻。随即开始集中队伍，首先电调第十五混成旅开赴山海关，其他各师旅的调动命令亦相继下达。

据报，此时冷口方面的战斗突趋猛烈，布防在鱼鳞山附近的第九师，经数昼夜激战，为奉军张宗昌所部击败，退到萧杖子，又被击败，现已退至冷口边墙。

形势突变，总部当即电令在滦县之航空部队移驻军粮城。

二十七日上午，张福来又在秦皇岛总部召集军事会议，通报当前战况。他说："第十二混成旅已开到深河镇，但因急行军，队伍疲乏不堪，需稍事休息，方能投入战斗。第二十三师进入界岭口以后，经抚宁县直开昌黎县，意在西去，究竟是吴佩孚的命令，还是自由行动，不得而知。"

二十八日午后，获悉奉军张宗昌部在击溃直军第九师董政国部后，沿滦河南下，已占领滦县，李景林部亦随之进入冷口。山海关直军后路已被切断。

三十日早七时，张福来由秦皇岛打来电话，他说："我现在通知你们，今天早晨拂晓前，奉军猛袭三羊寨，二十六师等部阵地已被突破；刻下，奉军乘胜继续发动猛烈攻击，就是小不老附近第三师部队也发生动摇。"我随即追问张福来有没有补救办法，张回答说"很难"。这一天早晨，从七点到十点三个小时内，秦皇岛总部共来话三次，都是代总司令张福来亲自打给我的，情况一次比一次紧张严重。彼时，奉军嫡系精锐部队，由郭松龄亲自督战，直向秦皇岛车站猛扑。张福来在最后的一次电话中说："我告诉你，奉军已经攻到秦皇岛车站附近，攻势很猛，我军全局溃乱，已无法挽回。最后，我告诉你，我现在就要上船了！对不起，我们走了！"这时，我从电话筒中听到有人大声疾呼："督理，督理，敌人进站了，赶快走吧！"同时电话筒还传来秦皇岛车站激烈的枪声和嘈杂的人声。紧接着就听到哗啦一声，是对方撤电话的声音。我们第一军司令部同秦皇岛总部的最后一次联系就这样戛然而止。

我随即用电话和第十四师联系，接电话的是该师司令部的一个副官，我找师长说话，他回答说："师长今天早晨到秦皇岛车站去了，我们这里只有一位团长，现在不在眼前，您有什么话就跟我说吧！"我含蓄地说："现在的情况，我们彼此都明白，我们两个师要联合起来，进退才能有办法。"他立刻插话说："我们现在已经有所行动，电话就要撤了！"说着，哗啦一声，电话就断了。

我立即将秦皇岛总部和十四师发生的一切情况报告彭寿莘，并提出紧急应变办法：当前，全局已经陷入混乱，无法挽回，只有迅速撤退突围，相机行动，才是唯一出路。彭寿莘同意我的意见，遂即召集本师旅、团长以上军官和部分友军军官开会，说明全局情况后，决定当日午后三时开始撤退，午后五时要撤至关内。要求撤退通知一定要达到每一个士兵，所有守卫在高山山顶阵地上的队伍，一定要全部撤至山下，一个弟兄也不能丢掉。同时决定午后五时准时从山海关出发，通过秦皇岛和安民寨中间地区时，要求行动要快，至迟翌日早七时要通过深河镇。会后立即分头下达撤退命令。午后五时，全师由山海关西行，经秦皇岛以北地区时，适值深夜，未遇任何阻击。翌晨七时通过深河镇，继续西行。十二月一日午后二时行抵牛蹄寨。

十一、第十五师缴械投降

牛蹄寨是京榆大道上的一个村镇，南距北戴河约二十里，西距抚宁县约三十里。十五师官兵到达牛蹄寨后，皆疲惫不堪。自开战以来，他们都是蹲在战壕里，日夜奋战，不得休息，已经有五十多天；而昨天刚走出战壕，又是一个急行军，一昼夜跑了一百多里地，且滴水未进，倍极辛劳。此时，据前哨侦察兵报告，抚宁县到有奉军一个骑兵旅。借部队稍事休息之际，彭寿莘召集两个旅长、独立团长和少数幕僚开会，研究下一步行动计划。会议一开始，彭就问我怎么办。我说：打吧，无论如何也能打出去，我们十五师没有打过败仗，再鼓一鼓士气，是可以闯出去的，因为现在奉军还没有形成一个巩固的包围圈。两位旅长均强调，纵然继续西行，也难越过滦河，因为永平县和滦县早已分别为奉军李景林和张宗昌所占据。会上，他们不好坚持自己的意见；会后，他们苦苦求助于彭寿莘，让彭跟我说不要再打下去了，败局已定，胜利无望，即使能突围出去，又有什么前途可言！彭找我谈了两位旅长的意见。我看带兵官已丧失斗志，彭本人也无可奈何，只好同意放下武器。实际上，十五师此刻仍然是一支具有相当战斗力的部队。盖自开战以来，经过将近两个月的鏖战，士兵官佐伤亡人数总计为一千零十九人，仅占全师兵员十分之一；枪炮武器装备未受任何损失，且在战场上又屡屡挫敌人强劲攻势，使阵地固若金汤。因此堪称是元气未伤、士气旺盛，仍具有一定的作战能力，在直军各参战部队中实属佼佼者。

彭寿莘征得我同意后，正式做出向奉军缴械投降的决定。随即派参谋人员与秦皇岛方面的奉军进行联系。此刻，我反复考虑的一个重大问题是，如何设法使彭寿莘迅速摆脱当前的困境。彭寿莘已年逾半百，一夜行军百里，体力不支，当可想见；且其身份地位为直军副总司令兼第一军司令，若缴械被俘，一世英名，尽付东流。彭寿莘为我生平第一知己，他知人善任。第一次直奉战时，一见如故，对我的战斗部署言听计从，给予充分信任和支持。第十五师建师后，又任命我为参谋长。队伍驻防在滦县一带，但他本人则常住北京，部队的一切训练工作和师部日常领导工作，均令我代差代行。当此危难时刻，我怎能有负长官的信任和提携，弃长官于不顾而使其成为阶下囚。我想了一个办法，并征得彭寿莘同意，让他换上一身便服，坐在炕里，倚着墙角，围上一条棉被，装做身患重病的样子。很快，奉军派参谋人员前来洽商缴械投降事宜。缴械投降具体步骤和办法顺利商定后，我向该人提出："我有一点事想求你帮忙。"我用手一指彭寿莘，说："你看，炕上躺着的这位老大哥，是我们的一位老军法官，现在拉痢疾，病得很厉害，年岁大又想家，能不能给他开一张路条，我派个人把他送回北京去。"由于多日来连续作战，彭寿莘没剃头，也没刮脸，头发、胡须都挺长，再加心情沮丧，连夜行军疲惫不堪，确实显出一副有重病在身的糟老头子模样。奉军这位参谋一看，信以为真，便欣然允诺，开具路条一张。我派少校副官李占一化装护送，经北戴河觅得渔船一条，浮海到达天津。彭寿莘就这样闯过俘虏关，安全脱离奉军控制区。此后，他便解甲归田，始而隐居天津，后来回归山东平度县老家做寓公。

彭寿莘走后，我和旅长郭敬臣负责办理解除武装事宜，除十五师外，同时被解除武装的还有第三师第十团。十二月二日中午，奉军用火车将我和郭敬臣送到秦皇岛。出乎意料的是，郭松龄和张学良竟然在车站迎候我这个俘虏。郭松龄和我寒暄握手，他说："我们欢迎你来，欢迎你和我们一起干。你打了这么多天仗，一定很累，你先好好休息一下。以后怎么办，过几天，我们再谈。"到达"俘虏营"，我见到了直军第十四师参谋长安俊才和第二十四师等部高级军官安锡嘏等人。从他们那里得知，十四师大部、二十四师全部、河南二十六军及河南第一、二两旅，均在秦皇岛以北地区解除武装。至于第九师、第二十师、第十二、十三、十四等混成旅，也均在南退中被缴械。第二十三师到达昌黎后，本拟西进，但因滦县已被张宗昌占领，遂转驱滦河下游渡河，沿海岸西行，曾一度为王承斌所收容，但很快被李景林部解除武装。

过了两天，郭松龄任命我为其司令部交通处处长，他说这是临时性的，让我多休息几天，以后还要重新安排，给我以重任。从此，我又成为奉军的一员。

十二、吴佩孚浮海南行

吴佩孚到达天津后不久，山东方面将德州地区铁路破坏，津浦铁路宣告中断。这是山东督军郑士琦为了表明立场，反对曹锟和吴佩孚，支持张作霖和冯玉祥而采取的行动。由于津浦路运输中断，直军在江、浙驻扎的十一个旅势难北上救援。听从吴佩孚指挥的山东第一旅和另外一个旅以及陕军张治公残部，均在廊坊为冯玉祥部战败，山东第一旅旅长潘鸿钧被俘。与此同时，山海关方面大军全军覆没。吴佩孚见北方大势已去，回天无望，遂率领少数卫队撤至塘沽，乘船泛海南去。

至此，直系的基本军事力量土崩瓦解，吴佩孚成为徒具虚名并无强大实力的军阀。北洋政府的统制，由奉系取而代之。

第六章　结束语

第二次直奉战以直军失败告终，究其原因是多方面的。现仅就作战方略和作战指挥方面的问题，略加探讨，剖析得失。

（一）直军作战方略是，诱致奉军主力部队于山海关前而抑留之；另以有力部队由海军掩护自海面迂回，在绥中、葫芦岛一带登陆夹击而歼灭之。

上述方略系吴佩孚于一九二四年六月在洛阳军事会议上口头提出的，乃是吴之腹案，始终没有见诸文字指示。但是从以后事态发展来看，直军海上运输工具早已有所准备，如第三师、第十四师、第二十四师等部，均在海军舰艇掩护下，乘船由海上集中输送到秦皇岛；陕军第二师在九门口内猪熊峪溃败时，吴佩孚正在海上视察登陆地点；山海关大军瓦解时，张福来、靳云鹗等人均由秦皇岛码头乘船而去。这些事实足以说明，海、陆夹击奉军乃是吴佩孚意念中坚持要实施的作战方略。其后恐系因战局发生突变，九门口失守，不得不构筑小不老据点，重新部署力量，组织防线，致使用于迂回作战的部队悉被牵动，因而海面迂回作战计划不得不暂时搁置。不久，冯玉祥倒戈事件发生，战局急转直下，是项作战方略终成泡影。

吴佩孚为第二次直奉战制定的作战方略，本身无可厚非，但其兵力部署，却与作战方略不相适应。按照作战方略精神，应于山海关前集结有力部队，占据坚固阵地，与奉军作持久战，一则为在绥中、葫芦岛一带登陆争得充裕时间；一则

45

与登陆部队配合，夹击奉军。但实际上，山海关方面仅有一个师和一个混成旅，而且分别布防在山海关、九门口和荒山口等三处。十五师师长彭寿莘虽有指挥第十三混成旅的权力，但山海关与上述两阵地隔绝，联络上需绕道石门寨，约有一百五十里地的路程。交通阻塞造成指挥上的诸多不便，且十三混成旅内部旅、团长间又有尖锐矛盾，战斗力不强，开战仅一昼夜，九门口即告失守。局部一旦失利，很快便导致全局被动。至于"诱敌"问题根本不存在。山海关系京奉铁路要隘，不必"诱敌"，奉军必然要集中主力部队，夺取这个军事重镇和交通要道。总之，山海关方面所布置的兵力过于薄弱，影响原定作战方略的实施。

（二）战事伊始之际，吴佩孚调动大量部队到前线作战。战线上部队单位繁多，但不加编组，不设地区司令官，是以总部指挥单位太多。姑且不说指挥上和军务管理上的头绪繁杂，更成问题的是纵有指挥才干的将领，充其量也仅能指挥其一师或一旅之众，既不能充分发挥其指挥作用，也无法收到大兵团协同作战的优异效果。吴佩孚自信力极强，向不采纳他人意见。其参谋长只起秘书作用，随身携带纸笔，需要下达作战命令时，往往都是吴佩孚口授，参谋长笔录。指挥权过分集中于一人，难收分散指挥的机动灵活效果。

（三）吴佩孚指挥作战的习惯是，如遇某部在战斗中受到挫折，必躬身驰往战场，调兵遣将，弥补缺陷，因之尚能补救于一时，制胜于一时，使战役稳定，转危为安。因此吴佩孚本人具有极强的威慑控御力量，受挫部队的官长仍能尽力整饬部队，听候使用，决不敢任意放弃职守，临阵脱逃。但这种指挥办法必须是他本人执行，若以他人代替指挥，断无此等威望，势难驾驭；若一旦失利，局势便无法控制，最终导致失败。山海关战役，张福来代替指挥，正中此弊。张为人敦厚和蔼有余，而才干魄力则不足，至于威慑控御力量更是谈不到；是以吴佩孚在千钧一发的危急时刻，不肯采纳部属意见，转守为攻，反而轻率离开战场，致使几十万大军群龙无首，士气顿然涣散，一败涂地，全军覆没。

（四）吴佩孚制定军事计划时，往往不用军事地图，以其字迹小、张幅多，使用不方便。殊不知军用地图都是实地测量而来，地形、位置、交通路线、要点关系均极详细而准确，有助于使作战计划更切实际。反之舛错必多，难以实施。山海关作战计划部署不当之处与此有关。

（五）吴佩孚的总司令部参谋处，也未尽到应尽的职责。既然知道直奉两军在山海关必定有一场大战，早就应该对山海关地形有所了解，有所研究。谁知总司令部参谋处竟然对此毫无准备，到达秦皇岛后，不得不向十五师索取军用地图。如果没有我们向总部提供的五份五万分之一的军用地图，则总部是两手空空，连一份军用地图也没有。其粗心大意，毫无准备，竟达如此严重程度！

（六）战事爆发后，向山海关集中兵力时，总部指挥部署考虑不周，出现混乱情况。第十二混成旅已经奉令开赴九门口，但又以第十三混成旅代替之，一来一往，致使上下行兵车拥挤在一条单线铁路上，异常紊乱，使全盘运输停滞，影响后来九门口失陷时，无得力部队增援。

（七）局部战场也存在指挥不利、各自为政、不能协同作战的现象。出冷口的第九师和第十四混成旅，便因未能协同行动，以致第九师最后战败。出界岭口的第二十三师和第十二混成旅，亦各自为政，互不联系。上述四支部队，除第九师尚经激战外，其余三支部队均徘徊于山岳地带，不知所为，实属可笑之至。

（八）个别作战部队内部矛盾重重，影响战斗力。例如第二十三师师长原为王承斌，王升任直隶督军后，仍兼任师长。该师旅长王维城（字绍箴）对此不满，认为自己应该升任师长。于是竭力巴结曹锟，终将渠道疏通。曹力保王维城升任师长，王承斌迫不得已将二十三师师长职务让出，成为不掌兵权的空筒子督军。王对此始终耿耿于怀。因此，第二次直奉战伊始之际，虽然发表王承斌为第三军监军，但王并未去承德，也未履行其职责。王维城任师长后，任命其本家侄子王立三为参谋长。王立三系军官学生，为人骄狂，看不起行伍出身的军官，撤换了一些，又任命了一些军官学生担任各级职务。因此师内矛盾重重，军心涣散，作战能力极差。该师在界岭口外作战时，也未取得较好的战绩。

（九）冯玉祥倒戈，使直军陷入混乱。我加入奉系后，从奉军将领那里听到一些情况。据说，奉军为了打垮直军，早就与冯玉祥有联系，策动他倒戈相向。直奉两军开战后，奉军曾连续发动八次猛攻，其中三次是总攻击，规模大，攻势猛，主攻目标是山海关，其次是安民寨。但每次总攻击均以失败告终，死伤惨重。于是不得不双管齐下，又积极策动冯玉祥倒戈，以配合军事行动。当时东北使用的货币有大洋和小洋之分。大洋为硬币，折合关内货币为七角多钱；小洋为纸币，折合关内货币六角多钱。为了买通冯玉祥倒戈相向，需洋二百万元，折合关内货币为一百四十万元。张作霖认为此项款额数字过大，效果如何，尚难逆料。钱给了，万一冯不倒戈，岂不是白花了吗？是以踌躇再三。但终因八次猛攻均未奏效，且死伤惨重，战事若如此长期胶着下去，恐对奉军极为不利，因此决定孤注一掷。冯得款后，始与京师卫戍司令联合行动，秘密回师，囚禁总统曹锟，通电讨伐吴佩孚，致使直军阵脚大乱，一败涂地。

第四编　张宗昌生平简记

第二次直奉战，以直军失败告终。奉军再次入关，并大举南下，扫荡直系在长江下游的势力，深入苏、皖两省，攻占了南京和上海。尔后又驱逐了盘踞在京畿一带的冯玉祥势力，为张作霖入主北洋政府扫除障碍，奠定基础。其后，奉军在津浦线上又与国民革命军即北伐军展开殊死搏斗。所有这一切均与张宗昌的活动经历息息相关，密切不可分割。我从直系转入奉系，始终担任张宗昌的参谋长，对他的经历有所了解，对他的活动有所参与。因此，这一编撰写了张宗昌传略，不仅记述其个人生平简历，而且更为详细地记录了历次有关的战役情况，反映了奉军实力的消长和奉系兴衰的一个方面。

第一章　童年生活贫困坎坷

一、家世寒苦

公元一八八一年二月十三日，清光绪七年正月十五日，张宗昌落生于山东省掖县祝家疃。

祝家疃是一个小村庄，位于掖县城西，与果村相邻。

张宗昌出生在一个贫苦的农家，世世代代务农为生。家里只有三间小土房，薄田两三亩。他的父亲除去耕耘自家土地，还要到外边去找些杂活干，才能维持生计。每逢本村或外村有喜庆丧葬之事，他便应雇去帮工，不是充当轿夫、杠夫，就是充当吹鼓手或打执事的。生活本来就非常困苦，难以维持，更何况他的父亲又是一个嗜酒如命、酷喜赌博的人，往往置养家糊口于不顾，致使生活更是难上加难。张宗昌的生母由于丈夫不正经干活，经常无米下锅，生活没有着落，而屡次规劝又不听，竟愤然改嫁而去。因此，张宗昌幼小时，经常衣食无着，有时甚至不得不乞讨过活，饱尝挨饿受冻之苦。他自己曾经说过，每逢初一、十五、过年过节，乡里总有人到村里小庙给土地爷烧香上供，傍晚没人时，他便去偷食供品，一边吃，一边发誓：有朝一日，我张宗昌要是发了财，一定给您老人家修缮庙宇，塑化金身，加倍报偿。

张宗昌字效坤，乳名"田"，因为他幼小时蓬首垢面，鼻涕常常流过河，有些傻里傻气，所以村里人都戏呼之为"痴田"。七岁时曾就读于村塾，不久，因家计生活窘困，不得不辍学去谋生。张宗昌尔后能识字看书，实缘于此时打下了一些基础。十二岁时，经人介绍，进入果村一家酒店学徒。男女掌柜待人一向都极为苛刻，所收学徒不堪折磨，大多几个月便皆辞去。而张宗昌则因肯于吃苦耐劳，眼里有活，能迎合主人心意，因此颇得女掌柜三妈妈的衷爱，一干竟达三年之久。

二、谋食关东

一八九六年（清光绪二十二年），张宗昌十五岁。其年龄虽小，但发育良好，体魄健壮，身材魁梧。张宗昌成年后身高一米九〇，十五六岁时大约已经有一米八〇。这一年，他随父亲下关东去谋生。山东人生活困苦者总是闯关东，到东三省去谋食，胶东一带更是如此。有的是个人独行，有的是举家迁徙，大多是岁初离乡背井，岁末回乡团聚。张宗昌父子生活既然如是艰难，受亲朋友好和街坊四邻的影响，自然会有下关东之举。他们父子随同众人徒步走到烟台，然后乘船渡海到营口，再转赴东北腹地。他的父亲由于不能适应东北地区的严寒气候，不足一年，便只身返回山东老家；而张宗昌虽属弱冠之年，但对艰难困苦无所畏惧，坚决不肯回家，独自一人留在东北继续闯荡，时而去给地主家放牧、打零工；时而又去干农活儿，扛长活。

三、充当路工

一八九九年（清光绪二十五年），张宗昌十八岁。此时正值帝俄在东北修筑中东铁路。一八九五年，满清王朝因对日作战失败，将辽东半岛割让日本。帝俄为抵制日本势力在东北的扩张，联合德、法等国出面干涉，迫使日本不得不放弃辽东半岛。帝俄自恃有功，乘机攫取了修筑中东铁路的权利。修筑铁路自然要招募大批华工。张宗昌弃农从工，应募去充当筑路工人。由于他身强力壮，干活儿泼辣，不怕苦，不怕累，不仅博得工友们的心服口服，而且也赢得俄国人的青睐和信赖。不久，便当上了一名工头。他待人宽厚，在工人群众中颇有威信。此后几年，他一直没离开铁路，当过装卸工，当过扳道工，等等。由于经常和俄国人打交道，他学会说俄国话，而且说得相当流利，但只是会说而已，一个俄国字也不认识。

第二章　青年时期崭露头角

一、效力帝俄

一九〇四年（清光绪三十年），张宗昌二十三岁。是年，日俄战爆发。帝俄久已蓄谋吞并东三省，把东北地区看成是自己的势力范围，它曾乘义和团之变，八国联军攻占北京之际，出兵东北，侵占东三省。日本帝国主义不肯甘拜下风，在英美的支持下发动了战争，力图从帝俄手中夺回东三省，置于自己控制之下，为尔后独自吞并奠定基础。当时，俄军开到东北作战的部队不下三十余万人，需要大批俄语翻译人员，凡粗通俄语者，无不网罗到军中充当翻译。张宗昌俄语说得相当流利，而且多年来为俄国人干事，自然成为优先招聘的翻译，倍受重视和信任。

日军在开战前即已千方百计刺探俄国军情，大量搜集有关军事情报。俄国人修筑旅顺炮台等军事设施时，招募华人施工，有一个精通华语的日本谍报人员，竟冒充华工混入施工队伍。后来日本战胜，此人摇身一变，成为日本驻旅顺特务机关的头子。

日俄战开战后，日军又大肆收买东北胡子，利用土匪熟悉当地情况的有利条件，袭击俄军兵站，骚扰俄军后方，使俄军顾此失彼，疲于奔命，屡遭失利，损失严重。因此，俄军也决定效法日本，组织华人武装力量，袭击日本兵站和补给线，扰乱日军后方，以支持前方作战。这支别动队的组织者和领导者，由谁来担任呢？当时，张宗昌正在俄国军队中充当翻译，素为俄国人所赏识和器重，此项重任自然是非他莫属，想当然地落到他的肩上。

张宗昌接受任务后，立即进行筹划。几经考虑，他也认为只有招募胡子队伍担负此项任务最为相宜。因为他们有人有枪，无需花费很大力量去组织，无需花费很多时间去训练，便可立即投入作战，能收立竿见影之效。当时，有人为之介绍一个胡子头王某。为了说服他率部参加对日作战，张宗昌曾孤身一人，冒着生命危险，匹马单枪，深入虎穴，与王某会面。王某见其胆识过人，为人真诚坦率，衷心服膺，于是以这一支胡子队伍为骨干力量的游击队伍迅速组成。但遗憾的是，出师不利，投入战斗后，最初几个回合均告失利，大部被歼灭。张宗昌扫兴已极，而俄国军部则对他倍加鼓励，多方给予支持，令其重整旗鼓，再次招兵买马，并发给枪支弹药，由残存的数百人，逐步扩大到数千人，最后竟发展到号称有两万多人的队伍。俄军还选派军官多人参与队伍训练和营以上单位作战指挥事宜。张宗昌则成为这支队伍的首领，当时的"官衔"称"统领"。张宗昌在参加辛亥革命前，一般袍泽以及与之熟识的人均呼其为"张统领"，实缘于此。张宗昌在这个时期也得到向帝俄军官实地学习军事的机会，尔后之所以颇具军事知识和指挥作战才能，均奠基于此时。经过一番整顿、扩充和训练，张宗昌所领导的这支队伍，在扰乱日军后方、配合俄军前方作战中，也起到一定作用，每次下达的战斗任务都能基本完成，因此赢得了俄国军方的信任和好评。

二、陡然而富

一九〇五年（清光绪三十一年），张宗昌二十四岁。是年，日俄战以俄国战败而告终。帝俄被迫放弃南满权益，俄军全部撤回俄境。张宗昌所部也决定予以解散。遣散办法是每人发饷三个月，另外每人加发路费七十个卢布。当时，每个士兵每月薪饷为二十五个卢布，三个月薪饷的遣散费为七十五个卢布。张宗昌将款项领到手，三个月薪饷的遣散费如数照发，而路费一事则只字未提，全部扣发。只此一举，张宗昌便赚得金卢布不下百余万，陡然而成巨富。

彼时，张宗昌年纪既轻，而素性又豪放不羁，喜聚不喜散，因之旧日部属、亲朋友好、各色人等均簇拥周围，每日吃喝玩乐，尽情享受。不仅如此，谁有困难，只要开口，无不满足，成百上千元也在所不惜。总之，他重义气，轻钱财，短短一年多的时间，便在哈尔滨、奉天等地将巨额款项挥霍殆尽。张宗昌自己曾经说过，当时本想衣锦还乡，广置田亩房舍，坐享富家翁生活，无奈每到一处，昔日友好和部属便热忱挽留，只好周旋应酬，谁知糊里糊涂便将钱花光！

三、淘金异域

正当张宗昌无所事事之际，恰有俄国资本家拟招募华工五千人，前往西伯利亚开采金矿，矿址在鄂霍次克海和白令海峡沿岸地方。该地临近北极，气候严寒，人迹罕至，一般老百姓均不愿去此严寒不毛之地。因此，俄国资本家只得在海参崴一带招募工人，而此地率多亡命之徒，颇难驾驭。张宗昌在俄国人心目中享有很高威信，在此等人中也颇有威望，因之，张又首当其选，充任总工头，前往西伯利亚淘金。

张宗昌在金矿任总工头时，不仅学得一手颇为出色的淘金技术，而且把自己锻炼成为一个出众的猎手。由于工作需要，他每年必须往来于金矿和海参崴之间达五六次之多。而这些地方地处偏僻，交通不便，冬天只能利用当地土著的雪橇，夏季只能利用当地土著的渔舟。当地土著俗称鱼皮达子，实即爱斯基摩人。该地原属满洲，其族男人脑后均有发辫一条。每当雪橇奔驰时，发辫飞扬，呈一条直线，滑行速度之快，于此可见一斑。爱斯基摩人素以渔猎为生，擅长捕鱼射猎。张宗昌在其地生活数年，时与他们往还，有时还随他们出猎，射杀猛兽。因此，张宗昌不仅锻炼了枪法，而且还通晓各种兽类习性，成为一个有经验的猎手。

其后，金矿因经营不善，颇多亏损，张宗昌乃辞去总工头职务，踏上返回家园的征途。张宗昌在金矿担任总工头期间，大约赚得了四五十万卢布，又算是发了一笔大财。此刻，他想无论如何再也不能像上次那样荒唐，转眼间竟然将偌大一笔钱财花得一干二净。吸取了上次的经验教训，他决定尽快返回家乡，不能在各地多事逗留。谁料想，刚刚回到海参崴便被包围，好不容易才得脱身。张统领发财还乡的消息不胫而走，离开海参崴以后，仍然和上次一样，不管是在哈尔滨、长春，还是在奉天、大连，每到一处，旧日友好蜂拥而至，热情挽留，日日夜夜酬酢不已。当然，在此等人中，也必定有一些生活困难开口求助者，他仍然一如既往，慷慨解囊，从不吝惜。几个月后，总算回到家乡。但是，这次情况并不比上次好多少。因为沿途应酬又把大部钱财花掉，所剩无几，连孝敬父母和馈赠亲友的钱都不够用了，哪里还谈得上买房子买地，广置田亩房舍，富家翁的美梦终成泡影。他不得不再次离乡背井，返回海参崴。据说，他此刻已是一贫如洗，连返程路费都是借贷而来的。此后，他便闲居在海参崴。

第三章　投身辛亥革命

一、组建骑兵团

一九一一年（清宣统三年），张宗昌三十岁。是年，辛亥革命爆发。武昌首义，不及旬月，波及长江各埠，全国鼎沸。当时，上海方面的革命军为光复军。光复军党人大多是浙江人。浙江宁波巨商李征五任上海光复军总司令。其时，革命领导人咸以革命军仓促组成，难敌北洋久经训练之师，素闻东北胡子勇敢善战，遂拟招募一批，以壮军威，制造声势，扩大影响。

海参崴是当时东北胡子的一个聚处。胡子在东北境内做案后，大多逃往俄境海参崴，一方面借以躲避中国官方的追捕，一方面也找到一个寻欢作乐的安乐窝。上海革命军在海参崴找到一个代理人。此人姓胡，叫胡金肇，浙江人，任职于俄国邮船公司华账房。他极力到处活动，为革命军招兵买马。

居住在海参崴的胡子虽说不少，但也不是随便任何一个人就能把胡子招来。究竟谁是胡子，不得而知；究竟谁有号召力，能统率这帮人，也无从知晓。只有找到龙头，才能解决问题。几经询问打听，有人向胡推荐说：此地有一位张大爷，眼皮最杂，在江湖中颇有威望，请他代为招募，事情定能办成。经人介绍，张胡会面。张宗昌闻听此事，喜出望外，认为自己出头露面的日子到来，良机绝对不能错过，遂欣然承诺。

按照上海光复军的要求，张宗昌募得士兵约六七百人，每人自备大枪一条、小枪一支，战马一匹，经过简单班组训练，堪称是一支人强马壮、阵容整齐的队伍。当时担任队长职务的有贾德臣（奉天梨树县人）、王栋（山东掖县人）、史焕如（山东章丘县人）。

张宗昌率所部由海参崴出发时，由俄国邮船公司胡金肇、苏佩堂等人为之准备轮船，给予多方援助。当地华人商会也大力支持，供应给养，热情欢送出征。

张率所部抵达上海时，受到热情隆重的欢迎。上海革命军曾大事宣传，声称东北革命军开抵上海支援光复军，喧嚣一时，引起各界注目。李征五对张倚畀甚深，任命张为骑兵支队长。当时，蒋介石方自日本归来，在李征五光复军中任参谋，故张、蒋二人早年曾有一面之交。

不久，南北专使在上海议和，清廷于一九一二年，即辛亥年腊月二十五日下共和诏，宣布清帝退位，还政于民。因此，上海方面革命军在民国元年以后均陆续加以整编，重新予以安置。上海革命军与原驻江苏的第九镇残部改编成两个师——第三师和第八师。冷通任第三师师长，陈宇平任第八师师长。张宗昌所属骑兵支队改编为骑兵团，隶属第三师。该师随即调到徐州一带剿匪。

二、抗击北军

一九一三年（民国二年），张宗昌三十二岁。是年，第二次革命战争爆发。因讨袁，黄兴在江苏，柏文蔚在安徽，李烈钧在江西，胡汉民在广东军兴，四省相继独立（以上简称南军）。北京袁世凯派兵分两路南下，实行武力镇压（以上简称北军）。第一路以段芝贵为军统，率王占元第二师、李纯第六师，由湖北进军；第二路以冯国璋为军统，率山东第五师、由禁卫军改编的第十六师、张勋所属定武军全军，沿津浦路前进，推进至韩庄一带，夹运河与南军形成对峙局面。

当时，南军在津浦线前敌布防的部队，即为江苏省第三师。而在第一线抗击北军的部队便是张宗昌所属骑兵团。张曾乘北军尚未集结完毕，侦知张勋大辫子兵在山里并未设置任何警戒，对定武军突然发动一次夜袭，将"辫帅"大兵一举击溃，大获全胜，南军前线声势一时大振。

是役，张宗昌本人身先士卒，一马当先，抢上山头，建立奇功，但不幸臂部中弹负伤，遂送往南京金陵医院治疗。经过治疗，很快重返前线。通过这次战斗，张宗昌在第三师官兵中享有崇高威信。

第二次革命伊始之际，袁世凯曾派军法官余大鸿前往安徽，联络皖南镇守使鲍贵卿，令其派兵卡住虎口，切断李烈钧、黄兴与柏文蔚之间的联系。黄兴闻讯立即离开南京。第三师师长冷通得知黄兴出走的消息，也随之弃军出走。两个旅长听说师长走了，当即离开队伍，不知去向。而此时恰值北军展开反击，声势颇壮，南军始告不支，节节败退。第三师由于师、旅长不辞而别，去向不明，群龙无首，人心惶惶。团长、营长等中级军官遂自动召开会议，讨论当前局势，研究对策。但是，当此危急存亡关头，这些中层军官大多面面相觑，一筹莫展，不知所措。此时，张宗昌已自南京返回军中，他在会上当即抓住时机，挺身而出，向在座中级军官表示，如果大家相信他，他能带领大家找出路，并且毛遂自荐："师长走了，不要紧，咱们自己干，如果大家愿意听我的，我来当师长，我能领着你们大家干，而且一定能干好！"由于过去战绩辉煌，众望所归，张宗昌赢得了第三师官兵的一致拥护，被推选为第三师师长。

第四章　归附北洋政府

一、投靠冯国璋

冯国璋奉袁世凯之命，统率大军南下镇压二次革命，他对消灭二次革命也是采取两手策略。一方面积极展开进攻，令部队迅速推进；一方面采取怀柔政策，从革命军内部进行分化瓦解工作。当他得知新任第三师师长张宗昌是山东人，便派人去游说。冯国璋是利用南北地域、乡土观念以及朋友义气的伦理道德，去进行说服工作。他令人去见张宗昌，在张面前诋毁南方人，力陈南方人如何不可靠，口头上说得好，实际行动不兑现，早晚要上当受骗；同时鼓吹北方人在人际交往中如何朴实可靠，重交情、讲义气。不管是山东，还是河南、河北，都是同乡，北方人应该回到北方去干，才是一条光明大道。并一再申明袁大总统和冯军统热烈欢迎张师长和第三师全体官兵参加政府军。张宗昌闻听此言，联想眼前实际情况，颇有所感，师长冷遹不就是这样一个不可信赖的人吗？当此大敌当前，存亡危急关头，竟然临阵脱逃，只顾个人安危，不顾将士死活，怎能和这样的人共事呢？！再者，第三师当前是孤军奋战，内无粮饷，外无援军，战到最后，也只能是全军覆没。张宗昌瞻前顾后，思之再三，认为也只有投靠北洋政府，才是唯一出路。经过协商，全师高级军官一致同意他的意见，遂与北军达成协议，第三师投归冯国璋。

张宗昌率领第三师投到冯国璋麾下，遂即掉转枪口，挥师南下，成为冯军的先锋部队。冯率师抵达浦口，受阻于长江南岸诸炮台，不敢强渡。张宗昌自告奋勇，率所部精锐，黑夜偷渡，一举攻占下关幕府山炮台，并将炮栓取下做为信物，连夜送呈冯国璋。冯获悉炮台确已攻陷，随即命令大军在八卦洲渡江。攻打南京城时，张宗昌督师率先登城，建立夺取金陵第一功。冯军占领南京，迅速控制了长江下游。此后，冯国璋任命陈调元为第三师参谋长，所部奉令分驻浦镇及江浦等县。

二、出任教育长

一九一三年（民国二年）冬季，江淮宣抚使冯国璋继张勋任江苏督军。不久，军队善后整编工作开始，原江苏第三师缩编为第七十四混成旅，并任命赵俊卿为旅长。赵为陆军大学第一期毕业生。张宗昌则调任江淮宣抚使署副官长。未几，宣抚使建制撤销，张宗昌乃调任江苏陆军将校讲习所所长。后以该所建制不符合规定，更名为江苏陆军补助教育团。张宗昌任该团教育长。熊炳琦、陈调元以前均曾充任过原讲习所教育长。该所教官多系陆军大学毕业或德、法留学生。学员大部分为编余军官中年轻体健者，另外从社会上招募一部分有文化的青年。三四年间大约培养了两三期学生。尔后，张宗昌组织自己的基本势力时，其骨干力量除部分来自骑兵团外，大多出自教育团。

三、刺杀陈其美

在南京时期，张宗昌曾协助冯国璋完成了一项重大任务，这就是刺杀陈其美。袁世凯为了镇压南方革命，大搞恐怖活动，连续刺杀国民党要人。刺死宋教仁之后，继而又决定刺杀陈其美。袁世凯将此项重任交给冯国璋，并拨给活动经费四十万元。冯国璋接到任务后，颇感棘手，但系袁世凯密令，不敢稍有怠慢，遂多方物色人选。最后决定将此项绝密任务交给张宗昌，令其全权负责，限期达成任务，不得违抗。

当时，陈其美住在上海租界内，深居简出，防犯甚严。陈既然不在公开场合出头露面，行刺人便无法认识他，更无法接近他。经张等人密谋，选派刺客数人伪装大实业家，准备在沪投放巨资兴办实业，公司组织规模宏大，公司章程等项资料一应俱全，而且印刷精致考究，煞有介事，使人阅后深信不疑。刺客们衣饰阔绰，派头十足，言谈举止俨然是大实业家。他们经常出入社交场合，广交社会名流，大摆筵席，馈赠重礼，挥金似土，无所不用其极。经过几个月的活动，颇有成效。经人辗转介绍，终于有机会见到陈其美。

见面的地点是在陈其美家里。第一次见面刺客并未动手，只是初步认识一下陈的容貌，并判断真假虚实；其次是摸清陈的住所情况，安排行刺后的逃跑路线。第一次会晤，双方谈得十分融洽，使陈信以为真，放松了警惕。待刺客将目标认准并策划好行动计划，第二次会面时便动手开枪打死了陈其美。当时有一个专司放风的刺客夺路逃跑时，惊慌失措，跑错路线，终遭逮捕。此人姓毛，过了数年，被租界当局释放。该人出狱后，曾去江西看望张宗昌，张笑骂他真是一个大笨蛋。

四、就任副官长

一九一七年（民国六年），张宗昌三十六岁。是年八月，冯国璋就任大总统，任命张宗昌为总统府副官长。张宗昌自投靠冯国璋以来，服从命令听指挥，出色完成任务，表现出有过人才干。特别是对长官忠心耿耿，对同事诚恳宽厚，因此颇得冯国璋的赏识和器重，冯北上就任代理总统时，高级将领得附骥尾寥寥数人，屈指可数，除师景云任总统府军事长，熊炳琦任参谋长外，当属张宗昌之任副官长。冯对张的信任和提携，于此可见一斑。张宗昌也把冯国璋视做平生第一知己。

第五章　参加援湘战役

一、出任旅长

一九一八年（民国七年），张宗昌三十七岁。是年，援湘之战爆发，张宗昌出任新编第六混成旅旅长。

援湘之战起源于湖南督军傅良佐为南军谭延闿所逐。傅属皖系，当时正值段祺瑞任国务总理，为了保持皖系势力范围，巩固皖系中央政府的威信和地位，段祺瑞及其掌握的北洋政府力主武力解决湖南问题。以冯国璋为首的总统府则主张和平解决湖南纠纷。因此在如何解决湖南问题上出现两种对立意见，形成了总统府与国务院之间所谓的府院之争。斗争结果，以段祺瑞为首的主战派获得胜利，决定组织援湘大军。大军分两路，第一路由直隶督军兼两湖巡阅使曹锟任总司令，第二路由山东督军张怀芝任总司令。尽管决定出兵，主战派仍然认为主和派态度暧昧，唯恐其斗争不坚决，中途妥协，因此，国务总理段祺瑞要求总统冯国璋委派其高级幕僚参加援湘大军。在主战派的强烈要求下，冯国璋决定任命其参谋长熊炳琦为第二路参谋长；任命其副官长张宗昌为第六混成旅旅长，参加第二路战斗序列。委派一名亲信幕僚担任高级指挥官，委派一名亲信幕僚担任高级带兵官，借此表明总统支持武力统一湖南。

任命张宗昌为第六混成旅旅长，是冯国璋有意借机扶植张宗昌，当然也是为了培植自己的势力。第六混成旅怎样组建呢？为了便于指挥，张宗昌提议抽调其旧部做为核心力量，在此基础上予以扩充，补充一些新生力量。经商得江苏督军李纯同意，由原江苏第七十四混成旅调出步兵一团，再将原稽私营扩编为一个团，另附炮兵、骑兵、辎重兵各一部合编而成。

张宗昌在组建第六混成旅时，非常重视军事人才，极力网罗军事干部。他深知打仗需要训练有素的军事人员，需要通晓军事的参谋人员，协助他运筹帷幄。当时，我正在保定陆军军官学校担任战术教官，经陆军大学同学齐长增介绍，在张宗昌的盛情邀请下，我出任第六混成旅参谋处处长（未设参谋长一职），随军远征湖南。从此，我结识了张宗昌，有了一段共同工作的经历，为尔后相互信任合作奠定了基础。

二、擢升师长

张宗昌所属新编第六混成旅在江苏组建完毕，随即会同第二路其他部队，自南京浦口出发，乘船至九江登陆。此后便徒步行军，经修水、铜鼓等地进入湖南。铜鼓等地系山岳地带，层峦叠嶂，悬崖峭壁，路途艰险，队伍行进时，攀藤附葛，士兵手脚大多磨破，备尝辛苦。第六混成旅进入湖南后，也是按照第二路大军进军方向前进，即通过醴陵直趋小集。当其刚刚到达小集时，第二路主力部队便在攸县、醴陵一带为南军刘建藩部击溃。张宗昌曾拟率领第六混成旅前往援助，挽回败局。但六七个旅均被击败，一旅之众恐难取胜。张宗昌最后决定不得不退往长沙。到达长沙后，便驻扎在长沙东郊开元寺。当时，张敬尧任湖南督军。他曾亲自到开元寺视察第六混成旅部队，检视后表示满意。因为第二路主力部队虽然被击溃，但第六混成旅未受任何损失，部队完整，士气旺盛。张敬尧迫于南军压力、正值危急时刻，亟需得到这支部队支持，以巩固其在湖南的统治。因此，他在视察之后，对这支部队礼遇甚佳，除了口头表扬外，还给部队补充了弹药、饷项、鞋袜等军需物资。为了打好下一仗，张宗昌由部队中选拔奋勇约千余人，亲自带领；其余部队则由团长贾德臣率领，向株洲进发。

南军刘建藩在攸县战败北军后，随即乘胜追击，经醴陵到达株洲，遭到张敬尧第七师吴新田部阻击，发生激战。此刻，张宗昌奉令增援，率部到达株洲。经与吴新田洽商，张宗昌率部迂回到刘建藩部队背后，乘夜猛袭。是役，张宗昌率敢死队身先士卒，尤奏奇功。南军突遭前后夹击，事出意外，军心大乱，全线动摇，纷纷溃退。刘建藩为了挽回败局，亲自到株洲铁路桥督战，阻止部队后退，结果为溃军士兵开枪击毙，于是南军全线彻底崩溃。张宗昌乘势追击，不到三天时间，竟然将醴陵、攸县及茶陵等地均行收复。短短几天，转败为胜，湘东局势即告稳定。

湘东大捷消息传到北京，总统冯国璋衷心喜悦，因为张宗昌的胜利给自己增添了光彩，提高了自己的威望和影响。第二路总司令张怀芝听到张宗昌大获全胜的消息，更是喜出望外，施从滨战败后一筹莫展的困境得以解脱。他深深懂得，山东是自己的根据地，长期领兵在外，难免祸起萧墙，发生意外，不如及早撤离湖南，固守家园，才是上策。当前的胜利，是解决问题的最佳时刻，良机不可错过。于是商得北京政府同意，将新编第六混成旅扩编为中央暂编第一师，任命张宗昌为师长，同时变更第二路建制，撤销第二路总司令一职，设立第二路总指挥一职，同时由北京政府明令发表张宗昌兼任第二路总指挥。为了继续稳定湘东局势，山东部队潘鸿钧和张克瑶两旅，仍拨归第二路总指挥调遣。

暂编第一师由贾德臣任第一旅旅长，王万金任第一团团长，褚玉璞任第二团团长；张宗昌自兼第二旅旅长，程国瑞任第三团团长，王康福任第四团团长。赵某任炮兵团团长，王栋任工兵营营长，我任参谋长。

援湘军事行动正在顺利进行之际，第一路总司令部于是年秋季突然由汉口移驻保定，同时第一路前线部队也在湖南衡阳一带停止前进。因此，第二路也受到牵制，张宗昌决定采取相应行动，暂停湘东军事进攻，以观形势演变，再做考虑。

三、退驻江西

一九一九年（民国八年），张宗昌三十八岁。是年五月，第一路前敌总指挥吴佩孚突然率领直军自湖南撤防，事前也未通知第二路。待第二路总指挥部得到战报时，衡阳已为南军谭延闿部占领。湖南督军张敬尧所属第七师吴新田旅前往接防时，突遭南军痛击，节节败退。当时，第二路总指挥部设于醴陵，张宗昌闻讯后立即召开军事会议，做出决定，命令驻防在茶陵、安仁等县的部队，迅速向攸县附近集结。集结尚未完毕，衡山又复失守，株洲、湘潭也随之相继告急。张宗昌揆诸形势，由于侧臂数百里已完全暴露于敌，随时可遭袭击，首尾不能相顾，遂命令向攸县集结的各部队继续向醴陵集中。刚刚集中完毕，长沙即告失守。

张宗昌一面将上述情况电告北京政府，一面指挥第二路部队经过老关移驻江西萍乡。此举旨在保存实力，避免与南军发生正面冲突。到达萍乡后，张便与赣西镇守使方本仁接洽驻军地点，并一再申明进驻江西是迫不得已，是找一个暂时安身之地。经过协商，山东潘、张两旅暂驻萍乡附近，暂编第一师则移驻江西宜春。

张宗昌率领第二路部队进入江西，必然引起江西督军陈光远及地方驻军将领方本仁等人的疑虑，深恐张借机夺取江西地盘。外界对此也纷纷猜测，有所谣传。这种疑虑和猜测是必然会出现的，张宗昌为了让地方当局放心，不仅竭力口头解释，而且在行动上有所表示，诸如驻军地点悉听地方当局安排，以示并无二心。据我所知，当时张宗昌确无攫取江西地盘的野心，主观上没有这样想法，客观上也没有这样条件。张宗昌是北京政府派出的大员，彼时他在思想上是依靠中央政府，听从中央政府指挥的。他在平时言谈话语中没有流露出要借机创造个人局面的想法，实际上也没有这种力量。第二路系由两部分队伍组成，一部分是山两个旅，他刚刚接任总指挥，过去与之并无历史渊源，现在也只有一般领导关系。自己的嫡系部队——暂编第一师，方由第六混成旅改编而成，实际上依然是一旅之众，不过五六千人，既非训练有素，装备又极差，且客居异地，人生地不熟，加之后勤供应没有保证，根本无法单独作战。所以，张宗昌意欲夺取江西地盘之说，纯属无稽之谈。

四、回京求援

一九二〇年（民国九年），张宗昌三十九岁。是年七月，直皖战爆，直军迅速取得胜利，靳云鹏受命组阁，任总理兼陆军总长。此时，张宗昌率所部已到达江西，分驻萍乡和宜春。由于第二路部队系由北京政府直接管辖，因此张宗昌进入江西得到暂时安顿后，便就移防以及饷项等问题，迭次向中央请示机宜，但始终杳无回音。张宗昌忧心如焚，反复思量，认为有必要回京，亲自向北京政府首脑汇报情况，当面请示办法，或许能促使问题早日解决。既经决定，张宗昌将第二路和师内各项事务略加安排，便携同少数幕僚启程赴京。途经南昌时，张宗昌进见江西督军陈光远，对陈允许第二路部队暂驻江西表示深切谢意；并说明此次返京目的，意在向陈光远表明自己正在竭尽全力争取中央早日解决问题，个人绝无掠夺江西地盘的野心。陈光远对张亦热情接待，表面上颇具殷切关怀之意。张宗昌非常满意，欣然北上。

到京后，张宗昌分谒府院，报告前方情况，同时请示今后部队行动安排。内阁总理靳云鹏对张热情接待并亲切慰问。最后决定，山东部队潘鸿钧和张克瑶两旅仍然调回山东，至于暂编第一师则仍须暂留江西宜春，听候命令。这一决定也充分表明，当时北京中央政府软弱无力，一切均需听从地方军政当局的处置。潘、张两旅原系山东部队，回归山东，地方军政当局自然是欣然接纳。而暂编第一师则是一支由前届中央政府倡议组建的队伍，与各省地方军政当局毫无关系，谁也不肯接纳，恐遗后患。因此只能是维持现状，仍然暂驻江西，听候命令。至于饷项问题，也是采取敷衍了事的办法，批交陆军部和财政部筹措，实际上是一纸空文。张宗昌在京守候坐催，请客送礼，托人疏通，一住达四五个月之久，最后只领得八万块钱。除去大量应酬费，所剩无几。

张宗昌在京活动毫无结果，不得不又到保定谒见曹锟，恳求鼎力援助。曹也是口头敷衍，答应电请陆军部设法早予解决。总之，由于总统冯国璋的去职与逝世，张宗昌成为无源之水，无本之木，回京求援之行，虽然东奔西走，到处游说，但收效甚微，得到的只是口头上的同情和支持，无补于实际，问题依然如故，一筹莫展。

五、兵败江西

一九二一年（民国十年），张宗昌四十岁。是年春季，张宗昌两手空空，自北京返回江西防地。途经南昌时，他再次谒见江西督军陈光远，本拟向陈筹借一二十万元，做为军饷，以应急需。但陈态度大变，与上次会面时截然相反，表现极为冷淡。而张又意气用事，言谈话语间流露出不满情绪，结果两人不欢而散。彼时，张宗昌早已落入陈光远的圈套之中，只是他自身尚未觉察。陈光远乘张去京期间，对张的部队某些带兵官，暗中做了大量分化收买工作，正在待机行动。张宗昌此时处境虽然极端困难，但他仍无染指江西的想法，尽管当前又与陈发生龃龉，而他仍无戒心，更无戒备。

张宗昌自南昌回到袁州（宜春）后，见粮饷匮乏，仅靠一个县供应一个师食用，实在无法维持。待到六七月间，行将断炊，张遂决定将所部疏散到邻近之分宜、新余等县就食。一方面与赣西镇守使方本仁联系洽商并报告督军陈光远，一方面饬令所属各部队准备出发。

江西督军陈光远获悉后，立即调集部队分数路包围袁州。张宗昌所属第一团刚刚到达新余县，便遭到猛烈袭击，张派第四团前往增援，但该团出发后即告失踪，盖已被陈光远所收买。第三团的两个营奉令就食于上高县，正在行军途中。此时，留在袁州的兵力只有一个团和一个营。张宗昌本拟率全部留守部队前往新余县援助第一团，尚未成行，该团即被击溃。当此危急时刻，何去何从，张宗昌思之再三。如固守袁州，内无存粮，外无援兵，势必全军覆没。如突围北上，尚有随军眷属数百户，难以边战边走；如将眷属留下，又恐遭蹂躏。恰在进退两难、举棋难定之际，陈光远为了迅速解决问题，提出缴械投降和平解决办法，按枪支种类和新旧程度给予遣散费。张宗昌瞻前顾后，见大势已去，只有自己出走，后事交给部属全权处理，才是唯一上策。既经决定，便做了周密安排。为了掩人耳目，免遭俘虏，张宗昌化装成普通老百姓，并选择两名江西学生为之掩护，秘密北上返京。

六、缴械遣散

张宗昌秘密出走后，贾德臣、褚玉璞、程国瑞等旅、团级以上军官立即开会研究下一步行动方案。诸将领一致认为缴械投降是当前最为妥善的解决办法，并委托我为全权代表，负责联系解决缴械遣送等各项事宜。我再次去萍乡，与赣西镇守使方本仁进行第二次会晤。当时，一方面方与督军陈光远有矛盾，极力敦促我们按照投降办法投降，最为有利；另一方面，从萍乡地方角度来看，暂编第一师全部缴械，有秩序地集体遣散撤离江西，使地方安宁得到保证，对方也极为有利。否则，武力解决，部队溃散，散兵游勇落草为寇，将使地方遭受侵扰。我们决定投降，方也极表欢迎，因此第二次会谈极为顺利，遂与方本仁达成协议：按照陈光远提出的枪支价格标准，边缴枪，边发钱，边遣送。协议签字后，立即付诸实施。至是年冬季，褚玉璞团最后缴械遣送完毕。暂编第一师至此彻底覆灭。

七、投曹不成

张宗昌自袁州（宜春）秘密出走，并有当地百姓掩护，历经艰险，方始抵达武汉，然后转乘火车回到北京。

张宗昌到京后，立即向北京政府申请派员查办。当时，直系曹、吴势力不仅左右湖南大局，而且左右中央政府。国务总理对湖南发生的问题根本无能为力，张宗昌得到的只是口头安抚，实际上是不了了之。

张宗昌在京四处奔走申诉，但无济于事，始终不得要领。于是，他再次赴保定谒见曹锟，本有投效依附之意，但未能如愿以偿。曹在礼貌接待方面尚称优渥，但无实际行动。据了解，曹锟本人对张尚无不可，而吴佩孚坚决反对，不肯容纳。张宗昌不得不另谋出路。

第六章　出关依附奉系

一、受到张作霖欢迎

一九二一年（民国十年），张宗昌四十岁。是年夏初，张宗昌襥被出关，到奉天谒见张作霖，倾吐投效之意。张作霖当即表示热诚欢迎，慨然允诺予以任命，并嘱张宗昌凡部属有愿来者亦必予以安置，人多在所不计。张宗昌正值失意之际，走投无路，到处碰壁，忽然得此安慰，衷心喜悦，感激张作霖知遇之恩油然而生。他把冯国璋看做生平第一知己，把张作霖看成生平第二知己。

二、任征蒙右纵队司令

一九二一年（民国十年）春季，外蒙古库伦（即今乌兰巴托）驻军褚其祥旅及高再田骑兵支队，突遭俄国白党巴龙所部三万余人围攻。褚、高迭向北京政府告急，而北京政府无力援救，听之任之。高再田所部系骑兵，突围而出，穿越沙漠，退至内蒙古；而褚其祥步兵旅则被消灭，库伦遂告失守。彼时，陕西省内部也发生动乱。

内阁总理靳云鹏邀集直鲁豫巡阅使曹锟、东三省巡阅使张作霖及两湖巡阅使王占元，在天津召开会议，商讨对策。会议决定，直军负责解决陕西问题，奉军负责解决外蒙古库伦问题。

张作霖执行天津会议决定，积极组织征蒙事宜。任命许兰洲为左纵队司令，张宗昌为右纵队司令，各率东三省二至三个旅，在满洲里集中，准备沿克鲁伦河前进，收复库伦。当部队尚未集结完毕，是年八月中旬，即农历七月十四日，满洲里天气骤然转变，大雪纷飞，一昼夜间，积雪竟厚达二尺有余，气候由夏令突然变为严冬季节。而当时装备简陋不堪，人马均难以支持。例如当时发给官兵的御寒服装，除一般棉军装即棉裤、棉袄、棉大衣外，特制的御寒装备只有粗毛线编织的长筒袜一双，保护阴部免受冻伤的毛织品一件，此外别无其他。装备如此之差，岂能远征千里之外的库伦，征蒙一事遂告停顿。左纵队司令部撤回齐齐哈尔，右纵队司令部撤至富拉尔基车站，队伍也分次撤回原防。

征蒙一事停止后，张宗昌随之又处于"赋闲"境地。暂编第一师旧部陆续自江西归来，终朝每日，食客盈门。以他一人有限月薪供应众多部下食用，其困窘之状可想而知。行将断炊之事时有发生。我曾亲眼见他令人挑拣他自身的上好衣服，成箱地送去典当，以解燃眉之急。当暂编第一师在江西缴械遣散一事基本结束时，我随即到达奉天向张宗昌汇报详细情况。张恳切挽留我继续协助他完成征蒙任务。后征蒙一事正式宣告终止，我决定辞别张宗昌，回归保定军官学校继续担任战术教官。张宗昌不愿我走，但又无可奈何。因为他个人只有一个闲散的名义而无实缺，无法安排我的职务，更无法维持我妻儿老小七口之家的生活。最后相约，有朝一日，他自己能拥有一个局面时，我定去帮忙。

第七章　投身第一次直奉战

一、扰乱敌后失败

一九二二年（民国十一年），张宗昌四十一岁。是年，第一次直奉战爆发。战争伊始之际，张作霖交给张宗昌一项秘密任务。张宗昌旧部大多为徐淮一带的人，因此奉张令其到徐州、海州一带活动，骚扰直军后方，以配合前线作战。

奉军开始大举入关之日，张宗昌便率领旧日部属数百人，由奉天（沈阳）出发，经营口、青岛、薛家岛、日照等地，向徐州腹心地带秘密前进。不料事机泄露，在山东郯城县大兴镇一带，突然遭到山东省军队的迎头痛击，大部溃散，少数人员被俘。团长王万金被俘后，由于口出不逊，被枪杀于济南。张宗昌率领残部回到奉天后，立即到山海关总部谒见张作霖，报告山东之行失利经过。张作霖对张宗昌抚慰有加，并将其留在总部襄赞军务。

二、平定高士宾之乱

正值直奉两军酣战不已之际，奉军后方也爆发了直军骚扰事件。吴佩孚派遣高士宾去吉林策反。高士宾系天津大沽人，孟恩远任吉林督军时，曾任师长，后随孟去职。奉军大举入关作战，后方极为空虚。直军抓住这一有利时机，派高士宾由海参崴潜入吉林边境绥芬河一带，鼓动其旧部反对张作霖，企图一举攻占哈尔滨。与此同时，大肆散布谣言，制造声势，事态极为严重。适值奉军首战失利，张作霖驻节山海关，整编部队，尚拟对直军背城一战，以求最后胜利。吉林事件发生后，张作霖踌躇再三，既无人可派，也无兵可调。张宗昌审时度势，认为这是自己立功良机，绝对不能错过，于是毛遂自荐，自告奋勇去平定吉林之乱。张作霖说："你去是可以的，但是我没有队伍给你用！"张宗昌立即回答说我不要您的队伍，只用我的旧部几百人就行。但是要请大帅给哈尔滨地方当局打一个电报，就说派张宗昌率领四个师到吉林去平乱，命令地方当局准备充足的给养。此外，再由奉天军械库拨给我一门山炮就足够了。"张作霖闻之欣然，一一点头答应照办。张宗昌率部到达哈尔滨后，多方虚张声势，例如令其队伍每天更换符号，故意出出进进，在街上游逛不已，制造大部队云集的种种假象，以扰乱敌人视听。最后在吉林一面坡将高士宾部击溃。在战斗中，这门山炮发挥了很大作用，第一炮便命中高士宾的指挥所，事出意外，高仓惶逃逸，动乱遂平。捷报传到榆关，张作霖喜出望外，立即电委张宗昌为师长。

第八章　跻身奉军高级将领

一、镇守绥东

一九二二年（民国十一年）六月，第一次直奉战榆关战事结束，奉军悉数撤至关外。张作霖立志复仇，锐意改革部队，以旅为部队最高编制单位。但张作霖以过去曾委张宗昌为师长，故令其兼任绥东镇守使，仍配戴中将衔。张宗昌所部签定为第三旅，分编为三个团：即第三团，团长程国瑞；第七团，团长许琨；第二十五团，团长褚玉璞。张宗昌的旧部散于苏、鲁、皖、冀各省，闻讯往投如鲫，除编定者外，尚有众多编余。

二、收编帝俄残部

张宗昌所部第三旅枪支极为短缺，士兵大部分均为徒手。训练时，张经常带领徒手士兵爬山越岭，进行体力锻炼。有一次，张在山上遥望，忽然发现远处山沟里躺着一个人，甚感诧异，此地人迹罕至，从何而来，其中定有跷蹊。于是派人去察看，究竟是活人还是死人。士兵回来报告说是个活人，而且是一个外国人，不懂中国话，从穿着服装来看像是一个俄国军官。张宗昌会说俄国话，于是亲自跑下山沟，用俄语与其交谈。

原来此人名叫葛斯特劳夫，第一次世界大战时曾任方面军炮兵司令，当时在俄国革命军的追击下走投无路，因此跑到荒山沟里准备饿死或者让狼吃掉，以了却此生。张宗昌问明情况，当即好言安慰，并用马将其驮回，安排住宿，派人细心照料，请医生为其诊治疾病。经过十余天治疗和休养，葛斯特劳夫逐渐恢复健康。他在镇守使衙署内闲住，见张的队伍非常缺乏枪支弹药，于是向张建议说，俄国境内三站地方山沟里有一条铁路支线，停有军用物资列车一列，满载枪支弹药，还有大炮若干门，只是没有车头，如果张肯干的话，便可派一个车头将其拉回。但是革命军很快就要到来，要拉就必须赶快去拉。张闻讯大喜，立即给中东铁路局打电报要来一辆机车，由葛斯特劳夫带路，将满载大批军械弹药物资的车皮悉数拉回。当时，尚有白俄士兵三百余人，呆在该地束手待毙，于是也随同葛斯特劳夫进入中国，来到绥东镇守使驻地。张宗昌乃将此事向张作霖做了报告，并送去大批步枪、机关枪、口径七·七英寸山炮以及弹药。张宗昌自己的队伍也得到了充足的优良装备，并有条件开始进行实弹射击训练。白俄士兵也全部收编，由葛斯特劳夫率领。后来，这支白俄部队发展到一千五百余人，军官中也有俄籍朝鲜人，如金仲仁曾任哥萨克骑兵旅旅长。

三、招致流言蜚语

绥芬河一带地方虽然十分荒凉，但土地却非常肥沃。因此，很多编外闲散人员，为了谋生便开垦土地，种植鸦片，干起贩毒的营生。张部为了解决军费问题，

67

也随之干起种植贩卖鸦片的勾当。每当张宗昌去奉天谒见张作霖述职时，此等公私贩毒人员便蜂拥左右，借以逃避官方检查。天长日久，奉天各方面对张宗昌及其部属啧有烦言。有的说张部私营商贩，偷税漏税、不务正业；有的说张部人员杂乱，率多不法之徒，贩卖毒品；有的说张部兵员不足，当官的都吃空额，是一群乌合之众，毫无战斗力可言。总之，各种流言蜚语，不一而足。实际上，有些情况属实，有些则是不实之辞。种植鸦片，贩运毒品，确有其事，只是程度不尽如传说那样严重。至于兵额不足，毫无战斗力可言，则纯属揣测虚构。

四、演习成绩显著

一九二三年（民国十二年），张宗昌四十二岁。是年秋季，奉军在奉天省西丰县举行军事大演习。张宗昌所部奉令参加演习。当时，谣言甚盛，说张部在演习中成绩不佳时，或者所部人数不足、空额太多时，便就地解除武装，予以遣散或者改编。比经到达西丰实地演习时，张旅不但人数充足，而且极为精壮，一切操法准确，动作认真，一丝不苟。尤以八十里急行军演习，在泥泞不堪的雪地上进行，备极艰辛，结果准时到达，分秒不差，而且没有一个人掉队，考核成绩名列前茅。众多疑虑方始冰释，各种烦言也随之销声敛迹。张作霖也因直奉之战一旦再起，便急需部队，因此对张部未采取任何行动。

五、当众受辱

在西丰县演习时，还曾闹过一场小风波，事情虽小，但由此可以看出，张宗昌当时处境岌岌可危，但他能忍辱含垢，委曲求全。有一次，张宗昌在众人面前说话不注意，带了一句脏话"我操"。郭松龄恰在一旁，闻言勃然大怒，当即指着张的鼻子责问："你骂谁呢？"张宗昌和颜悦色地回答说："我没骂谁，这是我的口头语。"郭松龄竟然气势汹汹地说："我操你妈，这是我的口头语，行不行？"张宗昌立刻意识到，这是郭松龄故意寻衅，此时此刻，如果小不忍，则将大祸临头。他立刻向郭松龄深深鞠了一躬，一再道歉说："大哥，我错了，今后我一定改！"一场风波始告平息。据目击者谈，当时气氛十分紧张，大有剑拔弩张之势，郭松龄在大庭广众之下故意污辱张宗昌，使其难堪丢人，目的十分明显，如果张不肯忍受，出言不逊，由此闹翻，所部第三旅很可能便被包围缴械，后果不堪设想。但是在这千钧一发之际，张宗昌以一介武夫能保持头脑冷静，没有因小失大，以非凡的克制，忍常人之所不能忍，化险为夷，免遭一次灭顶之祸，实属难能可贵。

第九章　第二次直奉战战功显赫

一、挑起大战

一九二四年（民国十三年），张宗昌四十三岁。是年，第二次直奉战爆发。第二次直奉战的导火线是朝阳寺事件。朝阳寺是当时热河省朝阳县的一个乡镇，与奉天省北票、义县等地相邻。彼时，朝阳镇守使龚汉治（安徽人）派有步兵一营驻守该地。民国十三年九月十九日午夜，该营突遭奉军包围并被歼灭。镇守使龚汉治当即将事变发生经过电告北京政府、直军洛阳总部以及驻防在滦县前线的直军第十五师师部。于是，直奉双方均立即采取紧急军事行动，第二次直奉战的序幕从此揭开。一次军事冲突终于演变成一场大战，由此进而发展到曹、吴覆灭，奉张入主中原。所以朝阳寺事件的影响是巨大的，也是深远的。

曩时，直军曹、吴认为是奉张首先发难，挑起战争；而奉张则认为是直军首先动手，发动了这场战争。究竟谁是真正的肇事者，交战双方的首脑人物，无论是曹、吴还是奉张，当时都蒙在鼓里，不明真相。实际上，朝阳寺事件，是张宗昌倡议，褚玉璞响应，二人密谋策划而成的，这是褚玉璞亲口对我说的。

溯自西丰县演习后，张宗昌所部第三旅在西丰县驻扎了一个时期，便调至北票、义县一带驻防。张旅干部大多为关内人，纵有东北三省籍贯者，亦系追随张宗昌多年的老部下，与奉军其他各部队的干部均素少联系。自西丰演习后，颇受外界谣传影响，深恐自己的部队遭到意外，人人自危，情绪不安，唯盼直奉大战再次兴起，奉军亟需部队，则第三旅方能自保。加之，关内人对东北严寒气候也不适应，急盼打进关内，占得一席之地，确保生存无虞。正是在这种思想情绪和环境条件的支配下，张、褚密谋策划了朝阳寺事件并付诸实施。上报张作霖，诡称直军出兵首先袭击了奉军，而奉张此时也以对直军作战一切准备就绪，正好借题发挥，上下一拍即合。第二次直奉大战战火从此点燃起来。

二、率先突破直军防线

奉军举行军事演习时，战斗序列共分三个军。第一军，军长姜登选，副军长韩麟春；第二军，军长李景林，副军长张宗昌；第三军，军长张学良，副军长郭松龄。第二次直奉战打响后，第三军负责山海关正面对直军的作战。第二军由义县防地出发，取道热河省朝阳，向凌源方面前进。嗣又接到命令，到达凌源后，李景林部向平泉、承德方面前进；张宗昌部经茶棚、大杖子、鱼鳞山、萧杖子、冷口，向滦县方面前进，以切断直军后路。

当时，张宗昌所部兵力除三个步兵团外，尚有一个炮兵营、一个工兵营（营长毕庶澄）、一个补充营（营长王栋），此外经禀明张作霖后，尚编有一个由白俄士兵组成的步兵团，团长聂洽耶夫。为张效力的白俄高级军官还有米乐夫、葛斯特劳夫、米海夫、金仲仁、金仲衡等数人。

张部曾在茶棚与直军董政国所属第九师的一个团遭遇，直将其歼灭；继又在鱼鳞山与第九师全师遭遇，血战数昼夜，颇称艰苦，最后终将第九师击溃。张宗昌指挥所部迅速前进，又在萧杖子、冷口等地再战，直军第九师节节败退。张宗昌终于攻占了冷口，首先突破直军沿长城各关口设置的防线，并乘胜追击前进，一鼓作气，于十月二十八日占领滦县，切断直军后路。此时，直奉两军主力仍在山海关主战场上酣战不已，但直军终因后路被截断，首尾不能相顾，士气备受影响，致使全线动摇；再经郭松龄猛攻侧翼，秦皇岛失守，吴佩孚总司令部彻底覆灭，直军遂告全线土崩瓦解，一败涂地。总之，在奉军各路作战部队中，张宗昌指挥所部率先攻入关内，首先完成张作霖下达的战斗任务，为奉系入主中原立下了汗马功劳，博得张作霖的赏识和欢心。

三、大肆扩军

山海关方面战斗任务结束后，张宗昌率部沿京奉铁路西进，占领塘沽，进驻天津，更转入津浦线，将直军第二十六师驻地马厂一带占领，并屯驻在该地，停止前进。

自向滦县进军以来，张宗昌沿途收集直军投降部队以及散兵游勇，不断扩大自己的队伍，加强自己的实力。将褚玉璞、许琨、程国瑞、王栋、毕庶澄等部队，均扩编为三团制的旅，另外，令钟震国、方振武各编一个两团制的旅。钟震国即前述在江西掩护张宗昌回归北京的那个青年学生，方振武自民国元年起即追随张宗昌在江苏革命军第三师任职。当时，钟旅称第一梯队，方旅称第二梯队。

奉军不仅张宗昌扩充自己的实力，至若李景林、郭松龄等都扩编了四、五个旅不等。迨张作霖乘专车抵达天津参加善后会议，见到前方将领时，勃然大怒，痛骂不已："你们是要造反呀，不经我的许可，竟敢擅自扩编队伍，他妈拉巴的都给我解散！可是，张宗昌编的几个旅，我都承认，因为他在作战时肯出力，叫我痛快。他达成任务时，你们还都在山海关各个地方跟敌人顶牛哪！"由此可见，张宗昌在第二次直奉战中，由于战功卓著，深受张作霖青睐。

四、组建铁甲列车

在第二次直奉战中，张宗昌接受白俄将领葛斯特劳夫的建议，利用铁路机车等各种车辆，组成军用铁甲列车，行驶在铁路线上，协同步兵作战。

初到滦县时，张部缴获了铁路使用的各种车辆。葛斯特劳夫根据其在俄国的作战经验，仿照军舰形式，在铁道上组建了铁甲列车。其方法是以机车置于列车中间，机车前后各挂上两节客车，做为列车上士兵食宿之用，其中包括炊事用车。前后客车外方各挂有带顶棚铁皮车两辆，即俗称之铁闷罐车。铁闷罐车内附以枕木墙一层，在铁皮和枕木墙之间实以砂土，以抵御敌人步枪和机枪之射击。铁闷罐车的两侧构成上下两层枪眼，车上士兵立、跪均可向外射击；铁闷罐车的下方还构有机枪射击掩体，每辆车设有四座掩体。在铁闷罐车外方，更挂以铁皮敞篷车，前后各挂一辆，车上各置陆炮一门，做为射击远方之用。敞篷铁皮车之外，前后还各挂平板车一辆，上置铁轨和枕木以及一应机具，供随时修复遭破坏的铁路使用。各节列车上还装有步话机，以资联系。

当时共建成铁甲列车两列，一列命名"长江号"，一列命名"长城号"，均归葛斯特劳夫指挥，车上士兵均为白俄。

中国军队使用铁甲列车作战，实滥觞于此，后各方均仿效组建。

五、网罗人才

张宗昌一向怀有抱负，想自己开创一个局面。第二次直奉战中奉军节节胜利，使他意识到实现理想的时机已经到来，因此他不失时宜地大事收编直军残余部队，不断扩大自己的实力。与此同时，他还十分注意网罗人才，特别是军事干部。我便是其中的一个，再次被网罗到他的幕下，充任高级幕僚。

我是北京市丰台区东管头村人，陆军大学第五期毕业后，奉派到保定陆军军官学校任战术教官。援湘之役兴起，我曾跟随张宗昌去湖南，先后出任第六混成旅和暂编第一师参谋长。暂编第一师在江西就地缴械遣散后，我曾去奉天禀报事件处理经过。张留我襄助援蒙军务。后征蒙一事中途停止，我又返回保定军校任教。第一次直奉战爆发后，前方急需作战参谋人员，我奉参谋本部命令，去协助东路司令彭寿莘指挥作战。直军取得胜利后，彭升任第十五师师长，我随之升任师参谋长。第二次直奉战爆发后，彭升任第一路司令，我随之升任军参谋长。直军全线崩溃后，我率领十五师全体官兵，向奉军张学良和郭松龄投降。两军对垒时，直军坚守山海关阵地，奉军迭次强攻，未能越雷池一步，而且遭受严重损失。但张、郭豁达大度，不计前嫌，特别是郭松龄对我颇表爱才之意，不以俘虏相待，反而敬如上宾，临时委我任其司令部交通处长职务，嘱我暂在后方好好休息，准备畀我重任。当时，我身着直军军服，出入于奉军司令部，奉军是胜利者，而直军是失败者，精神压力之大可想而知，更何况一个熟人没有，堪称举目无亲，孤独苦闷之情，难以言表。我想出走，但是身无分文。后来发给我一个月薪饷，我偷偷买了一套便服，暗自换上，又买了一张火车票，便不辞而别，登上去天津的火车，设法转回北京。任命我为交通处长的消息，通过奉军内部战报，早已在各部队传开；出走的消息也通过同样渠道很快地传出去。

当时，张宗昌已将天津占领，得知这一消息，立即派了二十多人，分成七八个小组，到天津租界内外大小旅馆仔细查询。他分析，我是北京人，家在北京，自山海关出走，一定回北京。山海关至天津虽已通车，但京津尚未通车。此刻，我必定呆在天津旅馆等待通车。果不出他所料，我被尔后担任褚玉璞参谋长的翟文林发现了，他立即将我护送至张宗昌的司令部。张宗昌对我的到来表示热烈欢迎，要我一定回到他的队伍中来，协助他处理军务；至于郭松龄的任命已成过去，不必考虑。谈话时态度既诚恳而又坚决，没有丝毫回旋余地。我与张宗昌在援湘之役有过一段共事的经历，深感张对自己是十分重视和信任的，无论在作战或处理其他问题方面都能虚心听取我的意见，敢于大胆放手让我工作，也是一位知人善任的长官。当前又百般寻觅，诚心诚意邀请，确实是盛情难却，只好从命。我要求先回家看望一下，然后再到任。张宗昌唯恐我又借机离去，坚决不允。他提出派我的陆大同学齐长增立即去京代为看望家属。当时，张宗昌的司令部就设在天津站里停放的一列火车上，他把我安置在他的隔壁车厢里，并派他的卫队严密守卫，以防我再次出走。从此，我再次成为张宗昌的一名助手，特别是一名军事方面的助手，跟随在他左右，直至他遇刺身亡。张宗昌为了创立自己的事业，十分重视人才，并千方百计延揽人才，于此可见一斑。

第十章　护送卢永祥上任

一、任镇威军第一军军长

一九二四年（民国十三年）十二月，张作霖任命张宗昌为镇威军第一军军长。同年十二月下旬，北京执政府明令发表，派张宗昌率领镇威第一军护送卢永祥到南京就任苏皖宣抚使。

第二次直奉战直军战败后，奉系、皖系以及其他派系首脑人物，汇集天津举行善后会议。会议决定组织"临时执政府"，并推举段祺瑞任执政。会议还认为，本年战祸之起，实缘苏浙两省为争夺上海护军使地盘而肇其端。江苏督军齐燮元首先发难，大举向浙江进攻，燃起江浙战争之火，实为首恶。因此，与会首脑均力主罢免齐燮元江苏督军职务。同时商定任命前浙江督军卢永祥为苏皖宣抚使，到南京就职，接替齐燮元。卢永祥在江浙战争失败后，避居天津租界，举行善后会议时，卢以皖系关系，也成为参加善后会议的一员。卢的任命，也是段祺瑞为了扩大自己的势力范围，增强自己的实力而策划安排的。但卢在会议上表示，自己孤身在津，手无寸铁，赴南京就任，须有兵力护送方为妥善，否则难以成行，无法受命。段祺瑞也只有虚名，并无实力，因此这项艰巨任务自然而然落到了实力雄厚的奉系肩上。张作霖慨然允诺，遂派张宗昌为镇威军第一军军长，并以所部组成镇威第一军，以武力护送卢永祥上任。张宗昌任命我为镇威第一军参谋长。

二、擘画护送

张宗昌接受护送卢永祥到南京就任苏皖宣抚使的任务后，立即进行全面擘画。

他认为首先应该到济南，会见山东督军郑士琦，拟请郑督鼎力支持，协助解决两个问题。

第一个问题是解决所部与山东省的宿怨问题。张宗昌考虑到，率部护送卢永祥赴南京就职时，必须通过山东省境，而所部官兵与山东省向有宿怨，迄今尚未解决。一九二二年（民国十一年），张宗昌接受张作霖命令，率部数百人到徐海一带活动时，在郯城所属大兴镇地方为山东省军队战败，部属被俘者甚多，除团长王万金在济南出言不逊被枪决外，其余如团长马建章等十余人刻下仍在济南监狱看押。张宗昌深恐所部过境时有所骚扰，主客皆有不便，故拟亲赴济南会见山东督军郑士琦，解释前嫌，并请求将马建章等人释放出狱，由自己带走，借以消除宿怨。

张宗昌亲赴济南要解决的第二个问题是，拟请郑士琦居间邀请徐州镇守使陈调元到济南晤面。陈调元本系张宗昌多年好友。一九一三年（民国二年），张宗昌率江苏第三师投归冯国璋，冯委任其参议陈调元充任张部参谋长。到南京后，张宗昌调任军官教育团协理，陈调元任宪兵司令，同时兼任教育团教官。二人同事多年，私交甚笃。但此时彼此立场不同，且陈部有一师之众，又驻守在韩庄、徐州一带，首当其冲。因此，张宗昌拟请陈调元到济南会面，以便说明当前形势，请陈暂时将所部移驻萧、杨等地，避开徐州，使张部顺利南下，而不致发生冲突，影响彼此之间的友谊。

张宗昌与郑士琦虽系熟人，但终究是一般关系，并无深交厚谊。因此，他邀请吴光新同赴济南，协助进行一切。吴系段祺瑞亲信，而郑系段祺瑞实力派人物，吴在张、郑之间确能起到桥梁作用。由此可见，张宗昌筹划军事护送卢永祥上任一事，是经过一番深思熟虑的，步调稳健，周密扎实，点滴不漏，堪称煞费苦心。

三、会晤郑士琦

一九二四年（民国十三年）十二月下旬，张宗昌在吴光新的陪同下，到达济南谒见郑士琦。张向郑督申明，一九二二年四五月间通过山东省境赴徐海一带活动，系奉东三省长官张作霖之命，事前既不便申告，因而惊动地方，深致歉意，恳请谅解。郑士琦以不明当时真相，为安定地方不得不出兵。至于处置王万金一事，系当时省长熊炳琦力主。熊在曹锟任直鲁豫巡阅使时，曾任参谋长，后任山东省省长。此时，因直系彻底失败，已经去职。张宗昌又就其他被俘人员的处理问题向郑提出，目前尚在济南监狱看押的十余人，如其个人并无重大不法情由，拟请郑督法外施仁，予以释放。郑士琦慨然允诺。张宗昌随即又恳请郑督代为邀请陈调元来济南晤商一切。郑亦欣然应允，当即拍电，邀请陈来济南晤面。

陈调元接到郑士琦邀请电，立即复电同意到济南会晤。陈与张宗昌、吴光新等本系多年好友，因此在济南会谈时，一切均在友好气氛中进行。双方就当前国内局势交换了看法，均趋一致。此时，齐燮元已通电下野，乘船赴沪，局势趋向明朗化，陈调元万无孤军迎战之理，遂允诺张宗昌的要求，将所部暂时移驻萧县和砀山一带，以便张部进驻徐州。张宗昌向陈调元保证：陈的地位不受任何影响。山东方面，郑士琦也允诺，在张宗昌所部通过鲁境时，各主要车站均派员照料，并供应茶水。会商结束后，陈本人随同张、吴去天津小住，然后回徐州部署一切，所部迅速移驻萧、砀一带，让出徐州。张宗昌旋即命令所属镇威第一军陆续开入徐州，其先头部队王栋旅直趋浦口，许琨旅屯驻蚌埠。

第十一章　驱逐齐燮元之战

一、齐燮元通电起兵反抗

一九二五年（民国十四年），张宗昌四十四岁。是年一月十日，苏皖宣抚使卢永祥启节南下。十一日通过徐州时，张宗昌司令部专车也随同南下。十一日午后四时许到达浦口车站，江苏省韩省长到站迎接，卢永祥随即下车过江入驻南京，张宗昌随同过江。

张宗昌在过江前召开了一次军事会议，下令屯驻浦口的王栋旅以及第一军司令部直属各部官长士兵一概不准擅离浦口车站。他在会上说："我于明日寅时陪同卢宣抚使就职后，便过江回浦口，然后立即开车回徐州。"会后，张宗昌私下对我说："卢接过大印，举行酒宴时，我喝两盅酒，道过喜后就回来，送卢上任的事，咱们就算完成了，可以回去交差了。"

晚十一时许，张宗昌令我立即过江到南京，说有要事相商。见面后，张告诉我，齐燮元已发动进攻，需马上研究一下应变办法。待应急措施和执行步骤商定后，已午夜一时，即十二日清晨一时，张宗昌又星夜渡江返回浦口，立即在司令部专车上召开紧急军事会议。会上，张宗昌首先发言说明了当前事态突变的情况。他说："齐燮元已经在上海发动进攻，目前正向镇江一带进击。这个消息是刚才从晚十一点收到的通电中知道的。卢宣抚使对我说："我知道你的队伍没过江，如果你坚持不过江的话，那么，咱们就不如一块回天津去，好在我还没就职。"原订十二日寅时即清晨四时举行的就职典礼，此刻还差几个小时。"张宗昌沉思了一会儿，接着又说："我一再考虑，我们不过江，完不成任务，怎么向长官交待呢？齐瞎子真是瞎干（齐燮元是斗鸡眼，绰号齐瞎子），要是晚十一两大，我们已经离开浦口，他再发动，那又是另一个局面了。目前，别无其他办法，我们只好出兵勉为其难了！"

从张宗昌在浦口的谈话和做法，不难看出他的真实意图。送卢永祥上任，系奉长官张作霖之命，是不得已而为之。如果为保卢永祥上任而大动干戈，使自己的实力蒙受重大损失，是得不偿失的，为他人做嫁衣裳，绝非心甘情愿。因此，他决定大军不过江，一旦卢永祥接过大印，宣布就职，便立即班师，向张作霖复命。此刻，齐燮元既已有所行动，只好付之一战。

二、准备应战

在紧急军事会议上，张宗昌讲话完毕，随之令我宣读命令，大致内容如下：令王栋旅立即乘夜渡江，进驻南京朝阳门一带；司令部各处以及直属部队亦立即过江，进驻南京城内并下关一带。同时电调白俄聂治耶夫师以及许琨、程国瑞、毕庶澄、褚玉璞、方振武各旅迅速南下。

为了便利军事行动，令交通处长胡文通等召集津浦和沪宁两铁路局工程技术人员，就浦口和下关两站在长江两岸船脚，利用民船构成船桥，引渡津浦路的机车和各种车辆过江。这是当时客观情况迫使镇威第一军不得不采取这种具有一定冒险性的措施。齐燮元自南京撤往上海时，将沪宁路所有机车和各种车辆全部调走，此时只能从江北抽调机车和车辆，以解决交通运输问题。首先渡江成功者为"长城号"和"长江号"两列铁甲列车。其具体办法是，将铁轨接至江岸，将木船连锁在一起，铺以铁轨，使之与岸边铁轨接通。一辆机车拖两三节车皮，登上民船，运到对岸。再将船上铁轨与对岸延长到江边的铁轨稳固接通，机车拖着车皮徐徐下船登陆。此后，津浦路客车采取轮渡办法，实滥觞于此举。

为了便于军事运输，成立沪宁铁路军事管理局，任命周至诚为局长，专司军运。因为当时沪宁铁路局在上海，已无法指挥营运，不得不另行设立机构，嗣后客运和商运仍由沪宁铁路局全权负责管理。

三、镇江会战

第一军司令部进驻南京后，张宗昌令我草拟全盘作战计划，经他审定批准，当即付诸实施。

此次驱齐之战，规模较大的战役共有两次，第一次便是镇江会战。

一九二五年（民国十四年）一月十三日，许琨旅到达下关，当即令其沿沪宁铁路向高资前进，攻取镇江；令白俄聂洽耶夫师乘民船沿江前进，在金山寺附近登陆，袭取镇江侧背；令王栋旅经由朝阳门通向丹阳大道，攻取丹阳，切断镇江后路。其余程国瑞、方振武等部到达下关后，立即随同前进，听候命令。

一月十四日，许琨旅到达高资附近时，齐燮元部队已在高资一带占领阵地。十五日拂晓，许琨旅开始向齐军阵地发起进攻。张宗昌率幕僚乘铁甲列车赶至前线督战，时白俄聂洽耶夫师已在金山寺附近登陆袭取镇江。聂师有白俄士兵一千余人，勇敢善战，战斗力极强。聂洽耶夫不懂中国话，下达命令时，我将军用地图铺开，用红蓝铅笔将敌军布防情况和我军进攻路线标出，他便能对战斗形势一目了然，领会指挥意图，执行任务，准确无误。因为他是帝俄时代受过正规军事教育、担任过指挥官的高级军官，军事素质极好。该师奉令乘民船十余条在金山寺附近登陆时，遭到齐燮元所部第六师第二十四团迎击。二十四团系由丹阳调来，原拟增援高资，恰巧与聂师遭遇，战斗颇为激烈，双方伤亡较大。聂师由于展开强攻，死伤达三百余人。延及是日午后一时，增援部队方振武旅一个团赶到前线，随即奉令加入许琨旅右翼。全线发动猛攻，齐军大溃。许旅连续追击，迅速推进到镇江郊外。时天色已近黄昏，据报镇江城内已大乱，如继续攻击，势将于黑夜中在居民稠密的城区发生一场混战。为了避免军民出现重大伤亡，我征得张宗昌同意，决定暂停进攻，就地构筑临时防线过夜。十六日拂晓，继续发起攻击，旋即攻入镇江商埠，并全部占领之。在占领镇江的同时，丹阳已为王栋旅占领。盖高资战胜后，齐军士气大为低落，丹阳方面齐军也闻风溃败而走，王栋旅竟然一枪未放轻取丹阳。据了解，在镇江、丹阳一带，齐军部署总兵力共计一万余人，由于人心惶惶，士气不振，因此一触即败。

镇江战役结束后，随即部署追击，张宗昌下令许琨旅和王栋旅沿铁路向常州追击前进。其余各旅——程国瑞旅、毕庶澄旅、褚玉璞旅、方振武旅均跟随前进。

张宗昌委派娄和晴为镇江防守司令。娄系山东人，海参崴高等俄文学堂毕业，后又毕业于南京陆军军官教育团，曾任营长、团长、高级副官等职。新编滕殿英旅亦留驻镇江，受娄指挥，办理地方善后事宜。白俄聂洽耶夫师因伤亡过重，也暂留镇江休整。

四、无锡会战

一九二五年（民国十四年）一月十七日午后三时，张宗昌率领镇威军第一军总部进驻常州（武进县），时前锋部队已越过戚墅堰一带。

十八日午后三时，张宗昌派我乘铁甲列车由常州经戚墅堰到洛社一带侦察敌情。洛社原有齐军一部，当即发生战斗，相互猛烈射击，齐军不支撤退，遂将洛社占领。

在攻占洛社时，由于铁甲列车推进速度较快，闯入敌占区，我曾险遭不测。为侦察敌情乘坐的车厢挂在列车的最后，当列车徐徐驶入车站时，突然枪声大作，我闻声立即离坐而起，两手扶桌侧身向窗外探视，恰恰就在这一刹那，一颗子弹从另一侧车窗射入，命中我座位的靠背。如果我没离开座位或者离得稍迟一些，子弹就会击中我的胸部。大概此时敌人早已发现目标并瞄准目标。可见当时战斗情况是相当激烈的。

此行我侦察了解到的敌情是，齐燮元调集的队伍大约有三万人，但部署比较分散。主力在无锡惠山和车站以及青阳镇和江阴县城等处占领阵地。当时，苏、浙联防之说甚嚣尘上，经派人向当地民众多方了解，都说并未见有浙江部队到来。回到常州司令部，当即将所得情况一一向张宗昌汇报，并据此制定了无锡作战计划。

命令王栋旅在沪宁路以南地区直攻惠山齐军阵地，许琨旅沿沪宁路直攻无锡车站，程国瑞旅向青阳镇一带进攻，许、程两旅中间地区又派方振武旅（当时称第二梯队）协助许旅进攻无锡车站；此外，命令褚玉璞旅开赴宜兴，以防浙军突然袭来，同时派主任参谋王翰鸣随行襄助军务。各地队伍，通通限定于二十四日拂晓开始进攻。二十四日为是年农历正月初一，选择这一天进攻，也是为了出其不意，发动一次突然袭击。下达攻击令的同时，限定各路队伍必须在二十六日即农历正月初三午后四时达成任务。作战要点是"速战速决"。

是年自一月二十日起便阴雨连绵,至二十四日更转为雪。各路队伍准时开始行动,首先迅速将齐军前沿队伍扫除净尽。二十五日拂晓开始向齐军阵地展开猛攻。当时,齐燮元亲自到无锡坐镇,张宗昌也亲临惠山前线督战。战况颇为激烈。是日天气阴霾,乌云密布,自远处眺望惠山,一缕缕硝烟形成的火线清晰可辨。队伍自山脚逐步向上推进,至午后四时达于山巅。这表明王旅进攻节节胜利,齐军节节败退。是日午后四时许攻占惠山。二十六日完全占领敌人阵地,更复逐段追击,至午后五时,齐军大溃,镇咸第一军进占无锡。当时,无锡车站停有两列火车,齐燮元登上其中一列,准备逃走;时车站秩序大乱,溃兵纷纷抢登列车。两列火车又复争先抢行,致使车头相撞,双双倾翻在地,列车无法开动,齐燮元不得不立即下车,换了羊皮袍便服涉水逃走,其状狼狈不堪。

齐军自接战以来,军心涣散,风纪败坏,已经无法维持,无锡市商界曾暗派代表,请张宗昌迅速出兵攻占无锡。孙传芳为了声援齐燮元,曾派有一营人进驻无锡。孙得知齐军士气不振,必定要失败,乃密令该营迅速撤离无锡。此举也颇影响齐军士气。

攻打惠山时,张宗昌亲临前线督战,在枪林弹雨中随同部队冲锋前进,与士兵一样出生入死顽强战斗。有一次,他从后面跃身到前面一块坑洼地中,趴伏在地上。坑前是一片开阔地,没有任何遮掩,敌人居高临下,极易发现目标,处境十分危险。我此时恰在附近的一棵大树后面,见状便高声喊叫:"军长,那个地方太危险,赶快上墙头后面去!"张宗昌闻声,随即纵身鱼跃到临近的墙头后面。此刻,又有一个营长随之跳入坑中,同样趴伏在地上,但是当他刚一抬头,一颗子弹便击中头部,当场阵亡。张宗昌若不及时躲开,恐难幸免。在战斗关键时刻,张宗昌经常置生死于度外,出没于火线,于此可见一斑。

张宗昌在无锡视察前线时,还曾出现这样一桩趣事。正当他沿铁路线行进时,躺在路旁的一个齐军士兵,突然抬起身来冲张宗昌破口大骂:"张宗昌,我操你妈,我操你奶奶……",张闻言立即走过去,冲这个士兵说:"你骂我干什么,我也是奉长官的命令来打仗的,不是我要打你们的。"这个士兵回答说:"俺受伤了,难受极了,俺骂你,你一生气,给俺一枪,把俺打死,省得受罪了!"张宗昌一听,就哈哈大笑起来,立刻好言安慰,伸手从口袋里掏出一叠钞票,亲自塞到那个伤兵手里，并且让副官叫担架把这伤兵抬到战地医院去治疗，并且一再叮嘱不准任何人搜他腰包，否则严惩不贷。这个士兵万万没想到，此一骂不但没死，反而得到治疗和上百元的奖赏。

张宗昌视察前线时，虽然无锡已经攻克，但战斗尚未完全结束，战线纵横交错，齐军残余部队尚有未撤退者，情况异常混乱。张宗昌视察到车站附近旅馆休息时，突然接到报告说，有一股敌军残余部队闯过车站，朝旅馆方向窜来，情况十分危急。卫队长祝祥本闻讯，手持手提式机关枪一挺，单枪匹马迎上前去，大吼一声，这一股齐军见状误以为已陷入包围圈，竟然吓得乖乖缴械投降。祝祥本一举俘虏敌军五百余人。

五、攻占上海

张宗昌视察前线完毕，随即与僚属制定并部署追击计划，然后返回常州总部。他令我留在无锡负责指挥作战，并处理各项紧急事务。追击计划主要是利用白俄将领葛斯特劳夫所指挥的"长江号"和"长城号"两列铁甲列车，沿铁路迅速推进，不给齐军以喘息机会。一九二五年一月二十七日，即农历正月初四，追击部队越过苏州。翌日即农历正月初五早九时，张宗昌乘专车抵达上海站。上海各界人士到站欢迎，辛亥革命爆发时的上海光复军总司令李征五也率子侄二人莅站迎接。张宗昌对老长官李征五执礼甚恭。先行军礼，再脱帽行鞠躬礼，然后快步上前，用双手热烈与李握手，并一再说："怎敢劳您老大驾光临！"

此刻，由于镇威第一军追击甚猛，齐军已全部瓦解，遂令各部队分头予以解除武装。驻守江阴的齐军陈旅，是最后一个堡垒，见主力部队已被消灭，大势已去，败局已定，遂向毕庶澄投降，自动开城并解除武装。至此，军事行动全面结束。张宗昌在沪郑重宣布军事行动停止，不再前进。齐燮元于到沪后第三天，微服乘船去日本。至此，苏奉之战宣告结束。

张宗昌一面电邀孙传芳到沪就商一切，一面派人持函面见孙传芳，再次申明，此次护送卢永祥上任，系奉上级命令，不得已而为之，至此决不再前进。孙见信，立即到沪，两人在法租界会谈商定：孙将其部队撤回浙江，张保证军队决不再前进。

善后事宜决定，第一军司令部仍设在常州，令王栋旅驻守上海。为了做好上海地方治安工作，张宗昌委任副官长常之英为上海警察厅厅长，同时电保金寿良为苏州镇守使。张宗昌做好上述安排，随即驱车回奉，向张作霖复命并面陈作战经过及善后处理事宜。

第十二章 连续荣任新职

一、出任四省剿匪督办

一九二五年（民国十四年）三月，北京执政府明令任命张宗昌为苏鲁皖豫四省剿匪督办，并另电指示督办公署设于徐州。同时接到张作霖来电，限克日就职。张宗昌接到命令后，立即令我草拟第一军各部队撤防徐州的行动计划。为了维持奉系在京沪的势力范围，并掩护第一军北撤，决定令王栋旅暂驻上海、镇江一带，其余各部队先后由京沪线和津浦线北运，第一军司令部也由常州移驻徐州城内。经过一个多月的时间，第一军主力部队由京沪一带陆续移驻到苏北徐州一带。张宗昌也随即在徐州就任四省剿匪督办。张就职后，立即督饬有关人员从速草拟"苏鲁皖豫四省剿匪督办公署编制办法"，积极安排各项有关事宜，务使纳入正轨。

二、授任山东省军务善后督办

一九二五年（民国十四年）四月下旬，北京执政府又明令发表任命张宗昌为山东省军务善后督办。是年四月二十五日，恰值张宗昌生母侯太夫人寿诞之期，在徐州称觞祝寿，双喜临门，各方贺客如云，山东省高级将领及政务首脑均联翩至徐州祝寿，并申致欢迎新任督办到鲁履新之热忱。

北京执政府任命张宗昌为山东省军务善后督办。命令发表后，原山东督军郑士琦未表示任何异议，随即乘专车离济去津。其所以未持反对意见，究其原因大致有三方面：其一，郑属段系，而段当时名义上主持北京政府，理应维护段的威信和面子；其二，当时奉系势力强大，李景林占据直隶，张宗昌占据徐州，江苏和安徽也均纳入奉系势力范围，山东已成孤岛，绝无反抗之理；其三，张宗昌虽属奉系，但非嫡系，且为鲁人，恐较奉系嫡系人士治鲁更为有利。山东地方将领大多数表示拥护，以施从滨为代表，立即去徐州为张母祝寿，并迎张赴鲁履新。少数将领持反对态度，曹州镇守使署参谋长吕秀文和第七混成旅旅长胡翌儒均有所行动。吕秀文乘镇守使徐燕珊去省城报告工作，联络年轻军官沈克等驱逐徐使

（徐燕珊），宣布割据曹州（徐燕珊系陆军大学第一期毕业生，属资格较老的军官，信奉基督教，被逐后去天津，后任天津东亚毛纺厂总经理）。张宗昌进驻山东，派褚玉璞旅自兖州经济宁直趋曹州，吕秀文无力抗拒，旋即率残部约两个营退往河南。第二次直奉战刚刚结束时，直隶、河南、安徽等省均处于混乱状态，吕秀文企图混水摸鱼，称霸一方。第七混成旅旅长胡翌儒占据德州，破坏铁路，表示反对张宗昌接管山东。段祺瑞为解救胡部，曾要求张宗昌准许该部开往河南。张未予理睬，旋即令程国瑞旅开赴德州，将第七混成旅包围缴械，就地予以改编，任命张建功为旅长（张为清末第二十镇军官，滦州起义三营长之一，第一营营长为施从云，第二营营长为王金铭，第三营营长为张建功。三人密商起义，第一、二两营在西距滦州三十里的雷庄布阵，张建功负责守护滦州城。不久，张叛变，放走第二十镇统制王怀庆。起义失败，施、王二人就义。张建功曾对人说过："我就怕冯玉祥！"但后来他又心存侥幸，自投罗网去见冯玉祥，结果在开封为冯枪决）。

一九二五年（民国十四年）五月三日，张宗昌所属各部队开始由徐州一带北上：褚玉璞旅进驻兖州，并令该旅一部移驻济宁；许琨、方振武、钟震国等旅进驻济南；程国瑞旅进驻禹城一带；毕庶澄旅进驻胶济路潍县、坊子一带。张宗昌五月五日到达济南，翌日举行就职典礼。当即一面电告北京执政府及奉垣（沈阳）两处，并通电各方；一面派员接收原督军公署，并委王翰鸣为山东军务善后督办公署参谋长。（后王调任第十一军军长，继又任命金寿良和我为督办公署参谋长。张宗昌督鲁三年，只有这三人曾担任此项职务。）

第十三章　抗击孙传芳之战

一、奉军大举南下

一九二五年（民国十四年）五月，奉军邢士廉师开抵上海接防，张宗昌遂于六月下令将驻上海、镇江一带的王栋旅调回济南。

是年七月初，苏皖宣抚使卢永祥回天津就医，并一再呈请辞职。八月末，北京执政府发表命令，任命杨宇霆为江苏省军务善后督办，同时任命姜登选为安徽省军务善后督办。此时，上海、镇江、南京一带均由奉军驻扎，开抵上海者为邢士廉所属第二十师,开抵丹阳、镇江者为丁喜春所属第八师,总兵力约有五六万人。

二、孙传芳起兵讨奉

由于奉军嫡系部队再次大举南下,奉系首脑人物杨宇霆和姜登选分别接替卢永祥执掌苏、皖两省,虎视眈眈,给长江下游各省带来很大威胁,促使他们联合起来,共同抵制奉军。浙江督军孙传芳首先发难,他暗中联络闽、赣、皖、苏各省军事首脑和地方部队将领,同时还与鄂、豫两省进行秘密联系,积极推动反对奉系势力的活动。

一九二五年(民国十四年)九十月间,孙传芳扬言举行军事演习,部队来往调动频繁。十月十一日,孙传芳正式通电反奉,讨伐张作霖,一面出兵进攻上海,一面以有力部队经过嘉兴、宜兴直取南京,声势浩大,来势甚猛。

孙传芳出兵后,江苏军务善后督办杨宇霆命令江南奉军火速撤退,渡江北归。同时,他本人也随即离开南京,由浦口乘专车北上。

三、杨宇霆求援山东

杨宇霆乘专车由浦口抵达济南,张宗昌令我随同到车站迎接,下车后同至城内督办公署晤谈。杨向张首先说明,此次事变所采取的应急措施是怕牵动奉天,影响北方根据地的安全,故而迅速将江南奉军悉数撤回。继而又进一步说明他此次到济南的目的:"江南的奉军各部队都是徒步行军,长途跋涉,极为辛苦,更何况后面还有追兵,难免惊慌失措,造成损失。所以,我到这里来,是请你迅速出兵,而且还要请你亲自出马,统帅大军到徐州坐镇,借你的威望,以便使北撤的奉军得以安心,有所依靠。"张宗昌当即表态说:"我去是可以的,但自从到山东以后,我的第一军各部队,如褚玉璞、许琨、毕庶澄等部,都已编为三旅制的军,有的还没有编好,有的虽然已经编好,但是刚开始训练。即使硬要拉出去,各部队仓促出发,饷项服装和枪支弹药都有待补充,我哪能就走呢?"杨宇霆毫不迟疑地说:"不行,你非立刻就走不可;如果你不走,我也不离开济南。你所说的事情,叫伯仁替你办(我字伯仁),准能比你自己办的还好。你一定要赶快到徐州,接应大军至为重要!"

形势所迫,张宗昌不得不答应出兵,而且也不得不答应亲自出马。于是又深入研究了一下出兵办法。张宗昌以第一军部队正在扩编整训，立即出发确有困难，决定动用山东原有地方部队。办法商定后，为了让杨宇霆放心，立即将孙宗先、施从滨等地方部队将领召来，当着杨宇霆的面，说明目前的局势和决定采取的对策，并正式下达了任务。杨宇霆见山东出兵一事得到具体落实，方才乘车离开济南，继续北上。张宗昌也随即动身，带领祝祥本卫队旅，乘铁甲列车先行驰赴徐州。

四、亲自接回姜登选

孙传芳发动反奉战争后，张作霖以奉军主力部队均分散关内，深恐东北根据地空虚，为敌人所乘，因此下令火速撤军。当然，此举也是为了避免驻扎在苏、皖两省奉军嫡系部队由于势单力孤而遭受重大损失。下达给各部队的撤退命令可以说急如星火，但对地方大员的去留则有所疏忽。为此，姜登选对张作霖大为不满。他认为自己担任安徽省军务善后督办一职，既经张亲自推荐，又经北京执政府明令发表，而现在突然撤军，对自己如何安排却只字不提，这分明是眼睛里只有你的"兵"，而没有我这个"将"；并进而把此事看成是张作霖非但轻视自己，甚而是抛弃自己。因此，姜登选愤愤不平，竟然命令在安徽的奉军悉数撤退回奉，后经人一再劝说，方始留下一个营做为卫队。不久，这一营人仍被遣送回奉。姜本人负气不肯出走，坚守在蚌埠。

张宗昌到达徐州，闻知姜登选尚在蚌埠，随即带领卫队三百人，乘铁甲列车抵达蚌埠，时姜尚呆在督办公署。见面后，姜向张大发牢骚："我这个督办也是他（指张作霖）保的，队伍也是他命令开来的。今天，江南出了事，杨宇霆拿起腿就走，奉天的电报像雪片似的飞来，只知道催他的队伍火速撤退，可是对我这个督办何去何从，却只字不提，任何指示没有。我是地方大员，能自由行动吗？只好等今晚上被俘做阶下囚好了。我身边的卫队，早已经把他们装车打发回去了。"张宗昌弄清原因，立即好言劝慰："大哥不要负气，该走就走，我今天就是特意来接大哥到山东去！"于是死拉硬拽，才把姜登选拖出督办公署，连同其参谋长戢翼翘等幕僚一起登上铁甲列车返回徐州。在车上，张、姜二人促膝谈心。张说："要干，就得自己干，不能仰仗别人；如果自己不想干，那就拉倒算了。"姜表示完全同意张的看法，并决心今后要走自己的路。到达徐州后，张宗昌拨款二十万元，赠给姜登选，做为组织部属培植力量之用。谈及张作霖周围的人，张宗昌提醒姜登选，要特别警惕郭鬼子（郭松龄）。姜登选随即离开徐州北上，到天津稍事逗留，旋即赴奉向张作霖报告安徽方面撤退情况。途经滦州时，恰值郭松龄倒戈发难，姜登选不幸遇害。这一段经过，是我到达徐州后，张宗昌亲口对我说的。

五、作战部署失当

此次为接应奉军在江苏的部队，山东方面出动的兵力，计有久驻山东的孙宗先所属第五师，济南镇守使施从滨所属第四十七混成旅，许琨所属第七军，程国瑞所属第三军和毕庶澄所属第三十二军的部分队伍。

张宗昌驰赴徐州时，我因忙于处理部队扩编和安排训练事宜，未能同行，半个月后方由济南赶到徐州。张宗昌当即将部队的部署和进展情况一一告诉我。津浦线总指挥官为施从滨，指挥所属第四十七混成旅和毕庶澄所属第三十二军的一部（毕未在军中），刻下已越过宿县，正在南进中；砀山方面有孙宗先指挥所属第五师，负责警戒河南方面的敌人；海州方面有参赞孙钵传指挥卫队一团及其他零星部队共约一旅之众，沿陇海路向海州镇守使白宝山进击；清江方面由许琨负责，指挥所属第七军正在沿运河南进；第三军军长程国瑞率所部一个团方到宿县，正在集结中。

根据上述部署，集结到徐州的部队已经支配净尽，战局完全陷入被动。我不得不向张宗昌陈述自己的意见，设法予以调整，挽回被动局面。我分析当时形势说："究竟哪一方面是主要敌人，您需要慎重考虑。若海州的白宝山、清江的马玉仁都是没有远志的人，只需派少数部队遥遥监视即可；至于驻守清江的郑俊彦所属第十师，是卢嘉帅（卢永祥字子嘉）的旧部，他不会多事来攻击我们，把有用的第七军置于无用之地，岂不可惜！就是派到砀山的第五师，我看兵力也嫌太大；孙传芳的主力部队必定由津浦线来，孙的部队是有战斗力的，您应该特别小心！您把姜督办接出蚌埠，业已有一个星期之久，该方面的情况如何，方才我问参谋处马处长（马敦源，字敬宗）等人，彼等均一无所知，这岂不是太危险了吗？"张宗昌闻言，沉思片刻才说："杨宇霆叫我拉开架子，虚张声势。"他思索了一会儿，继又说道："程国瑞的第三军，我已命令他到宿县集结，加入津浦线正面作战好了。"我告诉他程部刚来了一个团，即使全部开到，也仅有一两个团可用，其余都是新兵，无济于事。最后，我又强调说，主帅施从滨多年没打过仗，指挥能力既差，年事又高，恐怕弄不好；何况指挥的兵力仅仅有两个旅，事态极其危险。张宗昌此刻也开始预感备事态的严重性，他指示我："你坐铁甲列车赶快到前方去看看施老头儿，嘱咐他要慎重，勿求急功。一切情况如何，你连夜赶回来告诉我。经过宿县时，你再看一看程部的情况。"

六、前敌指挥不力

遵照张宗昌指示，我乘新编铁甲列车由徐州出发，当晚八时许到达宿县，当即召集第三军官长，询问部队集结情况。据报军长很快就要到达，目前队伍只有一个旅。当即令该旅做好随时出发的准备。列车继续前进，赶至任桥车站，施从滨的司令部便设在车站。我见到施从滨及其幕僚，询问前方队伍所在位置，据施从滨说已经越过任桥约十余里。再问其所获敌情如何，则茫然一无所知。我又问其参谋长杜锡鉴，地方百姓动向如何。杜回答说，据报附近各村老百姓都已四散逃光。我又叮问杜锡鉴，这种情况说明什么问题，杜回答说不知道。我当即向施、杜指出，这说明敌人已经临近了。一方军队开到，老百姓不会跑；双方军队都开到，老百姓知道大战就在眼前，所以才四散逃命。你们一定要做好战斗准备！说话间，施从滨已失去常态，形如痴傻。当时已经是午夜十一时，我随即返回徐州复命。

深夜一点半钟，我到达徐州，略事休息，清晨五点钟向张宗昌汇报视察情况。我报告张前方情况确实不妙，施老头儿的神态好像成了傻子一样，其部下那些干部久驻山东，未经战阵，作战经验极差，如有战事发生，非失败不可。就是咱们眼下说话这个时刻，前方情况如何，就令人很难放心。张宗昌听完汇报，思忖了片刻说："就这样吧，你赶紧把参谋处的工作安排一下，带上几个随员到前方去帮帮施老头儿。你到了前方，可以调动使用程国瑞的队伍。你如果不去，程为人骄傲，自以为是，恐怕不能与施老头儿同舟共济。就这样决定吧，如果前方实在是搞糟了，那也没法子，谁让我支配兵力不得当呢？"张宗昌把可能失败的责任归结到自己身上。

我将参谋处工作一一安排完了，到车站已经是下午三点多钟。在车站上，我又接到山东省府秘书长林宪祖（字稚芗）的电话，要我等一下开车，有一个重要文件必须带到前方。等了一个多小时，林宪祖始乘汽车来到车站。交给我的文件，是北京执政府的一份电报。内容是执政府已经内定，俟施从滨一经率军进抵蚌埠，便立即明令发表施从滨为安徽省军务善后督办。立即将电报带到前方去，目的当然是给施从滨及其部下鼓鼓气，振作一下精神。此举分明是与张宗昌的策划和推荐分不开的。

我拿到电报，随即乘坐由普通客车组成的军用专列南下。徐州距宿县虽然仅有二百里地，但是直到午夜十一点方才到达宿县，当即通知驻守在县城内的第三军军长程国瑞到车站晤面。我向程详细说明了当前局势的严重性和准备采取的紧急应变措施。谈了大约一个小时，然后继续南下。开车后，我便入睡，突然为一阵吵闹声惊醒，原来是列车正停在西寺坡车站，由于任桥车站不发路签，车站不敢放行，随从人员与车站人员争吵不休。我了解情况后，立斥随从人员要镇静，服从车站调度。当时车站尚停有三十二军弹药车一列，遂令车摸索前进，车速不可过快。比及天亮时，该列车又退回西寺坡车站。询其原因，据报由于西寺坡车站与任桥车站之间的铁路遭到破坏，枕木起火，无法通行，只得退回。我令参谋人员借铁路电话通知徐州总部，速派在徐州车站待命的铁甲列车来前方抢修铁路。

七、施从滨兵败固镇

一九二五年（民国十四年）十月二十九日，施从滨所指挥的两个旅，在津浦路固镇车站附近与孙传芳军遭遇，夹河激战。先是山东军队曾两次突击过河，但均遭失败；嗣后孙军以优势兵力大举进攻，一拥过河，施从滨所部遂告不支而溃退。施本人则以年事已高，体力不支，乃乘铁甲列车北退。不料两列铁甲列车行至任桥附近遭遇地雷，机车双双炸毁。当两军在固镇对垒时，孙军自固镇上游派步兵一团渡过河北，埋伏在任桥附近并埋置地雷。迨将两列铁甲列车机车炸毁后，遂以全部兵力包围铁甲列车。铁甲列车司令客将葛斯特劳夫所部俄籍士兵仅有二百人，对于孙军优势兵力穷于应付，顾此失彼，首尾不能接应。葛斯特劳夫见总司令施从滨已经被俘而又力争不得，乃下令所部俄籍士兵突围撤退，而本人则以手枪自戕殉职，表现出与铁甲列车共存亡的军人应有气概。

施从滨被俘后，不久便遭杀害。当时传说，施被俘后，孙传芳立即电告吴佩孚，吴回电就地枪决，施遂遇害。吴之杀施，缘于第二次直奉战。当直奉两军正在山海关一带酣战不已时，冯玉祥突然倒戈，致使吴佩孚陷入首尾不能相顾的绝境。其时，直军在江苏尚有六个旅的兵力。吴佩孚把起死回生的希望完全寄托在这部分兵力上。他打算利用津浦路把六个旅迅速运至京津前线，同冯玉祥国民军决一雌雄。但唯一顾虑就是怕山东方面破坏铁路，阻挡直军北上。不料山东果然表示反对直军假道山东，一线希望终成泡影。吴佩孚手无援兵，一筹莫展，最后不得不将大军弃置于山海关，只身乘船离津南下，致使直军全线崩溃，一败涂地。山东方面之所以坚决反吴，据说施从滨主张最力。因此，吴将施恨之入骨，遂有杀施之举。此说系奉方当时猜测谣传之辞，并无实在根据，姑且志之，尚有待知情者揭露事实真相。

八、山东迅速全面撤退

一九二五年（民国十四年）十月二十九日中午，我在西寺坡车站利用铁路电话向张宗昌报告前敌情况不明。张说："前方情况，我判断凶多吉少，你不如赶快回徐州，咱们研究一下下一步办法。"我随即返回徐州，路过宿县时，向程国瑞军长通报情况，并嘱其注意前方动向，掩护徐州方面大本营所在地。下午三时到达徐州，待到六点多钟，前方情况逐渐判明。宿县及驻夹沟车站防守部队，相继连续报告前方失利情况，消息来自溃退的散兵游勇和零星部队。

前方作战失败情况得到证实后，张宗昌召我研究对策。当时最大困难是徐州基地没有队伍去援救前方，败局已定，无法挽回。为了确保山东根据地，张宗昌决心指挥所部悉数自江苏撤回山东。当即电令山东第五师孙宗先部自砀山县撤至金乡、鱼台各县暂驻；电令第七军许琨部沿运河撤至台儿庄、枣庄一带，就地乘火车到兖州集结；其余零星部队也均一一令其撤入山东省境。

张宗昌所部撤回山东后，孙传芳大军随即进占徐州，并控制了整个江苏省，于是停止军事行动。至此，奉系与孙传芳之战遂告结束。

第十四章　挫败陕军进攻山东之战

一、省内外形势不稳

一九二五年（民国十四年）十月三十一日，张宗昌自徐州移驻韩庄车站，徐州司令部所属各处及兵站随同撤退。张宗昌到达韩庄车站后，恰值连日阴雨，心情本来十分沉重，加以连续接到省垣秘密报告，气氛更加紧张不安。据报济南谣言甚盛，原省议长潘复等人，由于蚌埠战败，借机大肆活动。彼等认为张宗昌在山东可能站不住脚了，于是策划筹建社会治安维持会之类的机构，窥伺时机，企图阴谋取而代之。张宗昌让我看了报告，问我有什么看法。我建议说："我们战败，省城出现谣言，在所难免。督办不如赶快回济南坐镇，以安定后方人心，纵有宵小图谋不轨，一见督办回来，也必定烟消云散。至于前方的事，您可把褚玉璞调来，我们两个人来办好了。"

我又就当前局势提出自己的几点看法，请张考虑。

第一，孙传芳到了徐州，把中国财富最富足的省份——江苏省拿到手，必定心满意足，决不会再画蛇添足地进攻山东。这一点是完全可以断定的。

第二，如此说来，山东就可以太平无事了吗？不然。河南方面的陕军和直军残部，见山东打了败仗，无不跃跃欲试，想夺取山东地盘。他们打山东，绝对不会假道徐州，而是必定直趋曹州，经过巨野，直接向济宁、兖州一带进攻，所以我们目前所在的韩庄以及临城、邹县、滕县等地，必要时就一定要放弃。

第三，此次施从滨战败，损失不过两个混成旅，但是影响很大。原来驻扎在山东的各部队听说战败，没有一个不是惊魂落魄的；就连我们自己的嫡系部队，也都难免有些气馁。况且，河南的陕军一向以"人多枪少"著称于世，战场上一来就是一大片，我们的兵刚刚打了败仗，士气不振，见到这种场面，必定会有些心惊胆战。针对这种情况，我们必须慎重选择有利地形进行作战。山连山、山套山的地带，最为符合我们的要求。这样的地方，敌人虽多，而我们的官兵不能窥其全貌；我军虽少，也不会暴露无遗，让敌人一目了然。济宁、兖州一带地形简单，不能满足我们的要求；只有泰安以北，即东岳泰山一带，地形极其复杂，选择这样地点作战，最为相宜，可以出奇制胜。

张宗昌听完我的话，沉思了半晌说："叫你这么轻描淡写地一划，我的山东省要放弃一半，那还得了！"我又进一步阐述我的意见："您如果不肯放弃这些地方，一定要守省边境线，也不是不可以，但是如果一旦失败，则全省都要拱手让人。问题的关键在于能不能打胜仗，如果能打胜仗，虽然放弃若干地方，照样可以收回；如果不能打胜仗，您就是想守住省边境线，能守得住吗？"这番话终于打通了张宗昌的思想，欣然采纳了上述建议。他斩钉截铁地说："好，现在就完全照你的意思办好了！"于是立即通知褚玉璞来开会，张宗昌做了具体部署，随即乘司令部专车离开韩庄，返回济南坐镇。

二、布防界首

张宗昌返济后，翌日，我与褚玉璞便率领主力部队退到临城，在韩庄和枣庄矿区各派一个连屯驻，以资联系。十一月二日，我乘车到兖州视察地形，当夜又赶至泰安；第二天转赴界首车站，至当日中午始将该地区地形视察完了。随之立即到济南向张宗昌报告视察结果，并提出部署意见。兖州一带阵地区域太大，不是山东现有兵力所能占领的；只有泰安以北界首一带，地形复杂，颇可利用。如果布置适当兵力，进可攻，退可守，能运用自如；而且距省城总补给基地很近，一切补给都比较方便。张宗昌同意上述方案，并批准实施。

我又乘车回到兖州，等了两天，前方部队如许琨等部，方才全部退回。

三、吴、李进犯山东

当褚玉璞所属第六军甫由前线撤至界首，曹州镇守使吴长植便勾结驻守在河南归德的豫西镇守使李纪才进犯山东，阴谋夺取并瓜分山东地盘。吴、李进攻山东时，玩弄了一个花招儿，采取明攻与暗攻相结合的办法。李纪才率所部约两万人，突然向界首方面发动进攻，这是明攻。吴长植熟悉山东地理情况，率所部一个旅的兵力，沿山中小路秘密进发，企图偷袭济南，一举占领之，这是暗攻。他们妄图采取攻"心"战术，赶走张宗昌，山东军队不攻自破，巧夺山东地盘。不料当吴军行至仲宫镇，为沂州道道尹王儒臣无意中发觉。王儒臣因津浦线战事不利，地方不宁，回省垣借述职以暂避。山中居民告知王道尹前面有队伍刚刚由此路过。王儒臣情知有异，探得实情后，乃由小道兼程前进，火速赶至济南，当面向张宗昌报告紧急情况。张立即派人侦察，情况属实，乃迅速集合队伍。当时，济南防务空虚，仅有张之卫队两团，兵力不足，不得不令各军留守济南的零星部队即所谓"营底子"全部出动，临时加以编组，列阵于济南近郊千佛山南面之八里洼，对吴军采取包围形势。战斗由张宗昌亲自指挥。

吴军远道而来，已属疲惫不堪，加以给养不足，无法补充，本拟偷袭，一举成功，不料济南已有准备，计划全盘落空，致使军心涣散，不知所措。双方接触后，吴军进攻不利，而后面又背山，诸多不便。未几，全军溃败，一部分投降，一部分逃散，而吴长植与其弟则当场双双被击毙，一场虚惊始告平息。

当吴军在济南近郊遭到歼灭时，界首方面李纪才军亦被褚玉璞军击退。李军进犯时，褚军已部署完毕，构筑工事，严阵以待。李之进攻界首，也是采取突然袭击、出其不意、攻其不备的战术，妄图一举成功。不料突然袭击遭到猛烈狙击，李纪才情知有变，山东方面已经有所戒备，速战速决势难实现。经过几次强攻，均未奏效。李军远道而来，补给十分困难，因此不敢恋战，恐遭围歼，在褚军的猛烈攻击下，迅速退回河南老巢。吴长植勾结李纪才进犯山东之战，至此宣告结束。

四、山东地方派系势力与张志之死

张宗昌督鲁之前，山东已隶属皖系势力范围。军政大权均为安徽人所掌握。督军郑士琦、省长龚积炳、军务帮办兼第五师师长孙宗先、第四十七混成旅旅长兼济南镇守使施从滨皆为安徽人。此外，皖人任中层军政要职者，更不待言。

张宗昌督鲁之前，山东省地方势力大体可分为鲁东派和鲁西派。鲁东派即所谓章丘派，以张子衡等人为其领袖，其势力多散布在金融工商界，省议会议长宋传典、副议长杜友堂各拥有部分议员，倾向于鲁东派。鲁西派即所谓曹州派，以夏溥斋等人为其领袖，其势力多散布在行政、教育界以及省议会，省议会副议长张公制接近鲁西派。两派势力争权夺利，勾心斗角，各逞其能，无所不用其极。曹州派与当局者皖系结合甚力，原山东督军郑士琦成为曹州派有力靠山。曹州派自然因势得利，处处占得上风。章丘派当然不肯甘拜下风，处心积虑，扭转乾坤。第二次直奉战后，奉系大获全胜，入主中原；且奉系大将鲁人张宗昌统率大军奉令假道山东，南下攻占江苏，声势甚壮。章丘派审时度势，认为机会难得，正好为我所用。议长宋传典、副议长杜友堂等人，大造舆论，利用省议会名义，欢迎奉张入关，甚至到天津、北京进行活动，拜见张作霖，并暗通款曲，切望张宗昌主鲁，以慰鲁人治鲁之望。

张宗昌执掌山东，鲁西派即曹州派失去依托，不甘受挫，伺机行动，企图恢复往日得心应手的局面。张宗昌兵败安徽固镇，山东震动很大，他们认为时机成熟，为实现其阴谋活动，勾结曹州镇守使吴长植等，并暗通河南督军岳维峻所属李纪才部，共同攻打张宗昌。吴长植率军沿山中小路秘密行军，企图偷袭济南，一举占领之。为了配合军事行动，夏溥斋成立治安维持会之类的机构，并建议张宗昌息兵退位，以保山东免遭兵燹。夏曾往见韩虔古，促韩速离济南，以免与张督一起罹难。韩遂即密告，张宗昌立派军警搜查其巢穴，夏闻风远走。从查获文件得知，山东省审判厅厅长张志不仅参与其事，实为主谋之一。张宗昌立即将其逮捕枪决。

五、一位重要幕僚

张宗昌督鲁期间，有一位重要智囊人物鲜为人知，他对张宗昌的思想观点以及军政大计决策，起着重要作用。虽然公开场合出头露面不多，发表言论不多，但他时刻注视时局的动向，为张出谋划策，而张也每每言听计从，照此办理。其人便是韩虔古。韩名德铭，字虔谷，又字虔古。任职名义为山东省军务善后督办公署高级顾问、秘书长。曾授虔威将军，勋四位荣誉称号。这里做个比较，我曾任督署参谋长，授智威将军，勋五位。从勋位等级之差，可以看出张宗昌对韩礼遇之优。

韩虔古，河北省高阳人，生于一八七一年，殁于一九二七年六月。韩青年时曾就读于保定莲池书院，师事桐城派古文家吴汝纶。保定莲池书院为北方著名书院。清末庚子之变前夕，由吴氏主持院务，摈弃八股，以古文取士，同时购置新书新报，讲求实务，西方哲学政治启蒙思想不断输入，启迪学员抱有经国济世之志。韩与著名国民党人李石曾有同窗之好。韩、李均为高阳才子，但政见不一，李主张革命，而韩主张君主立宪。据说，韩到壮年，更喜读兵书，好谈兵略，尝以诸葛亮自况，自诩有文武韬略之才。民国元年韩任保定警务学堂帮办，同时仍兼任保定师范学堂讲席，并曾创办私立求实中学。民国二年任直隶民政署顾问。民国三年，袁世凯总统府统率办事处设立军政宣讲处，负责向社会群众进行军政宣传工作。韩应聘任纂著官。民国五年，袁病故后，军政宣讲处撤销。盖此机构之建立与撤销均与帝制有密切关系。同年冬季，韩应南京宪兵司令——同乡陈调元之邀，到南京入幕冯国璋，由此结识张宗昌，张韩定交即始于此时。当年，韩曾有诗赠张，题目是《赠江南张效坤中将》，下注："中将名宗昌，山东掖县人，从冯宣武南下抵金陵，……今为教育团团长。身八尺余，目闪闪如电，意气凛然，而仓促酬酢，出语尝中人欢心，待友驭军又恢阔多恩信。予来江南，颇蒙优礼，故为诗赠之，以为定交之符。"诗云："江南万貔虎，卓卓此公豪。肮脏消花酒，精神照剑刀。却韬冰雪智，撬入雏卢曹。会有风云起，青天看羽毛。"民国六年，冯国璋北上就任代总统，韩遂应聘入幕江苏督军李纯。民国七年，皖系湖南督军傅良佐为南军谭延闿所逐，国务总理段祺瑞力主出兵武力解决，南方党人则派员四处游说，力主和平解决。江苏督军李纯倾向与南方和平协商解决，而韩反对与南方媾和，力促李纯拥护段祺瑞，武力解决湖南问题。韩因李不纳谏，随之离去。徐世昌当选大总统，韩曾任总统府咨议，其间曾奉令随慰问团去湖南慰问吴佩孚和张宗昌部队。民国十年，熊炳琦任山东省长时，韩应聘任山东省政府顾问。张宗昌督鲁发表后，立即邀请韩出山襄理政务，对韩的敬重非一般可比。当时的督办公署，即昔日的巡抚衙门，张宗昌自然住在这里，他把韩也安排在这里。督署最后面一个大院子有九间大北房，便成为韩全家的住所。这是为了便于向韩请教。张宗昌每在公余闲暇之时，特别是晚间，经常登门造访。总之，韩虑古是一位有旧学根底，博通经史子集，能文善诗的知识分子；是一位怀有经国济世之志，并具有一定从政经验的知识分子；是一位传统伦理道德观点极为强烈的知识分子。他思想保守，对新事物向有抵触；但他是一位为人正直，想辅佐张宗昌做出一番事业的幕僚，而不是一个居心叵测，喜弄权术，翻手为云，覆手为雨的政客。韩虑古在以下几个方面对张宗昌产生过重要影响。

（一）提倡读经尊孔。张宗昌对韩虑古不仅敬如上宾，而且尊如师长。据了解，韩经常为张讲授经史知识、典章制度等。张在任期间曾至曲阜举行祭孔大典，镂版重刻十三经。此等盛事，与韩虑古的倡议是分不开的；具体实施则与教育厅长末科状元王寿彭是分不开的。当时提倡读经尊孔的社会背景及其目的，在重刻十三经的序言中明确指出，是为了维护中华民族五千年文化传统，反对马克思主义，反对共产主义。序文是张宗昌署名，实际出自韩虑古的手笔。

（二）重视教育，创办学校，培养人才。张宗昌于一九二五年五月到鲁履新，九月，山东大学便宣告成立。张以一介武夫，刚刚上任，百废待兴，就能如此重视教育，也是与韩虑古的影响分不开的。韩受业于名校名师，毕业后又从事教育工作，创办过国群讲演社和求实中学，自然对教育工作是十分重视的。张宗昌虽然没进过学校，但民国初年在冯国璋麾下时，曾主持过教育团和将校讲习所工作，深深懂得培养人才的重要性。他曾建立两所军事学校，一所是将校实施学校，一所是幼年学兵学校。前者聘请曲同丰任校长。曲在直皖战争时，曾任皖军总司令。此外还曾设立一所入籍军军士学校，主要训练招募的俄籍士兵。韩、张同是重视教育，自然一拍即合。

（三）在制定施政方针大计方面，韩虙古也起了一些作用。韩曾任山东省政府顾问，通晓政务，熟悉山东情况，新督上任，从何做起，他心中有数。一个必定有所建议，一个必定有所采纳。据了解，撮其要者有以下几个方面：加固黄河大堤，防范水患，保障人民生命财产；开辟商埠，修建劝业场，振兴商业经济；修筑公路，开办长途汽车运输，开通济南至青岛长途电话，发展交通事业；省督亲自考核县长，召开"乡老会"，宣讲施政方针，征求地方意见，检举地方不法官吏，以示关心民间疾苦，与地方士绅携手，共同理好山东省政。

（四）参与重大机密决策。从三件重要大事可以断言此并非臆测之辞。

一是枪毙三十二军军长毕庶澄一事。参加密商会议的除张宗昌、褚玉璞之外，只有韩虙古与我。而我到会时，事已商定，由韩起草命令，足见韩在张心目中的地位。

二是拥戴张作霖组织军政府，就任大元帅。此等重大决策，张宗昌事先并未召集高级幕僚反复商讨，因此山东方面文武高级官员对此事内幕均一无所知。揆其原因，张宗昌也有难言之隐。当时曾谣传，国民党通过李征五进行策反活动，联张（宗昌）倒张（作霖）。既有谣传，张作霖也必有所闻。这就迫使张宗昌必须表态，何去何从，要当机立断。张宗昌采取了与北伐军对抗到底的做法。张作霖自称"大元帅"，进可攻，退可守，不失为一着高棋。张宗昌在会议上力主组织军政府，老师升格，是经过深思熟虑的，是有人协助出谋划策的。张从未就此事征求过我的意见，私下谈话时也从未谈及此事，恐系事关他与南方媾和的重大机密，自然知者愈少愈好，以免惑乱上下军心。我推测参与其事的唯一知情者就是韩虙古，韩纯是智囊谋士，既不管军，也不管政，与外界接触极少，自然机密易保。是战是和，也无需参考更多意见。决定与北伐军对抗到底，也符合韩的一贯思想，上面谈过韩曾入幕江苏督军李纯，援湘之役，他力主拥护段祺瑞，武力解决湖南问题，反对与南方党人和解。前后两次主张如出一辙，反映思想保守，不能适应时代潮流。

三是拒绝张作霖安排他退守热河。我虽再三劝阻，但他始终不改初衷。据说，张宗昌在会上曾慷慨陈词："京汉线上三四方面军各部队仍然完整，大元帅率领出关，东北根据地可确保无虞，然后相机再展宏图。宗昌愿率残部掩护撤退，与敌人周旋到底，拼到哪里，就算哪里，大元帅不必挂念，宗昌生死决不足惜！"这一番话是表明自己对张作霖效忠到底，报达张作霖知遇之恩，即使牺牲自己，也在所不惜。但这也是对张作霖不满情绪的一种折射——"你对我不仁，但是我不能对你不义"，以表现自己光明磊落，胸怀坦荡，忠贞不渝，不计个人得失的大丈夫气概。这种处世态度与其豪爽个性有关，恐与韩虔古的思想引导亦不无关系。

可惜，韩虔古于一九二七年六月病逝于山东督署，有些事已无从探询究竟。

第十五章　瓦解直军进攻山东之战

一、直军三万进攻山东

一九二五年（民国十四年）十一月，李纪才的陕军刚刚被击退，直军在河南的残余势力又开始向山东进攻。直军残部同陕军一样，企图乘张宗昌在苏皖兵败之际，攻取山东地盘。

此次进攻山东的直军有靳云鹗所属第十四师、王维蔚所属第二十五师、田维勤所属第二十六师，共计三万余人。进攻路线一如陕军，自豫西长驱而入，越过兖州、泰安，沿铁路线向济南推进。直军是训练有素的军队，战斗力比较强，因而攻势较陕军凌厉。

二、第六军将领阴谋媾和

（一）褚玉璞视察前线。当第六军与直军的战斗正在激烈进行之际，褚玉璞找我商量说："咱们到前线去看看吧，这群小子们（指其部下将领）打得直叫唤！"我因所乘专车需要到章夏车站去上水，因此请褚先行。翌日四时许，我方才到达界首车站，时枪声极密，据报战斗非常激烈，彻夜未停。迨至天亮，战况突然发生急遽变化，全线一枪不响，异常寂静。我正在车上纳闷，思索原因，恰于此时，褚玉璞派副官来请。时褚的军部设在界首车站的站房里。见面后，褚劈头便问我："你看这个仗怎么样？"我毫不迟疑地回答："已经打到这个份儿上了，只有打吧！"话音刚落，便觉得有人在我脚后跟上踢了一脚，回头一看，原来是褚的参谋长翟文林。我情知有异，随便搭讪了几句，便借上厕所为名，走出了站房。回来时，翟文林站在藤萝架下，低声悄悄对我说："你可别主战了，主战可不行！"为了避免被人发觉，翟只说了这两句话，而我一句话也没说，便各自走开。

（二）褚玉璞与直军代表会晤。我回到站房，褚对我说："一会儿，敌人有两个代表来，咱们一块儿见一下。"这句话使情况更趋明朗。我意识到，现在军队内部已经发生严重问题，但又不便多问，只能默默等待，看事情下一步怎样演变，再相机处理。

直军代表到达后，褚又问我："你说咱们在哪儿见好？"我寻思若在站房里见面，不知周围有多少只耳朵在偷听，要想保密，绝对办不到，一旦传出去，对前方士气影响太大。于是向褚建议："不如在你的花厅车上（装饰成客厅的车厢），比较严密。"

侯直军代表登车后，我一看，其中一人恰巧与我是旧相识。此人名叫张晓山，曾任直军董政国所属第十五混成旅副官长，为人精明强干，擅长交际。第二次直奉战时，我任直军第一军参谋长，由于协同作战的缘故，与我往还甚多，因此颇为熟识。见面后，彼此寒暄一番，就靠近坐在一起。趁人不注意时，我小声问张："你们干什么来了？"张一听，便知道我对这次谈判内幕一无所知，遂低声密告："是您这里的代表先到我们那里去的，而且对您攻击得很厉害，说山东打仗都是您的主张，您可要小心一些！"

经张一说，问题就更清楚了，这是第六军将领主动要与敌人私下讲和。我暗自思量，褚虽然叫自己参加谈判，但没有透露事情真相，也没有表露他本人的真实意图。若久坐在此，恐妨碍人家谈判，倒不如暂时离开为好。反正当前自己手无一兵一卒，无法正面制止，只能静观事态发展，随机应变。于是，我找了一个脱身的借口，低声跟褚说："我烟瘾又犯了，得回去赶紧抽两口，你们先谈着，我就来。"说着就起身下车，褚玉璞紧跟在后，走到车厢门口，他问我："伯仁（我号叫伯仁），你看这个事怎么办好？"我一听褚征求自己的意见，正好顺水推舟，婉转说服他不能背叛自己的长官。我用手掂着自己的军服上衣底襟说："咱们穿这二尺半长衣裳的时间不会太长，没有几年，还是穿长袍的时间长，无论什么时候，千万不能做对不起朋友的事，总要给朋友以后见面留个余地。"褚听了我这番话以后，稍微沉思了一下说："哦，是了，我明白你的意思了，就这么办

96

吧！"然后又一再叮嘱我赶快回来。我在返回自己专车的路上，便发觉专车周围岗哨林立，早已被第六军手持盒子枪的士兵团团围住。

（三）褚玉璞亲自上火线。我回到专车上，等了一夜又一天，毫无动静。直到傍晚，褚玉璞的副官突然出现，说军长有事情，请参谋长去商量。此刻，我的心情痛苦万分。谈判如果没有成，自然一切不成问题；谈判若是成了，则必将置我于死地。一旦下了车，我在前面走，后面就可能开枪，今生今世也就如此了结。事已至此，遑论其他，只得将生死置之度外，是福是祸，随它去了。

我走进褚的办公室，一看便放了心，一块石头才算落了地。第六军的将领坐满一屋子，褚玉璞坐在办公桌前，面向墙壁背冲门，只听他一面哭，一面骂："我他妈的现在肩章也黄了，小名也叫军长了，这都是人家姓张的把我拉拔起来的，我不能跟人家掏黑心窝子。你们今天官都大了，翅膀都硬了，都算是长成了。你们爱怎么办就怎么办吧！"副官走过去告诉他参谋长来了。他一听我来了，立刻转身站起来。只见他泪流满面，神情显得十分难过的样子。我要想说话，还没来得及张口，褚便抢先说道："伯仁，你来了，好极了，今天得咱们自己干了，人家官都大了，指不上了。你来指挥，我上前线去干！"说着，从怀里把他下达命令使用的图章掏出来，硬塞在我的手里。紧接着又下命令说："贾小五（卫队团长），把卫队给我预备好了，跟着我上去！把各处处长都给我叫来，我当面告诉他们听李参谋长指挥！"接着又冲我说："伯仁，你下命令吧，我去干！"我赶忙劝慰了一番："都是多年老弟兄了，何必着这么大急。"此时，第六军将领一个个呆若木鸡，不知所措。为了缓和气氛，给这些人一个台阶下，我向他们说："军长马上就要出发了，你们诸位也赶紧回去准备作战吧！"这些带兵官才一个个低着头默默地走出去。

褚玉璞安排妥当后，立刻离开司令部去前线。我也随即下达了拂晓进攻的命令，同时给褚写了一封信，让他把前线安置好以后，仍旧赶紧回来坐阵。

（四）说服第六军将领展开强攻。我将下达攻击令诸事处理完毕，刚刚回到自己车上，第六军主要将领谢雨田等十余人便气势冲冲地走来，吓得我的马弁想把车厢门锁上，我厉声斥责不能这样做，赶紧把他们请上车来。谢雨田首先开口说："参谋长，我们是来问这次战事到底怎么办，现在已经到了十一月，天气这么冷，队伍还不发棉衣，弟兄们没有棉袄，也没有棉裤；枪支弹药补充不上，粮食给养也供应不足……。"总之，提了一大堆困难问题，意思是说仗没办法打下去了。我当即好言安慰他们，对他们的难处表示完全理解，对他们的意见表示完全支持，并表示一定设法解决当前的这场战事。我向第六军诸将领诚恳表态说："你们诸位的来意，我都明白了。但是有些话，你们不好说，因为你们都是带兵官。大家都知道，军人要讲服从，明知前面是火坑，长官让我们跳，我们就得跳。可是，我和你们不一样了，我可以替你们去说，因为我是参谋长，我是管出主意的，出不好没关系，可以再出。你们诸位的来意，我回去跟督办说，而我一个人的力量也嫌太小，还需要联合几个人一起去说。这样一酝酿就得三五天，跟督办说好，我再回来办，来回一耽误，就得十来天的工夫。在这十来天里，如果我们让敌人打垮了，那什么好办法也不管用了，就得听敌人的了；反过来，如果我们把敌人打垮了，敌人就得服服贴贴地听我们的了，我们的目的就能实现。"谢雨田等人听了这番话，表示完全同意："好吧，那就这样办，前边由我们负责。"我为了叫他们放心，再次强调："后边由我负责！"我又一再叮嘱他们一定要狠打，把敌人打怵头，敌人才能听我们的，否则只有我们听人家的了。临别时，我同诸将领一一握手，让他们准备拂晓攻击事宜。

（五）褚玉璞火线负伤。谢雨田诸将领返回前线后不久，枪声大作，第六军部队向直军阵地展开猛攻。此时，褚玉璞的参谋长翟文林来到我车上，我问他和直军谈判到底是怎么回事。据翟说，褚的部下诸高级将领有意"驱张捧褚"，即驱逐张宗昌，捧褚玉璞任山东军务善后督办。同时，这些人认为要想赶走张宗昌，首先必须除掉我。至于详情内幕，彼并不知晓。

翟文林走后，不一会儿，又重新返回，虽然一边走，一边哼哼京剧二黄，意若悠闲无事，泰然自若，但只要仔细观察一下，就不难看出，这是故做镇静，因为他此时已面色如土，神情慌张。上车后，他开口便说："老褚挂彩了！"我问他要紧不要紧，翟说一枪打在心口窝上了。我急令前方迅速把褚军长搭回来，并准备专车立即送济南抢救。待将褚用担架搭回，我见他两眼紧闭，面色煞白，一声不响，便俯身叫他。"蕴山，蕴山（褚玉璞字蕴山），你知道我是谁吗？"褚断断续续回答："伯仁，我……不行了，你干吧！"我见他神志清楚，便好言安慰，告诉他伤势不要紧，马上送他到济南治疗，要他放心，绝没问题。随即命令专车开车，全速行驶，将褚送往济南。

我随之又利用铁路电话通知济南车站，令车站转告督办公署，速与界首通话，有要事联系。电话来了，是副官李德禄说话。他说督办正在睡觉，我叫他赶紧把督办叫醒，亲自来接电话。当张宗昌获悉褚玉璞身受重伤的消息，半响没说出话来。我又重复了一遍，他才问要紧不要紧。我说完褚的情况，又向他报告界首前线正在激战中，情况异常紧急，必须赶紧就近从程敬武旅派一个团到界首支援作战。此时，程本人恰巧正在收听军用电话，立刻在电话中插话说，他马上命令全团跑步出发，保证两个小时准时到达。我又向张建议，徐源泉是第六军的老人，现在省城没什么事，可否赶快派徐来代理第六军军长，张立即同意，答应马上就下命令。

（六）直军败退。经过两小时急行军，程旅开来一个团，紧接着全旅开到。于是，我又立即部署反攻。一般作战攻击多安排在拂晓时刻，此次为了出其不意，攻其不备，决定正午十二点向砀山挺进。在山东部队的突然猛烈攻击下，直军全线动摇，节节败退，最后不得不撤退到兖州。

三、和平解决进犯问题

直军开始败退，前方局势逐渐稳定。鉴于当前第六军将领厌战情绪极为强烈，我想方设法力争战事早日结束，以履行自己的诺言。当时一方面命令第六军部队连续发动进攻，不给直军以喘息机会，一方面采取积极措施，谋求和平解决冲突。我向张宗昌建议："您是靳云鹏总理的老部下，靳云鹗是靳总理的老弟，一定有个面子，不如给他们几个钱，叫他们到湖北去找吴玉帅，不要在这儿做无谓的牺牲了。"张宗昌采纳了这个意见，又经他一番周密筹划，于是给靳云鹗拍了一个电报，请靳到兖州会晤，和平解决争端。靳立即回电表示同意。张宗昌随即乘车到达兖州同靳举行会谈。在会谈中，张向靳表示："咱们都是山东人，都是靳总理的老部下，何必自相残杀。现在，吴玉帅在湖北准备东山再起，急需用人，你们还是去湖北辅佐吴玉帅为是。如果队伍没有给养，我给补充给养；没有子弹，我给子弹；没有饷，我给饷。"谈话中肯，态度诚恳。靳云鹗攻打山东之举，本来败局已定，不料张宗昌竟以如此优厚条件相待，既得实惠又不丢面子，喜出望外，遂表示完全同意张的看法，接受张的意见。张宗昌立即拨款二十万元，并补充了给养和弹药。靳云鹗率领直军部队迅速撤离山东，满意而去。河南直军残余势力攻打山东一幕，至此宣告全部结束。

四、蒙在鼓里

关于第六军将领在作战中擅自与敌人媾和，企图"驱张捧褚"一事，我没有向张宗昌报告，也没有向任何局外人透露一丝情况。张宗昌始终蒙在鼓里，对此事一无所知。我之所以这样做，基于三点考虑：其一是，如果一报告，张宗昌必定要查明真相，追究责任，严惩肇事者，杀七个宰八个，在所难免。一个团体刚刚兴起，就闹内哄，自相残杀，人人自危，岂不是很快就会分崩离析，彻底垮台。其二是，如果一报告，势必置褚玉璞于尴尬难堪的境地，一边是老长官，一边是老部下，而自己又是局内人，何去何从，左右为难。而褚本人在这次事件中处在被动地位，最终又采纳了我的意见，以义气为重，不顾个人安危，堪称是赤胆忠心，我无论如何不能让他进退两难。褚玉璞总算对得起我，我决不能做对不起他的事。其三是，如果一报告，也对不起这些闹事的将领，因为他们毕竟做到了听从劝告，服从命令，狠狠打击了敌人。岂能狡兔死，走狗烹，置彼等于死地呢？我不提这件事，褚玉璞本人更不会去说，瞒过张宗昌是不成问题的。事实也正是如此。张宗昌在其任山东省军务善后督办三年里，始终不知道刚刚有了地盘，主力军便险些发生叛变，而且是发生在他认为最可靠的人和最可靠的军队身上。

此次事件便如此平平安安地掩盖过去，主谋者之一旅长袁振清不久便病故，据说是由于终朝每日担惊害怕事情暴露和追究责任而吓死的。

直到一九三一年，张宗昌从日本回到大连，由于偶然一句话，他才发现这个问题。彼时，我也正在大连。有一天，他打电话把我叫去，突然问我那年在界首打仗，到底发生了什么问题。我问他这话从何说起。原来，那次事件主谋者之一，即后来在褚玉璞的部队中任军长的谢雨田，那天去看望张宗昌。张告诉谢说李参谋长来了。谢随便露了一句："是李伯仁李参谋长吗，那年在界首打仗，我们还给他站过岗呢！"但只此一句，往下什么也没再说。张一听便知道话里有文章，谢既不肯再说，也就不便再问。待谢走后，立刻把我叫去，定要问个明白。我想事情早已成为过去，现在大家都下台了，褚玉璞也死了，一切都无所谓了，何况连肇事者本人都不讳言，没必要再隐瞒；更何况张宗昌已经问到头上，我只得把事件经过原原本本说了一遍。张宗昌听完，沉思了一会儿说："我他妈的当了三年督办，糊里糊涂，还不知道怎么当的呢！"稍停了一下，他又继续说："伯仁，我对不起你，过去的事情也没办法补救了。如果有朝一日，我能够东山再起，我一定好好报答你！"说话时语调低沉，心情也显得十分沉重。我宽慰他说，那次事件的关键是老褚没有掏黑心窝子。

第十六章　收编孙殿英

一、请求收编

一九二五年（民国十四年）十一月下旬，河南直军残余势力进攻山东问题甫告结束，张宗昌便着手解决孙殿英所部收编问题。

一天上午，张宗昌通知我："河南有一个姓孙的，叫孙殿英，打算投到山东来，下午咱们一块见见他。"

孙殿英拉竿为匪，原在豫东一带活动。后经山东省议会副议长杜友堂从中说项，拟投效张宗昌。张以其所部尚在河南境内，无从办理，须待其将队伍拉至山东境内，方予考虑。此时，孙已将其部众拉到山东济宁一带。

下午，张宗昌接见了孙殿英，当时在座的还有我和杜友堂。孙首先向张表示竭诚投效之意。张询问了孙部的情况。据介绍，所部共有九个团，一个团多者三千余人，少者千余人或数百人不等。总计大约有一万余人。最后，张宗昌表态说："先让李参谋长去看一看你的队伍，然后我们再谈整编的具体问题。"

我在孙殿英的陪同下乘车到达济宁，视察了他的队伍。从表面一看，就能看出这支部队纯属乌合之众，杂乱无序，毫无组织纪律可言。时值隆冬季节，部众大多单衣单裤，有少数穿棉衣的，也是长短不一，五颜六色，有的竟然身着花花绿绿的年轻妇女小棉袄，显然是抢来的。再看枪支，全然是一堆破烂货，什么年代的都有，什么型号的都有。盒子枪柄上都系着大红大绿的绸子条，土匪气十足。我问孙殿英，有的士兵穿着花红柳绿的衣裳是怎么回事？据孙说，当其队伍向山东进发，途经亳州时，曾发生兵变，大肆抢掠，地方受害很大。

视察回来，我向张宗昌报告了孙部情况，并提出建议：这支队伍毫无纪律可言，纯属一群蝗虫，走到哪儿吃到哪儿，坑害老百姓，不彻底整顿，打不了仗，无法使用。至于枪支武器，绝大部分破烂不堪，必须重新更换补充，否则连弹药供应都难以解决。张宗昌遂令孙殿英克期整顿。

二、无力自行整顿

孙殿英接受指示后，由于所部一些大头目不听指挥，整顿一事颇感棘手，无能为力，拖延达两个月之久，未能完成任务。因此，张宗昌秘密召见孙殿英，询问他究竟有没有办法，如果孙本人实在没有办法，则可代其整顿；队伍整顿好以后，仍交孙自行统率。如果不同意代为整顿，则限期撤离山东，否则以武力解决。孙殿英当即表示同意代为整顿。张宗昌又进一步询问所部带兵官有几个能听指挥。孙将其队伍中的大头目一一加以介绍，九个团长中只有两个能听他指挥，其余都不听，想怎么干就怎么干，他约束不了。从孙殿英介绍的情况来看，这些桀骜不驯的大头目，都是一些杀人不眨眼的魔王，罪行累累，不予根除，不仅当前的整编工作无法进行，而且后患无穷。代孙整编一事既经决定，张宗昌乃与褚玉璞秘密商定解决办法。此时，褚的伤势已经痊愈。不久前在泰安作战时，虽然一枪击中其心口窝，堪称命中要害，但是子弹是从他心脏与肺、胃三者之间的空隙中穿过，并未伤及内脏，经过治疗，很快康复。

三、彻底整顿

整编工作选择在阴历腊月三十除夕晚上开始。由褚玉璞出头露面，以欢度新春佳节、辞旧岁迎新年为名，大摆酒席，宴请孙部众头目。褚带头劝酒，猜拳痛饮，然后又押宝聚赌，呼么喝六，正值兴高采烈之际，一声令下，出其不意，将不服从孙殿英指挥的七个大头目一一捆绑，押至后院，立即枪决。与此同时，派兵将孙部包围，全部缴械。一举镇住孙部全体官兵，没有一个敢反抗命令的。

四、整编成师

孙部缴械后，张宗昌令我负责进行整编和训练工作。按照张的指示，将孙部编成一个师。首先选择比较合格的军官，挑选精壮的士兵，数量不足，招募了部分新兵予以补充。老弱病残和闲杂人员则给资予以遣散，最后编成了一个满一万人的整编师。由孙殿英任师长，留下的两个听孙指挥的大头目分任旅长。原有破旧枪支一律予以更换，并且补充了一批新枪。为了避免误会和猜疑，将所有收缴的破烂枪支一律归还孙殿英。张宗昌之所以决定这样做，是为了向孙表明，自己绝对不是想要这些枪，而是诚心诚意帮助他建立一支有战斗力的正规化队伍。改编完了，随即下达训练计划，责成师长孙殿英负责认真贯彻执行，由总部参谋处负责监督检查执行情况。

总之，孙殿英对这次整顿和改编工作是非常满意的，对张宗昌也是非常感激的。他把张宗昌看作是自己的恩人，认为自己是张一手提携起来的，念念不忘知遇之恩。张宗昌下台流亡日本时，孙还曾资助巨额款项，以接济其生活。事实上也正是如此，孙殿英自一九二五年投到张宗昌麾下，直到一九四八年覆灭，在军事舞台上活动了二十多个春秋，其基本力量的形成，实奠基于此时。孙殿英得到张宗昌的收编与扶植，是他一生中的一个重要转折点。

第十七章　接应李景林部队进入山东

一九二五年（民国十四年）十二月，在收编孙殿英所部的同时，张宗昌还接应了直隶军务善后督办李景林的部队进入山东。

一九二五年（民国十四年）秋末冬初之际，郭松龄倒戈，大举向张作霖进攻，势如破竹，锐不可挡，奉天方面节节败退，形势十分危急。当时，南方早有孙传芳在江苏发动攻势，赶走了杨宇霆；陈调元在安徽发动了攻势，赶走了姜登选；山东方面，张宗昌在接应杨宇霆时，又在江苏战败，损兵折将，士气不振，而且河南的陕军和直军又迭相进攻，本身已自顾不暇，穷于应付。因此，李景林陷入孤立无援的境地，冯玉祥乃乘势对李景林发动进攻，企图夺取直隶地盘。李景林将其主力部队布置在廊坊和落垡一带。冯的先头部队进攻不利，旋被击溃。李挥师追击，直逼黄村，待冯军主力部队加入作战后，李军始告不支，开始沿津浦线向山东境内撤退。

李景林本人则乔装打扮，由天津秘密乘轮船转赴青岛再由青岛乘火车到达济南，与张宗昌晤面，请张出兵接应他的队伍安全撤入山东境内。李景林以东北方面有郭松龄倒戈为理由，申明无法向山海关方面撤退，只能求救于张，退向山东。实际上，李景林有其难言之隐。当郭松龄发难之始，攻势迅猛，张作霖处境岌岌可危，切盼李景林能背后一击，使郭首尾不能相顾，陷入被动局面。但李景林却袖手旁观，态度暧昧，可能与郭有些瓜葛，致使张作霖对其恨之入骨。李景林心里也十分明白，张作霖对他决不会善罢甘休，因此只有退入山东一条道可走。何况他与张宗昌又是大同乡，过去曾经并肩战斗，堪称患难之交，值此危难之秋，张宗昌绝对不会不予支援。一九二五年（民国十四）年冬季，李景林所部四万余人，全部安全撤到山东德州一带。

李景林被逐后，当时任国民三军总司令的孙岳取而代之，出任直隶军务善后督办。

第十八章　攻打冯玉祥国民军之战

一九二六年（民国十五年），张宗昌四十五岁。是年三月，直鲁联军攻打国民军之战爆发。以张宗昌为首的直鲁联军，向冯玉祥国民军展开进攻，最终将国民军逐出京畿，退往西北地区。

一、段祺瑞执政府倒台

第二次直奉战后，根据天津善后会议决定，由段祺瑞组织北京临时执政府，并出任"中华民国临时执政"。京畿一带则由冯玉祥国民军戍守。冯曾利用学生运动等多方面活动反对段祺瑞执政府，并将段之左膀右臂徐树铮枪杀于廊坊。冯徐之间向有宿怨。冯的姑丈陆建章死于徐树铮之手，冯早有杀徐为姑丈报仇之志。就段与冯之间的斗争来说，徐是关键人物。尽人皆知，徐树铮不仅是段的心腹，而且是诡计多端的军师。徐处处为段出谋划策，而段也总是言听计从，与冯进行针锋相对的斗争。因此徐也就成为冯的眼中钉。徐树铮在段祺瑞执政期间，曾去法国洽购军械弹药，拟重整旗鼓，建立自己的武装力量。冯恐养痈遗患，遂决定先发制人，斩草除根。借徐乘火车去天津之机，待车行至廊坊车站时，强令停车，武装人员随即上车，将徐强行拖下火车。据目击者说，当时徐树铮双手死死拽住车厢台桌，不肯下车，但此种本能式反抗已无济于事。徐被拖下车后，旋遭枪杀于空旷之地。

徐树铮遇害后，段祺瑞孤掌难鸣，心灰意冷，于是决定下野。段终为冯所推倒。

二、张冯矛盾日趋尖锐

随着段祺瑞执政府的倒台，张作霖与冯玉祥之间的利害冲突日益突出，矛盾

104

斗争也日趋尖锐。

早在第二次直奉战结束后的天津善后会议上，张冯之间就曾发生过面对面的激烈争吵。冯玉祥就善后事宜提出一系列意见和要求，遭到张作霖的抵制和反对。冯曾坚持己见，并一再表白自己在推翻曹吴统治中功勋卓著，如果没有他反戈一击，难有今天胜利。张作霖闻言勃然大怒，竟然跃身而起，手指冯的鼻子，声色俱厉地大吼："你倒戈，是我一百四十万块钱买的！这里没有你说话的份儿！"冯在大庭广众之下，骤然遭此凌辱，面红耳赤，一声没吭，但由此积怨益深，张冯之间的权力斗争也愈演愈烈。

此后，冯玉祥便致力于从奉军内部进行瓦解活动，以达到推翻张作霖的目的。郭松龄倒戈，即与冯有密切关系。当时盛传郭夫人与冯夫人便是郭、冯之间的牵线人。因为两位夫人青年时代在通县基督教潞河中学有同窗之谊。

当郭松龄倒戈节节取得胜利时，冯玉祥便开始驱逐态度暧昧的李景林，夺取直隶地盘，扩大自己的势力范围。李终为国民三军孙岳所逐，直隶地盘落入国民军之手。张冯之间的矛盾，至此终成水火不容之势。因此，张作霖一经将郭松龄消灭，便决定与直鲁联军共同攻打冯玉祥国民军。

张作霖在善后会议上所说的一百四十万元，系指东北所铸银元，俗称小元。一百四十万小元约合一百万"袁大头"银元。张以此作为反戈一击的酬谢，在天津善后会议之前，奉军高级将领曾纷纷向张出谋划策，如何应付会议可能出现的种种棘手问题。张作霖对此一概予以回绝。他颇为自负地说："要论用兵打仗，我不如你们，我没上过学；要论对付这种会议，我比你们强，我什么阵阵都经过。你们不必多说了，我自有办法。"事实也恰恰是如此，在以后的政治斗争中，诸如在外交方面如何与日本帝国主义周旋，都由他自行制定方略，自行处理重大问题。

三、组织直鲁联军

直隶省军务善后督办李景林为冯玉祥国民军击败，不得不求援于张宗昌，退入山东省境内。李系河北省人，张为山东省人，本属邻省大同乡，而又同时做客于奉军。第二次直奉战伊始之际，分任奉军第二军正副军长，并肩作战，关系融洽，可算作是患难与共的老伙伴。从私人关系来讲，张宗昌必定要支持和援助李景林，更何况李正处于危难之中。从地区关系来讲，直隶和山东两省唇齿相依，直隶不保，山东也难得安宁。为了稳定山东的局面，必须将冯玉祥国民军逐出直隶省和京畿一带。当时，山东也完全有条件这样做。入侵的敌人——河南的陕军和直军均已被击退，内部局势业已稳定，同时扩军整编训练工作均已基本完成。从大局来看，郭松龄倒戈已彻底失败，奉军内部已趋稳定，张作霖决心要除掉国民军这个"祸根"。在这种形势下，张宗昌决定和李景林共同组织"直鲁联军"，讨伐冯玉祥国民军。张宗昌任直鲁联军总司令，李景林任副总司令，我任总参谋长。直鲁联军总兵力约二十万人。

四、连续发动四次攻势

直鲁联军自山东出发时，分两路向国民军展开进攻。第一路进攻沧县国民军第一军冯玉祥部，由张宗昌亲自指挥；第二路进攻国民军第三军孙岳部，由褚玉璞任总指挥。进攻沧县的第一路部队与冯军形成对峙局面，形势危急。于是，张宗昌决定抽调褚玉璞第六军增援沧县，同时命令我代替褚玉璞指挥第二路，即泊镇方面的作战。此后又进行了攻打京津和南口两战役。

（一）泊镇战役。为了阻挡直鲁联军的进攻，国民三军总司令孙岳派徐永昌部由河间直趋泊镇，企图一举切断直鲁联军的后路。集结在泊镇的直鲁联军作战部队计有：孙宗先所属第五师和白俄士兵一个团约七百余人。陆续开来的队伍尚有程国瑞所属第三军黄凤岐旅和孙殿英师。我命令黄凤岐旅潜伏在冯家渡口，等待命令渡河；命令孙殿英师迅速由德州开抵东光县。我遂即到达东光布置作战任务，令孙殿英亲自率骑兵两千人自东光渡河袭击敌人右翼；其余两个旅均开往沧县待命。布置完了，我立即返回泊镇，令黄旅即刻渡河，猛袭敌人左翼；同时将孙殿英袭击敌人右翼的部署告知黄本人，使其了解全局，以便更好地执行本身吸引敌人主力的任务。为牵制敌人更多的力量，同时命令孙宗先第五师在泊镇正面虚张声势，佯做渡河准备，命令白俄士兵团为之掩护。黄旅渡河后，徐永昌立即将全部预备队投入战斗，将黄旅包围在一个小村庄里，战斗异常激烈，旅长黄凤岐本人在战斗中负伤。正在危急时刻，孙殿英率骑兵部队自右翼突入泊镇，出其不意，致使徐永昌措手不及，全线溃退。当时，孙殿英一马当先，连连向徐军喊话：兄弟们，缴枪不杀，保证安全，欢迎你们！徐军一个团刚刚抵达泊镇，正在休息，枪架还没来得及拆，便全部束手被俘。是役共缴获大小枪支四千余支，使敌人蒙受严重损失。国民三军由于主力部队遭受重创，全线撤退。直鲁联军首战告捷，取得攻打国民军第一个战役的胜利。

（二）沧县战役。泊镇战役结束后，我随即乘车到沧县，向张宗昌报告作战经过。当时，第一路司令部设在沧县车站附近的一所小房子里。张宗昌听说我来了，非常高兴，立刻从炕上跳下来，连鞋都顾不上穿，光着袜底便跑到院子里和我握手，激动地说："昨天，接到你的作战计划，我一看就知道必胜。你们打了胜仗，对前边士气影响太好了！"我将泊镇作战经过报告完了，张也把沧县部署情况及作战计划详细讲述了一遍。

沧县一路，由于褚玉璞第六军和孙殿英师两个旅的增援，战斗力大为加强；同时，由于泊镇一路大获全胜的消息传来，士气也为之大振。张宗昌决定乘胜向冯玉祥所属国民一军全线展开猛攻，要求各部队带兵官均亲临前线督战，以期必胜。我曾亲眼见军长徐源泉赤膊上阵，手持盒子枪，身先士卒，带头冲锋陷阵。冯军由于泊镇一路失利，又遭直鲁联军连续猛攻，势难抵挡，遂全线撤退。沧县一路也取得完全胜利。

在沧县司令部，我曾遇到一位陌生人。上面说过，张宗昌的司令部设在车站附近一个小四合院里，北房三间，一明两暗。当我随张宗昌步入屋内时，发现暗间里站着一个外国人，身材修长，金发碧眼，服饰考究，仪表堂堂。经张介绍，我和他握手寒暄了一回。原来此人是帝俄时代的一位亲王，十月革命后逃到中国，居住在哈尔滨。其女婿是一个贵族军官，后在张宗昌所属白俄士兵部队中充任骑兵团长，前不久在泰安作战时阵亡。这位亲王是代他女儿来接灵柩回哈尔滨安葬的。张宗昌给了亲王女儿四万元，给了亲王本人一万元，做为他们父女的抚恤费。亲王深表感激，满意而归。

（三）攻克天津和北京。直鲁联军在沧县取得胜利后，立即沿津浦路迅速向天津推进。与此同时，张宗昌命令毕庶澄率领三十二军和海军舰艇自海上发起进攻，由海军掩护陆军在塘沽登陆。在陆上和海上两路大军的夹击下，冯玉祥国民军难以支持，乃由天津退至魏善庄一带。直鲁联军遂即攻克天津。

国民军退至魏善庄，未做任何抵抗，旋即退至京畿一带。直鲁联军当即越过魏善庄，直逼北京。据了解，冯玉祥国民军以北京附近地势平坦而又宽阔，既无天险可做屏障，又无足够兵力可资防守，战不能守，退不能走，因此又从京畿一带撤至南口。直鲁联军随即由丰台长驱直入，攻占了北京。

（四）南口战役。北京攻克后，为了协调作战，统一军事行动，曾在天津召开最高级军事会议，由张作霖主持会议，张学良、张宗昌等高级将领参加了会议。最后，经张作霖决定，攻打南口战役仍由奉军与直鲁联军担负正面主攻任务。

攻打冯玉祥之战初起时，吴佩孚也通电参加讨冯。此时，他率领所部三万余人，沿京汉线北上抵达长辛店，向张作霖提出参加南口正面作战的要求。为此，张学良曾召见我，传达张作霖的指示，令我前往长辛店进见吴佩孚，商讨协同作战事宜。选择我去担当此项重任，自然是因为我在第一次直奉战后曾担任过直军第十五师参谋长，第二次直奉战时曾担任过直军第一军参谋长，过去既隶属直系，是吴的部下，又与吴较为熟识，容易说上话。奉军最高统帅部给我的任务，表面上是征求协同作战的意见，实质上是不同意吴佩孚率军参加正面攻打南口的战役，但又不好直言明说，让我设法婉言谢绝。我当时意识到，此中奥妙是张作霖不愿让吴佩孚再度插手北方政局，分享战胜冯玉祥国民军的胜利果实。

我到长辛店进见吴佩孚，他以浓重的胶东乡音开玩笑地质问我："我正想找你算账呢；你把我的十五师带到哪里去了？你得把十五师还给我！"一九二四年十月二十四日，正当第二次直奉战两军酣战不已时，我曾陪他到山海关前线视察第一军十五师阵地，迄今也只有一年多的时间，因此他记忆犹新。谈话很快转入正题。我将直军参加攻打南口正面作战不利之处，一一婉转加以说明。直奉两军的敌对行动刚刚结束不久，马上又协同作战，部队之间难免因宿怨而产生摩擦。再者，从技术上来看，也有不便之处。如果直军参加南口正面作战，则直奉两军不得不使用同一条交通线，部队行动和给养运输难免因拥挤争道而发生纠纷。小摩擦、小纠纷处理不当，解决不好，有可能酿成重大事件，由此而影响战局，影响彼此关系，反为不美。吴玉帅带来的队伍人员比较少，不如独立担任一个侧面作战任务为好。究竟如何解决，张雨帅（张作霖字雨亭）叫我来面陈，请吴玉帅考虑定夺。最后，吴佩孚同意担任攻打南口西线侧翼作战任务。实际上，直鲁联军与奉军嫡系部队早已将主力部队集结在南口，准备向国民军展开猛烈攻击。

国民军退到南口后，一方面以有力部队凭借险峻山势构筑坚固工事，对直鲁联军与奉军的进攻进行顽强抵抗；一方面另派部队占领大同，向雁门关进攻，与阎锡山部队发生冲突。直鲁联军以王栋第五军为主力，在奉军强大炮兵的轰击和掩护下，连续发动强大攻势，国民军遭受严重损失，卒告不支，防线为王栋军突破，不得不全线撤退。南口既已失守，大同也难固守，国民军遂经宁夏辗转退往甘肃。直鲁联军在南口取得彻底击败冯玉祥国民军的重大胜利，为张作霖进驻北京，组织军政府，自任大元帅，成为北洋政府最高首脑，铺平了道路。

为了庆贺这一胜利，张学良曾偕同当时内阁代总理顾维钧，率领高级将领和内阁各部总长，到直鲁联军前线视察参观并慰问将士。是日，张宗昌也亲临前线陪同视察，由于天气炎热，烈日高照，他身着便装，穿了一件绸子大褂，头戴巴拿马平顶草帽，与张学良、顾维钧等周旋了一番，便独自骑马带领随从人员，深入到战斗激烈的一些据点视察慰问。至于军政各界的慰问参观，则令我负责代为接待。此次活动曾留影纪念，对国民军构筑的碉堡工事也曾拍照留作资料。

南口战役取得胜利后，吴佩孚的参谋长张方严曾来我处晤谈，就直军今后何去何从探询各方面意见。根据当时情况和发展形势来看，我告诉他，一般人都会认为吴玉帅的实力既然在南方，还是以南方为重点较为妥当；至于北方，恐难有所作为。张亦有同感。不久，南方形势吃紧，吴佩孚率军回归湖北。

直鲁联军名义上是由直隶和山东两省军队组成，实际上主力全是山东队伍。名义上是由张宗昌和李景林分任总司令和副总司令，实际上李景林只是挂名而已，并未自始至终全面参与作战指挥。由于李景林暗中参与了郭松龄倒戈活动，事为张作霖所不容，定要严惩不贷。经张宗昌一再为之求情，才算了结此案，只将李景林撤职，不再追究其援郭罪行。直隶军务善后督办一职，由张宗昌推荐褚玉璞继任。这也是张作霖为了酬劳张宗昌驱逐冯玉祥国民军的战功，而给予的优厚奖赏。

五、前敌将领任意行事

直鲁联军攻克天津和北京后，有的将领乘机混水摸鱼，任意行事，虽属个别情况，但影响极坏。

（一）自封督办。

三十二军军长毕庶澄率领陆海军攻占天津后，乘天津处在无政府状态，遂自封为"直隶军务善后督办"，在军部所在地公开悬挂"直隶军务督办公署"的大牌子。待张宗昌率领部队进驻天津后，毕做贼心虚，恐张查处此事，追究责任，又悄悄自行将"公署"大牌子摘掉，偃旗息鼓，了却此事。

（二）擅自任命军政要员。

原任山东军务善后督办公署参谋长王翰鸣，后任军长，当其率军进入北京后，竟擅自任命王琦为京师宪兵司令，同时任命一位新闻界人士为京师市政督办。王琦系山东人，与潘复有世交之谊。他欣然接受任命，立即走马上任，当上了京师宪兵司令，而那位新闻界人士则头脑清楚，思之再三，未敢受命。这两件事均为北洋军界耆宿王士珍所知悉。袁世凯小站练兵建立北洋新军时，手下有三员大将，即王士珍、段祺瑞、冯国璋，世称龙、虎、狗，而王名列三杰之首，素为军界人士所尊崇。举凡军界首脑人物，如吴佩孚、张作霖等进京时，都要向王做礼节性拜会。张宗昌率大军进驻北京后，按照传统惯例，自然也要去拜会这位军界元老。会见时，张恳切向王表示，直鲁军进驻京师，定有诸多骚扰地方之事，请王多加指正。王当即将上述两件社会传闻提出，要张调查了解，并注意约束部下，不能在京师任意胡为，以免造成不良影响，贻笑海内外。拜会归来，张立即派人调查真相。经查属实，这两件事均系王翰鸣所为。张宗昌立即将王叫来，严加训斥，声色俱厉，痛骂一顿："你他妈的有本事，连大总统一块都任命了，不就更省事了吗！"王垂首立正，聆听训斥。张宗昌越说越有气，怒不可遏，竟然抬腿端了王翰鸣好几脚。最后，事情还是不了了之。因为有潘复等人极力说情，王琦京师宪兵司令一职仍得以保留。直至一九二八年张作霖政府倒台，始终未再易人。

（三）枪杀林白水。

新闻界人士林白水在其主办的报刊上撰文辱骂潘复，将潘比做睾丸囊，说张宗昌走到哪里，便将潘夹到哪里。潘阅后，气急败坏，立即手持报纸，亲自诉之于张宗昌，要求严惩林白水。张看后，也认为林如此公开漫骂，污辱人身，实属过分，虽与己关系不大，但碍于潘复的情面，教训他一下，也未为不可，遂同意下令将林逮捕，关押在宪兵司令部。

林白水做为报界知名人士，社会联系广泛，亲朋友好闻讯后，均感事态严重，四出营救，郝鹏便是其中一个。他千方百计找到张宗昌，苦苦求情，并以身家性命保证林今后绝对不会如此放肆无礼。张遂答应予以释放。郝鹏唯恐空口无凭，无法落实，遂趁热打铁，当场代写释放手令一份，请张亲自签署。郝拿到手令后，直奔东城帽儿胡同宪兵司令部所在地，将手令交给宪兵司令王琦。王请郝在客厅稍候，令人去办理释放手续。郝鹏以为有了张宗昌的释放手令，便是尚方宝剑，万无一失，遂放心大胆地在客厅等候。但左等也没信，右等也没信，虽经三番五次催问，秘书总是回答正在赶办手续，稍候片刻，即可办好。过了一个多小时，消息终于传来，不是喜讯，而是噩耗，手令来晚了，人已经处决。郝始恍然大悟，原来在客厅里等待办手续，纯属缓兵计，上了大当。

据了解，王琦接到张宗昌手令后，是否遵照执行，不敢擅自做主，立即驱车就商于潘复，随后将林自监狱提出，枪杀于天桥，然后谎称释放手令来迟一步。

（四）保举褚玉璞任直隶省军务善后督办。

直鲁联军将冯玉祥国民军逐出南口，使其远走西北，底定奉系北方一统局面。张作霖为了奖赏张宗昌汗马功劳，令张宗昌保举适当人员接替李景林任直隶省军务善后督办。李景林暗中支持郭松龄倒戈，为张作霖所深恶痛绝，定要置李于死地。经张宗昌百般求情，方准不予追究，其直隶省军务善后督办一职自应予以撤销。南口攻占后，正值国民革命军挥师北伐，直系江南势力范围首当其冲，吴佩孚立即率师南旋。京汉线保定一带，均由褚玉璞军接防。褚部当时仅负责京、津、保地区以及京汉线，至于冀东地区诸县市均在奉军控制之下。待民国十五年末，奉军大举南下，褚部便由京、保地区撤出，京汉线均由奉军嫡系部队戍守。褚玉璞直隶省军务善后督办实际管辖范围，仅限于直隶省境内津浦线沿线地区，不及全省的一半。

第十九章　渡长江抗击国民革命军之战

一九二七年（民国十六年），张宗昌四十六岁。上年九月，南口战役结束后不久，直鲁军各参战部队便陆续调回山东休整。十一月下旬，又奉张作霖之命，派军渡长江援助孙传芳。经积极准备，至一九二七年年初，付诸实际行动，乃有渡江援孙抗击国民革命军之战。

一、吴佩孚孙传芳相继战败

一九二六年（民国十五年）七月，当直鲁军与冯玉祥国民军鏖战于南口之际，国民革命军即北伐军开始北伐。北伐军自广州出发，其中一路指向武汉。当时，吴佩孚率领主力部队参加讨冯。待战胜冯玉祥后，随即率领所部由京绥线迅速撤回湖北。

北伐军向湖南、湖北一线展开进攻时，采取各个击破的策略，先攻吴后攻孙。吴佩孚本拟联合孙传芳共同抵御，以呈犄角之势。但孙因战火尚未燃及自身，为了保护自己的实力，未予策应，致使吴军陷于孤立无援的境地，迅速被击溃，主力六七万人相继覆没。残余部队大部又非嫡系，因此武汉失守时，随吴撤退到河南的部队，只有少数几个残缺不全的旅。

此时，冯玉祥率领全军加入国民革命军，自西北出潼关向河南进攻。吴佩孚残部见大势已去，丧失斗志，相继叛变投降。在此之前，武汉失守后，吴曾力图挽回败局，召开会议，制定对策，鼓舞士气，但诸将领表面服从，实际并不听命，尤以河南、陕西地方将领为甚。吴在四面楚歌声中，不得不宣布下野，率领卫队两个团，经河南南阳，辗转进入四川，实现其不入租界的誓言。

国民革命军消灭吴佩孚残余势力后，便转移目标，集中兵力开始向孙传芳五省联军展开进攻。一九二六年（民国十五年）冬季江西南昌一战，孙军蒙受严重损失，不得不退出江西。尔后，各路部队继续遭受强劲攻击，势难抵挡，遂向江苏方面撤退。

二、孙传芳投靠张作霖

身为五省联军总司令的孙传芳，在江西战败后，揆诸当时形势，吴佩孚既已覆灭，犄角之势无以形成，本身已完全陷入孤立无援的境地。投向南方，还是投向北方，何去何从，需当机立断。

孙传芳毅然决定结束独树一帜的局面，投靠张作霖，归属北洋政府。一九二六年（民国十五年）十一月中旬，他乘坐专车由南京秘密北上。专列安排极为简单，一个车头只挂了两三节车厢。路过济南时，佯称孙总司令家属女眷回归天津。车站稽查人员信以为真，没有登车检查，即予放行，事后也未报告，因此，山东当局对此举事前毫无所闻。待到天津后，孙传芳立即致电张作霖，恳切表示归顺之意，愿张捐弃前嫌，慷慨接纳。张喜出望外，当即表示竭诚欢迎，并派大员到天津迎接。张、孙会面时，孙向张先施一礼，鞠了一躬，然后说了一句"对不起大帅"，对自己过去反对奉系表示歉意，往日一场宿怨从此了结，言归于好。随后，张作霖电召张宗昌晋京，与孙传芳等举行军事会议。会上，孙要求张作霖派兵南下渡江抗击国民革命军，以稳定所部军心，鼓舞士气。张作霖慨然允诺，并决定由张宗昌派军渡长江，支援孙军作战。

三、渡江作战

（一）进行大军渡江的准备工作

根据北京援孙军事会议决定：津浦线至南京方面作战，由张宗昌直鲁军负责；南京以东，即镇江至上海方面作战，由孙传芳军负责。直鲁军另派一个军进驻上海，偕同孙军作战。此举主要目的是象征性的声援。援助孙传芳的方针大计既经张作霖决定，张宗昌衔命立即调兵遣将，并着手大军渡江的各项准备工作。为了迅速稳定局势，张宗昌当即命令常之英旅火速进驻浦口，以壮声势。同时，为了适应军事交通运输的紧急需要，立即将津浦铁路局南北两段管辖权统一起来，成立一个名副其实的津浦铁路局。过去，由于孙传芳占有江苏和安徽等五省，割据一方，一切均自成体系，因此造成津浦铁路分成南北两段，隶属两个不同的军事集团来管理，至此方才统一。

一九二七年二月下旬，待直鲁军大军陆续抵达南京和上海后，张宗昌在孙传芳的陪同下，亲临南京和上海视察防务。当然，此行是应孙之邀请，其目的显然也是想借张宗昌当时的威望，以稳定孙军军心，鼓舞孙军斗志。

（二）激战于南京牛头山

一九二六年年末，为了援助孙传芳，张宗昌命令褚玉璞率所部四万余人渡过长江，集结于南京。陆续渡江到达南京的队伍，尚有王栋、徐源泉、孙殿英所属各军。与此同时，命令常之英旅由浦口移驻徐州，浦口由王栋军接防。此举是为理顺隶属关系，使南京和浦口形成一个作战区，由褚玉璞统一指挥。张宗昌恐褚玉璞一个人势单力孤，难以应付内外矛盾复杂交错的局面，随后又令我去南京协助褚玉璞指挥作战。

一九二七年（民国十六年）三月下旬，直鲁军与国民革命军激战于南京牛头山。战斗仅仅持续了一周，直鲁军即告不支，开始败退。此次作战迅速失利的主要原因之一是内部不团结。各部队官长之间意见分歧，彼此不肯呼应，不能有效地协同作战。在最高指挥层中，孙传芳与褚玉璞之间在作战部署方面，意见有分歧，未能很好地协调统一起来；在中层指挥中，徐源泉对褚玉璞的部属十三太保颇感棘手，此等带兵官很难驾驭，阳奉阴违，不肯俯首听命。迅速失利的另一个原因，是作战指挥不利，战线拉得过长，兵力部署不当，且前后层次重叠，一旦失利，必定混乱不堪。我到达前线时，已部署完毕，势成定局，且大战迫在眉睫，不容再做调整。我随即将部署情况和不当之处以及可能导致的严重后果电告张宗昌，以策万一。

（三）溃退部队拥集下关

当牛头山部队开始溃退时，我见局势已无法控制，立即建议褚玉璞马上采取紧急措施，要他赶快将司令部迁至江岸，留徐源泉坐镇南京城内。褚毫不迟疑地听从了我的意见，当即照办，——做了安排，随即乘车离开南京城，前往下关。褚走后，我又与徐源泉交换了意见，并将紧急应变措施电告济南总部，随后也驱车前往下关，准备巡视一下当地情况，然后再与褚玉璞商讨对策，做出细致安排。不料此时南京城内通往下关码头的主要街道均已为败兵所充斥，挤得水泄不通，车辆根本无法通行。我不得不下车，夹在败兵的洪流中，步行去追赶褚玉璞。行至下关时，突然机枪声大作，子弹像雨点般自江岸方向朝败兵群扫射而来，顿时秩序大乱，人仰马翻，有些士兵中弹倒在血泊中；有些士兵挤倒在地，任人践踏，死伤惨重。我前后左右就有许多人应声而倒，我虽未遭流弹袭击，但也被人群挤倒在地，幸有年轻力壮的随从马弁将我拉起，连拖带拽，找了一个墙角，权做安身之处，算是幸免于难。否则即使未遭枪击，也必遭人踩马踏，或死或伤，后果不堪设想。回忆当时枪声一响，人群恍如炸弹爆炸一般，不约而同发出雷鸣般的吼声；随之而来的就是人群的爆炸，很多人倒下来了，但也有的士兵竟然一跃上了二层楼，这在平时是难以想象的事。天渐渐黑了，枪声渐渐稀疏了，人群也渐渐平静下来。我和两个马弁小心翼翼，沿路边慢慢移动，找了一家旅馆，暂时安顿下来。

据了解，此次开枪扫射纯属自相残杀，当败兵人流涌向江边时，站在江边的士兵唯恐自己被挤落水，性命难保，于是开枪阻拦，特别是动用了机枪扫射，使下关陷入严重混乱，制造了一幕街头死伤枕藉的惨剧。

（四）安全撤离南京下关

我在旅馆里想方设法派人寻找褚玉璞的下落，但都没有回音。直到晚上七点多钟，街上有汽车喇叭声，颇似褚玉璞的汽车，我赶忙叫马弁去察看。果然是褚玉璞的马弁玉才，坐着褚的汽车，正在寻找主人。原来，褚由城内去下关时，也是因为败退下来的队伍阻塞交通，汽车无法行驶，不得不下车步行，尔后便失去联系，不知去向。我叫玉才到江边各大旅馆去找，一定能找到。当时，枪声依然不断，形势依旧很紧张。我叮嘱玉才一定要潜行，切莫大意。大约过了一个多小时，玉才便赶回来报告说：在五洲宾馆找到褚督办，请我赶快去宾馆会面。我立即赶到宾馆，褚正困居斗室，一筹莫展。我告诉他不必着急，在城内时已经派谢雨田渡江到浦口，联系招商局轮船，准备撤退。但左等没有消息，右等也没有消息。褚玉璞非常着急，本应再次派人渡江查询，但苦无船只。怎样摆脱当前困境，我苦思冥想。根据过去经验，每当中国内战严重关头时，欧美人往往只做壁上观，不轻意有所行动；而日本人则恰恰相反，遇有机会便出来兜揽生意。他们消息灵通，行动敏捷，适才发生的严重事件，机会难得，估计不会错过。我把自己的想法告诉褚玉璞，建议他不妨派人到江边去察看一下日本人有无活动。据报，果然有日本兵舰一条，靠江岸甚近。经与联系，日本舰长提出一次可渡一百人，但索价一百万元。褚玉璞嫌价钱太高，只给十万元。双方正在讨价还价中，忽然对岸江面上不时传来轮船汽笛鸣叫声。原来是谢雨田率领船队自浦口向下关驶来。由于对长江南岸情况不明，不敢贸然前进，因此一再鸣笛联络。我一面令褚玉璞的参谋人员立即通知谢雨田：下关情况良好，火轮全速前进，向码头停靠；一面又令参谋人员到街头去安抚官兵，一令士兵弟兄们不要乱放枪，二令各带兵官将队伍整顿好，听从命令，准备上船。现在有六条船就要靠岸，每条船可以载五千人。由于下达了"安民"告示，所以上船时秩序良好，每条船都能装运五千人，一次便运走三万人。与此同时，通知徐源泉有步骤地迅速撤退前线部队。六艘轮船连夜不停地往返运输，至翌日上午，直鲁军渡江援助孙传芳的部队，全部撤离下关，悉数到达浦口。这六条轮船为大军的安全撤退立下大功，商得褚玉璞同意，立即拨款六万元，每条船一万元，以示慰劳奖励。

（五）放走孙传芳

当直鲁军部队开赴南京时，张宗昌曾密令褚玉璞于必要时扣留孙传芳，以防他投降南方国民革命军，陷直鲁军于困境。待褚玉璞率军到达南京后，孙传芳便拟去镇江，指挥其部队作战。行前，孙向褚说明意图，并征求意见。褚因有张宗昌叮嘱在先，此时此刻，究应扣留抑或放行，捉摸不定，便将事情推到我身上。他对孙说："这件事，请你和我们李参谋长商量一下再定吧。"说完之后，他赶忙把事情告诉了我，并且让我做最后决定。随后，孙传芳又来找我，再次说明当前的形势和他的计划安排，并谓如果南京方面出现不利情况，他便率军自镇江向扬州方面撤退，我当即表示同意他去镇江，同时约定，万一南京出现问题，就照他的意见办。临行时，我叮嘱他要秘密出发，因此我和褚玉璞不再到车站送行。翌日，孙传芳便悄悄离开南京。

待援孙大军由南京渡江撤回到徐州时，张宗昌埋怨我不该放走孙传芳。我向他解释说：孙馨远（孙传芳字馨远）不会投降南方，即使投向南方，也无碍大局。如果把他扣起来，倒会节外生枝，促使其队伍离心离德，倒向南方。说话间，孙传芳拍来电报，通报他已率部安全撤退到扬州。至此，张宗昌方才一块石头落地，放下心来。

第二十章　苏皖豫地区抗击国民革命军诸战役

一九二七年（民国十六年），是奉军（即安国军）与国民革命军展开殊死搏斗的一年，双方在苏、皖、豫三省地区，以徐州和郑州为中心，在陇海铁路沿线展开激烈的争夺战。双方均死伤惨重，特别是张宗昌所属直鲁军（即二七方面军），不仅在津浦线与国民党嫡系部队进行激烈战斗，而且在豫东与冯玉祥所属国民革命军鏖战达两个月之久，损失尤重，根本无暇补充整顿；而且由于连吃败仗，士气也难以振作。因此可以说，一九二七年是张宗昌及其所属直鲁军（即二七方面军）由盛转衰的一年，已成强弩之末，势难挽回。为了配合军事斗争，张宗昌积极拥戴张作霖组织军政府，把张作霖捧上国家元首的宝座，以鼓舞奉军的斗志，与国民革命军抗衡到底。因此，一九二七年也是张宗昌在政治活动方面纵横捭阖的一年。

一、津浦线抗击国民革命军简况

一九二七年（民国十六年）三月下旬，直鲁军援助孙传芳的大军由南京退至浦口，旋即退往徐州，浦口失守。国民革命军占领浦口后，也未继续前进。此时，浦口上游的和州（和县），仍控制在直鲁军手里。双方均在积极备战，战事处于对峙状态。张宗昌自徐州返回济南，积极策划部署反攻。

同年四月中旬，直鲁军准备就绪，开始反攻。张宗昌亲临蚌埠坐镇，同时令我随同出发，协助指挥作战。其间，我曾一度代表他去合肥坐镇。

（一）枪毙毕庶澄

张宗昌自徐州去蚌埠督战之前，下令枪毙了三十二军军长毕庶澄。

四月初的一天下午，张宗昌通知我："今天晚上，你到我这儿来一趟，有点儿事，咱们商量一下。"当晚，我因有事，去得稍迟一些。进屋一看，除张之外，在座的尚有褚玉璞和秘书长韩虔古。张宗昌首先开口，把毕庶澄图谋不轨之事从头至尾说了一遍。其实，我到会时，枪毙毕庶澄一事早已商定，韩虔古正在草拟执行枪决的命令。于是，张、褚和我三人又将改编三十二军之事商量一回。命令稿拟好，由张宗昌亲笔抄录，并签字盖章，交由褚玉璞执行。

褚玉璞携带张宗昌秘密手令回到济南后，亲自打电话给毕庶澄，邀毕到济南面谈一切。毕不知是计，立即从青岛乘车赶至济南。当其进入褚公馆后，卫兵一拥而上，将毕捆绑，毕知事败，一再哀求"见褚督办一面"。但事到此时，木已成舟，岂能挽回，哀求也无济于事。卫兵将毕拖到公馆后花园执行枪决。三十二军随即予以改编，由祝祥本任军长。

张宗昌决定将毕置于死地，是怕他在胶东兴风作浪，扰乱后方，不仅会影响前方士气和作战部署，甚者会直捣济南根据地，使全局陷入首尾不能相顾、混乱不堪的境地。

毕庶澄山东荣成人，系张宗昌于民国初年主持南京教育团时的得意门生，后任三十二军军长，并曾一度兼任渤海舰队司令。

当时，渤海舰队有战舰七艘。旗舰"海旗号"排水量四千七百吨；其次大型战舰尚有"海容号"和"海筹号"，排水量均为三千五百吨。舰队原由温树德统率，曾一度投向南方革命政府，嗣因军饷和给养补充全无着落，不仅军官家属生计无法维持，就连士兵一日三餐也难保障。于是，温树德又派人到洛阳与吴佩孚联系，再度投归北洋政府。待其舰队驶抵北方，恰值第二次直奉战爆发。不久，吴佩孚失败，舰队滞留青岛。一九二五年五月，张宗昌出任山东省军务善后督办，将舰队全部收留。张对海军礼遇优渥，不仅给养供应充足，而且薪饷待遇优厚，因此赢得舰队全体官兵好感和信赖。我曾陪同张宗昌去青岛检阅舰队，温树德亲自为张乘坐的旗舰掌握舵盘，以示崇敬和拥戴。后温树德调任海军部次长，张宗昌任命毕庶澄兼任舰队司令。张作霖组织军政府后任命张宗昌为海军总司令。其后，渤海舰队划归北京政府海军部直辖，同时任命沈鸿烈为舰队司令。

毕庶澄年轻得志，为人狂妄不羁，野心勃勃。郭松龄倒戈时，张宗昌曾令毕率海军舰队并陆军一个旅，驶往营口登陆，声援张作霖。但毕至营口，逗留海面，采取观望态度，因此招致张作霖极端不满。直鲁联军攻打冯玉祥国民军时，毕率海陆军自塘沽登陆攻入天津，得意忘形，竟然自封为"直隶省军务善后督办"，张宗昌知晓后，虽未追究，但将其所属三十二军调回胶东。南口战役结束后，直鲁联军部队陆续调回山东。我将王栋所属第五军安置在胶东休整补充。毕庶澄立即拍电报给我，质问总参谋处将王栋军调至胶东，为什么事先不征得他的同意。我拿着电报去找张宗昌，说明总参谋处并无任何不当之处，毕庶澄三十二军驻防胶东，并非地方军事长官，何况王栋军驻地与毕军驻地并不在一个县，没有必要事先征得他的同意。张宗昌说："没关系，咱们承认错误，这小子作死哪！"一九二七年年初，直鲁军南下援助孙传芳时，毕庶澄奉令率所部三十二军进驻上海。国民革命军进攻到上海时，进行策反活动，毕与革命军取得联系，所部退到胶东后，便开始活动。首先是联合最大实力派褚玉璞，阴谋共同驱逐张宗昌。不料褚向张告密，事遂败露。

（二）慰问广西部队

张宗昌在蚌埠督战时，我曾随同他去慰问广西刘志陆的队伍。当他深入前线，在战壕中与士兵一一握手致意时，一个广西士兵情绪激动地说："你的胆子太大了！"张宗昌笑了，冲周围的士兵高声说道："咱们既然走到了一块儿，就都是自家兄弟，我跟大家一样，大家上火线，我也得上火线！"刘志陆深恐他的队伍不稳，有人闹事，发生意外，危及张的人身安全，因此力促张不要在阵地中逗留过久。在刘志陆再三催促下，张宗昌方始离开前线阵地，返回司令部。

（三）东山口一战失利

四月初，直鲁军以第七军军长许琨为前敌总指挥，向合肥方面展开进攻。本年三月，陈调元宣布起义，就任国民革命军第三十七军军长。陈见孙传芳五省联军在江西、浙江连遭败绩，恐难再起，遂与国民党暗通款曲；加之年初所部一团人突然为许琨部包围缴械，损失枪一千余只，促使陈部态度更加迅速明朗化。直鲁军此次反攻目的，旨在将国民革命军逐出苏皖两省江北地区。因此，一方面出

118

兵攻占浦口，一方面重点攻击合肥以及皖北各据点。参加作战的直鲁军部队计有：程国瑞第五军、徐源泉第六军、许琨第七军、广西刘志陆所部三千余人、马济所部一千余人。直鲁军初战攻势甚猛，进展较为顺利，在合肥东南柘皋东山口一战，由胜转败。程国瑞所属第八军约有八千人，在东山口为国民革命军击溃。程军纪律松弛，士气不振，一旦受挫，溃不成军。徐源泉所属第六军的一部约有六千余人，奉命前往增援。这支部队刚刚开抵店埠镇，程国瑞军在革命军的猛烈追击下，恰恰也溃退到店埠镇。该镇位于合肥正东，距合肥约四十里，徐军见势不妙，恐遭连累，未敢迎战，便火速退出，店埠镇随即为革命军占领。广西名将马济，恰于此时自前线撤退归来，由于情况不明，竟然乘坐汽车长驱直入店埠镇。迨其察觉，自身已陷入革命军掌中，他急令司机开足马力，企图一举冲出重围。不料为革命军发觉，当即开枪狙击，司机不幸中弹身亡，汽车戛然而止，马济自车中一跃而出，在副官卫兵的掩护下，漫荒而逃。幸好当时战斗尚未完全结束，战场犬牙交错，一片混乱，革命军也未敢紧追不舍，马济等人方才得以逃脱，未成俘虏。但是没过几天，当马济等人正沿山中小路行进时，与保境安民的红枪会农民相遇，由于语言不通，误被认作是散兵游勇，落草为寇，竟被手持红缨枪的农民刺死于地。一员名将，惨遭不幸。马氏为广西人，是广西军界中的一位资深将领，李宗仁、白崇禧所属广西部队将校多半曾任其部属。张宗昌对马济十分尊重和信任，采纳其建议，畀以作战指挥权，给予足够的兵力支持，因此，马氏在作战中表现极为勇猛和骠悍。

（四）撤离蚌埠

当国民革命军迫近蚌埠时，张宗昌方才离蚌埠去济宁。张坐镇蚌埠不肯及早离去，主要是因为当地尚存有大量军用物资急待运走。例如蚌埠飞机场尚停有德国容克式军用飞机六架，每架飞机价值十余万元。后来形势恶化，急转直下，张宗昌不得不下令立即起飞撤退。他对航空队长聂恒玉声色俱厉地说："谁把我的飞机弄坏了，我就要谁的脑袋！"六架飞机接到命令后，当夜起飞，直抵徐州机场。当时，各机场设施均异常简陋，根本没有照明设备供飞机夜间起落使用。经研究，只能在机场中央安放油灯数十盏，做为飞机着陆导航标志。六架飞机冒着机毁人亡的危险，相继安全着陆，圆满完成撤退任务。我向张宗昌建议我是开过飞机的，飞机夜间飞行降落是很困难的，特别是我们机场的通讯照明设备都极差，难度就更大了。现在，驾驶员冒着生命危险，完好无损地保存了六架飞机，出色地完成了任务，您应该好好奖励一下。"张宗昌欣然接受建议，下令奖励每个驾驶员现大洋两千元。

（五）津浦、京汉两线的直鲁军与奉军同时撤退

奉军作战体系主要分为津浦和京汉两线，由张作霖总参谋部统一制定并协调两线作战计划。一九二七年年初，津浦线直鲁军奉令大举南下，渡江援助孙传芳；与此同时；京汉线奉军嫡系部队也大举进攻，深入河南驻马店一带，与津浦线遥相呼应。经与革命军连番博斗，双双失利后，张作霖及其总部深恐孤军深入，特别是京汉线奉军侧背暴露于敌，如阎锡山晋军借机出兵，进攻石家庄、保定一带，则奉军将陷入战线过长、背腹受敌、首尾难顾、进退失据的危险局面。因此，一九二七年五六月间，张作霖决定两线同时撤退，津浦线直鲁军退至山东省境，京汉线奉军退至黄河以北，致使蚌埠、徐州、郑州、开封等重镇均告失守，国民革命军迅速攻占江苏、安徽、河南诸省。

（六）津浦线反击战大获全胜

一九二七年六月，国民革命军攻占徐州后，乘胜分三路大举向山东省进攻。直鲁军则采取占据有利地形、诱敌深入、伺机反攻的策略，主动放弃了郯城、台儿庄、韩庄等重镇。国民革命军一路攻占了日照、诸城，向胶济路挺进；一路猛烈围攻临沂，但遭到直鲁军顽强抵抗，始终未能越雷池一步；一路攻占峄城、临城、滕县，向兖州推进，同时另分一路攻占金乡、鱼台，向济宁推进。恰于此时，国民党内部南京与武汉两派分裂，发生武装冲突，蒋介石不得不抽调津浦线主力，以解燃眉之急。直鲁军抓住有利时机大举反攻，一举收复了滕县、临城、韩庄、台儿庄等地，直接威胁徐州。国民革命军为了确保徐州不失，急调围攻临沂之师，再度攻占临城、韩庄等重镇。直鲁军调集徐源泉军等精锐部队，在前敌总指挥许琨的统一指挥下，采取层层包围战略，迫使国民革命军不敢恋战，夺路南撤。七月下旬，直鲁军再度攻克徐州。国民革命军为了挽回败势，立即调集有力部队，由蒋介石亲自指挥，企图一举夺回徐州重镇。直鲁军仍然采取以逸待劳、诱敌深入、出其不意、聚而歼之的方略。蒋介石求胜心切，长驱直入，兵临徐州城下，直鲁军自正面和两翼突然发起猛烈反攻，国民革命军全线溃退。直鲁军乘胜追击，特别是铁甲列车在追击速度和威力方面发挥了巨大作用。列车沿铁路线追击前进，

所到之处，革命军士兵官佐望风而逃。在列车上随处可见革命军士兵和一些妇女战士在漫荒野地中奔跑，以免被俘。白俄铁甲列车在追击战中，曾在凤阳附近消灭敌军一个营。当铁甲列车发现革命军密集队时，第一颗炮弹落在密集队前面，经调整，第二颗炮弹恰中目标，于是连续发炮，卒将该营完全消灭。此次津浦反击战，直鲁军大获全胜，连续攻克徐州、蚌埠，直至浦口，将国民革命军逐回长江以南。

张宗昌对此次胜利喜出望外，明令嘉奖前方将士。我奉令代表张宗昌携带现款银元二十万元，乘铁甲列车到前线慰问，以鼓舞士气。

二、京汉线抗击国民革命军简况

（一）失利于河南

当一九二七年三四月间，张宗昌直鲁军与孙传芳军在津浦线向国民革命军展开反攻时，张学良率领奉军精锐部队沿京汉线南下，前进至驻马店，与津浦线遥相呼应，遂与国民革命军李品仙部发生激战。奉军左翼首先失利。张学良为了振作士气，严惩战败将领，曾枪决旅长一人。此人姓陈，福建人，保定军官学校毕业。据说，杀陈的动机，一是认为他有通敌之嫌，二是杀鸡给猴看，想借此振作一下，结果无济于事。由于津浦和京汉两线双双失利，张作霖总部决定两线同时后撤。京汉线奉军退至黄河以北，因此郑州等地均告失守。

（二）围困涿县

由于南方革命势力日趋强大，长江以南各省已经底定，正在向北方迅速发展，阎锡山决定正式投向南方，拥护南京国民政府，就任国民革命军北方总司令，所部改编为北方国民革命军。一九二七年九月，阎锡山统率晋军出兵娘子关，攻打石家庄、定县、望都县，直扑保定。与此同时，令派傅作义旅四千余人，经五台山秘密行进，采取夜间偷袭办法，一举攻占涿县，直接威胁北京。张作霖迅速抽调万福麟等部，在望都一带向晋军展开猛烈反攻，晋军不支，迅速退回山西。随后，万福麟等部又奉令围攻涿县。据了解，傅作义攻打涿县早有充分准备，事先派人充当粮商，在涿县城内开设大粮店，囤积大批粮食。因此，傅作义死守涿县，军粮不成问题；再加上城池坚固，部队训练有素，难攻易守；如以重炮轰击，又恐黎民百姓生命财产遭受严重损失。因此涿县屡攻不下，随即采取长期围困办法，相持不下达两个月之久。后经涿县士绅一再恳求，阎军既已失败退回山西，死守涿县失去意义，徒使城内居民惨遭饥寒煎熬之苦。傅作义接受意见，经过谈判，涿县之围终告和平解决，京汉线后方才确保无虞。

（三）直鲁军与冯玉祥国民革命军在河南展开激战

据当时了解，此次晋军攻打奉军，是冯玉祥一手策划的，阎冯之间是有约定的。阎锡山出兵京汉线北段，攻打奉军腹心之地；冯玉祥自河南出兵，攻打山东方面的直鲁军，使奉系首尾不能相顾，陷入混乱状态。晋军发起攻击后；张作霖一方面调集兵力，进行狙击反攻；一方面命令张宗昌出兵河南，攻打冯玉祥国民革命军，以减轻京汉线北段的军事压力。双方采取的军事行动，均是南北遥相呼应。所不同的是，晋军虽然号称十万余众，但是战斗力极差，十分脆弱，不堪一击，接战不久，便败回山西，仅剩涿县一隅，无足轻重，京汉线北段战事迅速结束。相反，京汉线南段战事则极为惨烈，持续达两个月之久。冯军与直鲁军旗鼓相当，势均力敌；而且两军向有宿怨，冯必报南口一箭之仇。此番两军相遇，定有一场恶战。两军争战焦点是控制陇海路。张宗昌亲临徐州督战，调集褚玉璞、徐源泉、方永昌、王栋、张敬尧、刘志陆、孙殿英等各军共计十余万人，任命褚玉璞为总司令，沿陇海路西进。直鲁军首战告捷，冯军鹿钟麟部坚守归德（商丘），褚军昼夜猛攻，使其不得喘息机会，难以继续支撑，加之刘镇华所属姜明玉等部投归直鲁军，柳河镇、李坝集（民权）相继为直鲁军占领，归德退路被遮断，冯恐鹿钟麟部难逃聚歼，随即南撤。初战以直鲁军占领归德告终。直鲁军作战第二阶段目标是：自民权继续长驱西进，进攻兰封，指向开封。两军激战于兰封以东四十里的内黄，占领内黄并攻克兰封。此后，两军全线处于相峙状态，直鲁军猛攻十余日未能奏效，处于疲惫松懈状态。冯军借机发动全线反击，直鲁军左翼张敬尧等部相继溃败，褚玉璞主力部队恐遭包围，乃向鲁西曹县、定陶一带撤退。兰封、民权、柳河、归德等地相继失守。第二阶段作战以直鲁军败绩告终。直鲁军再战失利，但部队人员损失并不大，装备仅丢失铁甲列车两列。经整顿后再次发动进攻。右翼刘志陆等部曾一度攻陷考城，直扑陇海路，后遭冯军包围，损失严重，军长潘鸿钧阵亡，刘志陆率部突围而出。陇海路正西，褚玉璞、徐源泉、王栋等部于民权、柳河等地遭到冯军猛烈攻击，遂全线撤退。第三阶段作战，直鲁军损兵折将，无功而返。此次战役自本年十月上旬开始，至十一月下旬暂告终结。

直鲁军自河南退出后，主力部队集结徐州整顿。冯玉祥决定乘胜追击，本以为一鼓作气可以攻陷徐州，因此督促所属各部兼程东进，直逼徐州城下。不料，张宗昌调集援军，并亲自督战，发起猛烈反击，昼夜进攻，不给敌人以喘息机会，致使冯军疲惫不堪，难以支持，不得不全线退却，等待时机再战。直至十二月中旬，津浦线何应钦大军到达，方才会师攻取徐州。

综观直鲁军此次河南作战失利、损失较大的主要原因在于指挥不利，前敌指挥官未能及时认真分析研究作战过程中客观形势的发展变化，密切注视敌人的动态，充分估计敌人可能采取的步骤，并据此做出判断，采取对策，进行各种应变准备。至于第三阶段作战迅速撤军，则因京汉线北段战事已告结束，津浦线国民革命军节节北进，直迫徐州。北京作战总部调整防守计划，决定缩短战线，放弃徐州，直鲁军迅速退守山东省境新防线。

三、拥戴张作霖为北洋政府元首

国民革命军占领南京、上海，继续渡江北伐，斗争日趋尖锐激烈。当时，国民党蒋介石也是采取软硬兼施的两手策略：一方面大军压境，武力解决问题；一方面通过人际关系，进行策反活动，用高官厚禄瓦解奉军阵营，以期不战而胜。蒋介石曾通过辛亥革命时上海光复军总司令李征五，拟说服张宗昌投归革命军。从张的为人性格和作风来看，这是很难办到的。因为他是一个很讲义气的人，"义威将军"的封号便是根据这一性格特点而加封的。他把冯国璋看成是平生第一知己，把张作霖看成是平生第二知己。一九二一年，他在湖南失败后，本想投靠直系，曹、吴不肯收留，正当走投无路时，是张作霖收容了他；又是依靠张作霖这座大山，他才飞黄腾达有了今天。说降不仅没有使他背叛张作霖，反而促使他更加忠心耿耿保"王朝"，从一而终。奉系面临生死关头，是战是和，亟需当机立断，做出抉择。张宗昌联合孙传芳极力主战，同时极力主张改组北京政府，拥戴张作霖出任陆海军大元帅，成为北京政府军政最高统帅，与国民革命军抗衡到底。一九二七年六月，张作霖在北京宣布就职，组织军政府，出任陆海军大元帅，登上北洋政府元首宝座。在拥张的奉军将领中，孙传芳虽然名列榜首，实际上张宗昌起着决定性作用。在张作霖召开的高级将领商讨军政大计的会议上，张宗昌曾经慷慨陈辞，他说：今后敌人，不是北洋系了，非战不可，不战必亡，与其入棺待死，不如痛快大干。老帅一经升格，人心即告安定，犹可戮力同心，奋勇作战，前途仍有希望。万一情势不利，退出关外，有了大元帅的称号，犹可仿照孙中山当年在广州的故事，维持独立局面。此番主张自然博得张作霖的欢心，主战派当然极力赞成，主和派对此也不敢反对，于是军政府迅速诞生。军政府将统帅的作战部队编为七个方面军，任命孙传芳为第一方面军总司令，张宗昌为第二方面军总司令，张学良为第三方面军总司令，韩麟春为第四方面军总司令，张作相为第五方面军总司令，吴俊升为第六方面军总司令，褚玉璞为第七方面军总司令。第一、二、七三个方面军负责津浦线作战，第三、四两个方面军负责京汉线作战。二、七方面军组成一个作战体系、张宗昌任二、七方面军总司令，褚玉璞任副总司令，我任总参谋长。实际上，第一方面军作战计划，也纳入了二、七方面军的指挥体系。三、四方面军组成一个作战体系，由张学良任总司令，韩麟春任副总司令。

四、推荐潘复任国务总理

张作霖在北京组织军政府，任命潘复为国务总理。除因潘本人具有相当丰富的学识、从政经验和处世阅历，能博得张作霖的欢心和认可，其任命也是与张宗昌的大力推荐分不开的。张宗昌及其所统帅的直鲁联军即二七方面军，虽非张作霖嫡系势力，但为张作霖战败曹锟、吴佩孚、冯玉祥、齐燮元等人立下汗马功劳，功勋卓著，成为奉系入主中原的一根擎天柱，支撑着奉系的半边天。张作霖最终登上北洋政府元首宝座，更是与张宗昌的策划与支持分不开。内阁的人选和任命，自然要考虑张宗昌的意见。而张宗昌之所以要推荐潘复出任总理，其真实意图并非要左右中央政府。潘在山东地方上是一个有相当实力和影响的人物。一九二五年（民国十四年）十月，山东军队在蚌埠战败后，潘曾在济南大肆活动，阴谋取而代之，夺取山东地盘。虽然事态很快平息下去，也未予追究，但张对潘总有些不放心，留在地方终究是个问题。他采取送神仙的办法，不露声色，将潘推荐给中央政府任阁员，甚至组阁出任国务总理，让潘高高兴兴脱离山东，不再插手山东地方事务。

第二十一章　山东抗击国民革命军之战

一九二八年（民国十七年），张宗昌四十七岁。上年年末，即十一月至十二月间，在革命军的猛烈攻击下，蚌埠与徐州相继失守，二七方面军损失比较严重，不得不退守山东省境。与此同时，三四方面军退守河南漳德府，即今安阳市。

为了挽回败局，张作霖命令总参谋部首脑人物诸如陆军部长何丰林等人，拟定了津浦线与京汉线协同作战的总体计划。按照此项计划，二七方面军与三四方面军必须相互配合，防线设置与决战地点安排，均有明确规定，不得擅自变更。

一、山东失守简况

（一）初战败于临城

北京军政府下达的作战计划要求，二七方面军应将主力部队集中于临城进行决战，三四方面军应将主力集中于漳德府。虽然我们认为此项总体作战计划对二七方面军颇有不利之处，但必须遵照执行，因为它牵涉到三四方面军。就山东战场形势来看，决战地点不宜放在临城，即薛城、枣庄一带，而应再向后撤，选择更为有利地形。事实发展正如我们所估计那样，当大部队向主战场临城一带集中尚未完成时，而战斗序幕即已揭开。由于集结地点距离前线太近，因此前敌败退下来的队伍来不及收容转移，便涌入主战场，致使刚刚集中起来的队伍士气受到严重影响，虽经多方安抚，终难奏效。未几，临城防线便遭突破，不得不全线撤退。

（二）再战败于兖州

临城战败后，二七方面军又迅速将主力部队撤至兖州，并在这里筑起一道新防线。按当时形势和地理条件综合考虑，战线布置在兖州以北即泰安一带更为有利。虽然得到张宗昌同意，但经请示北京最高统帅部，未蒙照准。为了配合三四方面军作战，防线不得不确定在兖州。一九二八年（民国十七年）二三月间，二七方面军与国民革命军第一军及第四军激战于兖州。据报告，仅第一军便拥有十三个师的兵力，而二七方面军迭经损失，无暇补充，仅余十多万人，不仅兵力不足，而且由于连续作战失利，已成惊弓之鸟。仓促退至兖州，势难抵挡，不得不继续后撤。

（三）退出济南

兖州作战，既已失败，济南失去屏障，无险可守，只得撤退。京汉线三四方面军也迭经失利，紧缩防线，相互协调行动。一九二八年（民国十七年）五月四日，二七方面军退出济南，事出巧合，张宗昌是一九二五年（民国十四年）五月四日进驻济南的，统治山东，整整三年。

二、汇报山东失守

二七方面军自山东退出后，集中在沧县构筑防线。我向张宗昌建议："做为山东省军务善后督办，一省之长，守土有责；现在山东既已失守，您应亲自晋京或派人晋京，觐见大元帅，报告山东作战失利详细情况。"张宗昌接受了这个意见，经过再三考虑，他说："我现在不能离开，还是你去吧，只有你最了解全面情况。"盖自开战以来，二七方面军向北京政府所做军事报告，其电文均系由我亲自拟稿，实际作战情况以及历次汇报情况，都比较熟悉。

（一）张作霖亲自聆听汇报

我于商定汇报的当天下午四时许到达北京，当即驱车至中南海承启处登记，请求觐见大元帅，汇报二七方面军津浦线作战情况。当晚七时许，张作霖亲自接见并听取汇报，在座的有国务总理潘复，陆军部长何丰林等参谋总部高级将领。首先，我代表张宗昌请罪，"我们督办由于山东失守，曾痛心落泪，深感对不起大元帅，有负大元帅委托，没有尽到守土之责。"张作霖神情激动地说："哭什么，回去告诉你们督办，不必难过，现在丢了，将来咱们还能夺回来呢！"我随即铺开地图，详细汇报全面作战情况，在分析作战失利原因时，关于集中大部队进行决战地点选择不当问题，不便直说，因为这是参谋总部制定的作战计划。我采取了婉转的说法，自我承担责任："大部队集中的地点距离前线比较近，我们没有充分考虑这一点，没有针对这一点采取强有力措施，致使前线败退下来的队伍没能及时得到妥善安置，便大量涌入临城地区，严重影响主力部队的战斗意志。"张作霖一面听，一面连连点头，并且向在场的主管作战计划诸首脑人物如何丰林等声色俱厉地说："你们明白不明白？"这句话分明是在谴责制定作战计划者考虑不周。由此可以看出张作霖是一个头脑非常清晰，思维非常敏捷的领导人，善于分析问题，善于捕捉问题实质。汇报完了，张作霖设便宴招待，共进晚餐。饭后，我向张作霖告辞："大元帅，还有什么吩咐没有，如果没有，我明天早晨就回去了。"他沉思了一下说："你等一等再走吧！"

（二）张作霖说梦

翌日晚九点，张作霖再次召见我。我原以为有重要指示，及至见面后，他说东道西，山南海北，滔滔不绝，全属闲谈。我曾两次告辞，都被拦住，让我再多坐一会儿，然后他又兴致勃勃地说个不停。最后，他忽然跟我说："昨天夜里，我做了一个梦。梦见我自己在爬梯子，梯子很高，好像是通到天上，我一蹬一蹬地往上爬，越上越高，低头一看，你也跟在我后面，一步一步地往上爬，我心里真是高兴极了！"此时已经快到午夜十一点钟，将近两个小时的谈话，最后便以说梦告终。至此，我才恍然大悟，梦的内容就是这次谈话的主旨。他借说梦向我暗示，他不仅不会垮台，而且今后还会步步高升，将来比现在还要好，鼓励我坚定不移地跟着他走，将来也一定会步步高升，越来越好。两个小时的谈话，实际上是做我的思想工作，要我忠贞不二，切莫叛变。

（三）竹本透露将发生不幸事件

第一天向张作霖汇报结束后，国务总理潘复告诉我，日本大使馆通过外交部提出，拟派武官一人到沧县参观部队，嘱我派人接待，并约定第二天见面再做具体安排。根据过去惯例，每逢有重大会战，英、法、美、日等国使馆武官经常要求到前线参观，不管过去直军时代，还是当前奉军时代，我都多次接待过他们。第三天早晨，日本军官乘我方专车一起出发。经过介绍，此人原来是竹本多吉。他曾发明一种立体兵棋，在日本军事教育界享有一定声誉。我在保定军官学校担任战术教官时，曾经阅读过他的著作。在谈话中，我提到他的立体兵棋，他高兴得不得了，眉飞色舞，洋洋得意，谈话气氛也就随之愈益融洽，有些无拘无束了。突然，他长叹一声，莫名其妙地说了一名话："唉，中日之间可能要发生不幸事件！"我再三追问，他始终避而不答。到了沧县，我把这件事告诉了张宗昌。张意味深长地说："日本小鬼，要时时刻刻提防他们，你看着吧，冲这句话，准出事，而且指不定出什么大事呢！"不久，皇姑屯事件发生，张作霖被炸，所谓中日之间可能要发生不幸事件或许即指此事而言。这是我和张宗昌始料不及的。

三、拒绝退守热河

张作霖听取了津浦线二七方面军作战情况汇报后，清醒地认识到国民革命军攻势锐不可挡,沧县一经失守,天津势必不保,若不及早撤离北京,则退回关外老家的大路都将被切断。五月下旬,也就是我回到沧县后三天,张宗昌便奉令到北京参加最高级军事会议。这是一次部署全面撤退的重要会议。会议结束,张宗昌立即返回沧县。我问他会议对二七方面军是怎样安排的。张宗昌神情沮丧,默默不语,过了片刻才缓缓地说:"大元帅叫咱们退热河,我没同意。"我一再劝他还是接受这个安排为好,我陈述自己的看法说:"咱们二七方面军连年作战,疲惫不堪,损失很大,需要休养生息,整顿补充。目前,唯恐东北不开大门,现在既然让咱们退守热河,咱们就去给大元帅把个大门,借此机会休整队伍,看今后局势怎样发展,再做打算。"我再三强调,当前关键问题是找一个安身之地,否则难免全军覆没!张宗昌无可奈何地说:"我已经向大元帅表示,我一定死守京津,与敌人周旋到底!"看来,话已出口,驷马难追,箭已离弦,势难挽回。

当时,张宗昌拒绝退守热河,多少是出于负气。他认为张作霖这样安排,是把自己拒之于东三省大门之外,话里话外表现出不满情绪。他的内心充满矛盾。一方面,他对张作霖始终是感恩不尽,念念不忘报答张作霖知遇之恩;一方面,他又认为自己出生入死为张作霖打天下,以后又为张作霖坐天下忠心耿耿支撑着半边天,总算对得起张作霖。但事到如今濒临绝境,竟然不肯让自己进入东三省,这分明是不信任自己,纵有卓著战功,也是枉然;不是嫡系,纵然忠贞不二,也难得一视同仁。因此,他有些愤愤不平。但这种不满情绪不是直截了当而是以扭曲的形式表现出来。在张作霖和奉军嫡系高级将领面前,他表决心,一定效忠长官,掩护大军撤退,与敌人进行殊死搏斗,血战到底,至于个人安危存亡则在所不计。他要表现临危不惧,勇于牺牲的英雄本色和气概。张宗昌拒绝退守热河,这是导致他最后彻底失败和覆灭的错误决策。一时意气用事,竟然贻误终身。

第二十二章　滦河与国民革命军最后一战

一九二八年(民国十七年)八九月间,二七方面军与国民革命军及奉军激战于滦河。滦河之战是二七方面军与国民革命军的最后一战,也是二七方面军全军彻底覆没的一战。

一、妥善撤离天津

一九二八年（民国十七年）六月初，张作霖撤离北京返回奉天，张宗昌登车亲自护送了一段路程，车行至天津方才下车离去，以示眷恋之情。皇姑屯噩耗传来，张宗昌在分析判断炸车后果时说："张老师那样一个小身体，又有那么多姨太太，即使没炸着，就是这么一震，我看恐怕也是凶多吉少！"根据局势突变，二七方面军迅速由沧县撤退到天津。

大军撤退到天津以后，张宗昌知道自己在天津是站不住脚的，必须立即抉择自己的出路。至于前不久，他在最高级军事会议上表态时说死守京津，只是一时负气的话。现在，张作霖既已去世，张学良主持东北大计，事情或许有些转机，因此，他决定还是去投靠张学良，依附奉系大家庭，做为自己的归宿。

方针大计既已决定，大军就应尽快撤离天津，向山海关进发。当前迫切需要解决的一个问题是天津市的安全和归属问题。国民革命军尚在数百里之外，二七方面军一经撤走，天津就会立刻形成真空，由此可能导致两重后果，一是不法之徒乘机抢掠，使天津陷入混乱；一是天津将落入冯玉祥手中，因为冯军距离最近。当然，这两者都是张宗昌所不愿看到的，而此刻形势紧迫，二七方面军必须尽快撤离，必须尽快考虑一个万全之策：既要保证天津社会秩序安定，避免发生外交纠纷；又要使天津不致陷入近在咫尺的冯军手中。为此，张宗昌煞费苦心，他终于想到山西将领傅作义。傅自涿州解围后，始终闲居北京。于是张派人联系，将傅接至天津，请傅接管天津。张宗昌的想法是，宁可将天津拱手让给阎锡山，也决不能叫冯玉祥拣这个便宜。傅作义表示手里没有队伍，无力担此重任。张宗昌保证全力支持，由二七方面军拨两个团归傅指挥，同时命令天津市警察厅厅长常之英负责到底。他向傅作义说："你什么时候有人接警察厅，再叫常之英卸任。"最后与傅达成协议，确定交接办法和日期。约定撤退前夕，由二七方面军负责召集外交使团说明情况，同时将傅介绍给外交使团，以利开展工作。交接之日以午夜十二时为准，十二时以前由二七方面军负责；十二时以后，由傅作义负责。

二、退向山海关

张宗昌将天津地方善后事宜妥善安排后，随即率领二七方面军残余部队约四万余人离开天津，向山海关方向撤退。

自天津撤退时，二七方面军已濒临分崩离析的局面，当时，关于各部队动向的谣言甚嚣尘上，事实上也确是如此。有的将领已经与革命军进行秘密接触，自谋出路。据了解，徐源泉与孙殿英两个军和南方的谈判，均已达成协议，暗中投向革命军。此外，尚有种种传说，有待证实。

我和张宗昌曾就当时各部队的情况和动向进行分析和研究。张认为行伍出身的将领一定会跟着他走，而军事学校如陆军大学毕业的知识分子将领很可能会投向革命军。他是基于知识能力和人际关系而产生这种看法的。在他看来，行伍出身的将领是一群无知的浑小子，什么也不懂，只有我张宗昌要他们，别人谁也不要他们；而这些人头脑比较简单，人际关系也比较单纯，谁也不认识，一条道走到黑。他由此得出一个结论，这些人不会离开他，永远跟着他走，永远忠于他。学校培养出的军官有文化，有本领，谁都需要，而且这些人同学多，认识人多，有的就在革命军里干，只要同学一拉，就会投向革命军的怀抱，由此得出一个结论，知识分子出身的带兵官十之八九不可靠，很可能投向南方。我认为张宗昌这种分析不无道理，但不全面。我跟他说，我敢保证许琨这一军绝对不会叛变。许琨字星门，毕业于陆军大学第五期，是我的同班同学，时任第七军军长。而这一军当时尚有士兵一万人，枪八千支，是各军中实力最强、最完整的一个军。张宗昌出发时，许琨接到命令后，当即率领全军随同开赴山海关，没有提出任何困难和要求。知识分子出身的军官中，有一些人受传统封建道德观念的影响，重义轻利，不为外物所引诱，这一点是张宗昌所没认识到的。许琨在山海关全军覆没后，息影津门，闭门隐居，谢绝一切社交活动，直至病故。

行伍出身的带兵官，确有一批人忠心耿耿，追随到底。但也有一些人，受客观环境影响，何去何从，并无定见，不像张宗昌想像得那样单纯，从一而终，后来事实也证明了这一点。张宗昌撤离天津时，就有十几个行伍出身的带兵官按兵不动，不肯开拔，虽未明确表态，实际上拒绝服从命令。

张宗昌虑及当时形势需要，令我留在天津，想方设法完成两项任务。一项任务是说服不走的将领赶快拉起队伍跟着走，另一项重要任务是为他找出路。

张宗昌临行时跟我说："你留在天津，也要替我想想办法，反正我一个人也没法干了！"

三、说服态度暧昧的将领

张宗昌自天津出发，各部队将领态度也随之明朗化。凡是坚决跟着干到底的，均立即率领队伍随张开赴山海关。留下来没走的，经调查尚有十几支部队，人数不等，多者四五千人，少者千八百人。为了说服这批人，我召集他们在家里开了一个会。那时，我家在天津法租界三十二号路。到会人员有大毛、小毛，即毛思忠、毛思义等十几个带兵官。我分析凡是肯来参加会的，都是摇摆不定、持观望态度的，或者是与革命军进行联系而无结果的，至于那些已经和革命军达成协议的决不会来。会上，我向他们介绍了当前局势，劝说他们还是跟着张宗昌走为是。只有团结起来一起干，才是一支力量，才为人所重视，也才会有出路，否则，分散开来，力量单薄，人家不屑一顾，迟早会被逐个消灭。一个手指头形不成一股力量，五个手指头便能攥成一个拳头，便能形成一股巨大力量，人家才会考虑我们的存在。这番话居然起了一定作用。有的说，没有走是因为一点开拔费没有，实在行动不了。我告诉他们，我现在手里一点公款也没有，只有个人一点积蓄，如果大家确有急需，每人也只能给上一两千元，聊表个人对大家一点心意而已。结果最多的一个给了三千元，有的给了两千元，有的只给了一千元，根据队伍人数多少而有所增减。也有的带兵官看我实在为难，便不肯要了。我下台时手里有一万多块钱现款，这一次便全部用光。后来了解一下，这些人还是讲信义的，说话还是算数的，会后便率领各自的队伍相继开往山海关。

会后两天，曾经担任津浦铁路北段管理局局长的梁仲农，突然深夜来我家，拿来一张晚报让我看，神情显得十分紧张。原来这家晚报头版头条消息，用黑体大字报道我在家召开秘密军事会议，图谋不轨。梁认为这条消息有来头，不可等闲视之。但我当时认为这是报社不明真相，故意编造耸人听闻的消息，以广销路，不可能是代表天津地方当局的看法。因为张宗昌与傅作义商谈接管天津问题时，我也在座，会谈十分融洽，双方意图彼此都非常了解，二七方面军既已将天津拱手送给傅作义，曾几何时，又怎能制造动乱，企图夺回天津？想傅作义定能洞察此项消息的真实性，不会轻举妄动，采取任何严厉措施。

不料，第二天傍晚，突然开来两辆汽车，从汽车里跳下十几个武装便衣人员，闯进我的住宅，声称找我有事相谈，随即对我家强行搜查。幸亏我及时躲进一间小屋，迅速由后门离去，这一伙人把我家搜查了一遍，只有眷属，并无任何形踪可疑之人，也无任何枪支等违禁物品。他们在客厅里计议了一番，大概怕时间过长，恐租界当局干涉，遂呼哨一声，纷纷上车，急驰而去。一场风波不了了之。

四、为张宗昌寻找出路

我留在天津要办的第二件事，就是给张宗昌寻找出路。前财政总长张弧（字岱山）建议我设法与革命军首脑人物直接进行接触，我认为他的意见很好。当前，二七方面军处境危在旦夕，寻找出路刻不容缓。只有取得直接联系，才能使迫在眉睫的问题得到迅速而妥善的解决。此时，津浦线革命军前敌总指挥是白崇禧，其参谋长姓李，广东人，与我是陆军大学同班同学。我给他写了一封信，说明意图，请他代为联系。不久，接到复信。我按指定的地点如期赴约，见到了白崇禧，白将当时国民党和平解决时局问题的方针原则做了坦率说明。他明确指出，大头目必须下台，队伍可以交给任何人带。随即又进一步做了具体说明，"张宗昌必须下台，你是他的参谋长，他一定信任你，队伍可由你来带。"我当即表示，我是为张宗昌来找出路的，我不能自己取而代之。白崇禧紧接着就说："如果他不相信自己的参谋长，他相信谁，就可以把队伍交给谁。"接着又问："他有没有儿子？"我告诉他"有"，白立刻就直截了当地说："如果他谁都不相信，他总会相信自己的儿子吧，队伍就可以交给他儿子！"我说他的儿子还小，刚十七八岁。白说："那不要紧哟，他可以派一个参谋长帮助他儿子去管。"我随即表示，立刻把这些意见转达给张宗昌，让他自己来决定。告别时，白崇禧还一再叮嘱，如果要办，还必须赶紧办，不然，总攻击令马上就要下达了！总之，这次接触给我留下了深刻印象，白崇禧的态度十分明朗，谈话也十分坦率而诚恳。我立即由塘沽乘船去秦皇岛，转赴滦县，向张宗昌报告洽谈结果。

五、全军覆没

（一）与张学良反目

张宗昌率领所部到达滦县一带时，恰值张学良决定易帜。消息传来，张宗昌立即驱车去奉天，面见张学良，要求加入东北易帜。张学良只答应给两个师的编制，张宗昌一个师，褚玉璞一个师，而且还要张、褚把队伍交出来。张宗昌要求将所部四万余人全部收编，改编成四个师。他一再力陈自己的难处，现在剩下的这四万人都是转战南北、出生入死，历尽千辛万苦，为老帅浴血奋战多年，时至今日，能不要谁，能遣散谁？他恳请张学良考虑他的意见，无论如何给他四个师的编制。张学良坚决不答应。因此两人谈判陷入僵局。张宗昌盛怒之下，竟然冲张学良拍起桌子，大骂张学良不讲义气，不够朋友，"我姓张的为你们父子卖命打天下，到今天山穷水尽，竟然不肯收留我，这是忘恩负义！"遂拂袖而起，返回滦县。张宗昌怒不可遏，竟然对山海关奉军发动了一次猛烈攻击，妄想打出关外，结果必然是以失败告终。

（二）拒不下台

我由秦皇岛到达滦县时，恰值张宗昌攻打山海关失败归来。他将去奉天与张学良谈判一事，给我叙说了一遍，谈话时仍然怒容满面，忿忿不平。我随即将白崇禧的意见转达给他，请他认真考虑。张宗昌拒不接受下台办法。他表示，如果非叫他下台，他只好坚决干到底，宁可玉碎，决不瓦全，也就是说，宁可垮台，决不下台。我劝他要冷静，在这生死存亡关键时刻，切不可意气用事，贻误全局。目前，我们处境十分困难，不仅势单力孤，而且形势危急，前有奉军阻击，后有革命军追击，前进不得，后退不得，岂不是坐以待毙，无论如何要采取措施，尽快摆脱当前困境。最后，我向他建议，"如果您要坚决干到底，那么就赶紧把我们的队伍拉到一边去，把铁路线让出来。这样，一来可以避开革命军和奉军的前后夹击，保存残余的一点实力；二来可以得到一个喘息机会，休整队伍，然后相机行事，设法打开局面。估计此次革命军的军事行动主要目标是把铁路线打通，不会画蛇添足地向偏僻腹地展开进攻，因此我们是有活路可走的，何必非要钻死胡同！"张宗昌说什么也不同意这个意见。他叫我赶快离开滦县回天津，看一看能否找到其他变通办法。临别时，他心情沉重，神态沮丧地说："我这里反正很快就完了！"他明知自己选择的道路是死路一条，但是还坚持一定要走下去。这大概是由于他逞英雄要逞到底的思想在作祟，"看我张宗昌战斗到彻底垮台，也决不投降！"

六、兵败滦河

我离开滦县回到天津不久，革命军下达了总攻击令，全线展开猛攻。奉军与革命军密切配合，形成强有力夹击形势，致使二七方面军陷入重围，首尾不能相顾，虽有局部鏖战，也无济于事。整个防线迅遭突破，全军土崩瓦解。张宗昌见大势已去，遂将军服脱掉，换上便衣，并将随身携带的一颗汉印掷入滦河。这颗汉印是一枚汉代铁制图章，刻有"宗昌"二字，恰恰与他的名字相同。多年来，每当下达军事命令时，他总是要加盖这颗印章，以示郑重有效，可以说是一枚永不离身的军事专用章。投印入河一事充分表达了张宗昌在一生事业尽付东流时悲愤交加，英雄末路的痛楚心情。

张宗昌换上便服后，携带几个亲信随从，跑到海边一家农户，向主人说明自己身份，要求主人设法掩护，躲过南军搜查。这位主人一听是北方军队首领，来躲避南方军队追击，乡土之情油然而生，当即表示愿意效劳，遂将张和随从人员隐藏在菜窖内，并做了妥善掩护。随后由这位农家主人代雇渔船一条，星夜渡海，将张等送至大连。由于身上分文没有，张宗昌言明到达大连后，给谢洋四千元。张宗昌就这样顺利逃出虎口，免做阶下囚。

纵观张宗昌一九二四年第二次直奉战时率军攻占滦县，切断直军后路，为最后彻底瓦解直军奠定基础，不想三年后自己又全军覆没于滦县，恰恰是兴于滦河，败于滦河。更可叹的是，不是被敌人吃掉，而是被主子吃掉。

第二十三章　企图夺回山东之战

一九二九年（民国十八年），张宗昌四十八岁。是年春季，张宗昌从大连潜回山东，纠集昔日旧部残余部队，企图东山再起，一举夺回山东地盘。

事前，张宗昌派人到天津与我秘密联系，邀我到大连共商大计。在大连，我了解到此次行动计划的全部真实情况，深感此举实属痴心妄想，绝无成功之理。直鲁联军鼎盛时期，拥有四十万人，而今风涌云散，化为乌有；几个月前，尚握有四五万人，而意气用事，坐失良机，致使全军覆没。现在大势已去，手无寸铁，全凭侥幸，岂能挽狂澜于既倒。因此，我劝张宗昌不要冒此风险，做此无谓牺牲。没有足够实力，即使成功，也是昙花一现。我一再请张无论如何要慎重考虑，但他没有采纳我的意见，我也没有随他出征。

一、促成事件诸因素

（一）幻想凭借个人力量东山再起

张宗昌虽属奉系，但非奉系嫡系，其所以能在奉系旗帜下不断扩大自己实力，自成体系，实源于战功卓著，深得张作霖的欢心和赏识，不断得到提拔和重用。第一次直奉战，张宗昌不要张作霖一兵一卒，平定吉林高士宾之乱，稳定了东三省内部局势。第二次直奉战，当奉系嫡系主力部队尚在山海关与直军酣战不已、久攻不破、难越雷池一步时，是张宗昌率部首先突破直军防线，攻克滦县，切断直军后路，使战场形势发生急遽变化，为彻底瓦解直军战线、悉数消灭直军作战部队创造了条件。其后，送卢永祥上任，战败齐燮元，使奉系势力一度伸展到长江下游苏、皖经济富庶区。更为突出的是，张宗昌率领直鲁联军，经过艰苦战斗，击败国民军，一举将冯玉祥的势力逐出京畿，为张作霖主宰北洋政府奠定基础；并在以后的年代里，将张作霖推上北洋政府元首宝座，支撑着奉系统治的半边天。但是，张作霖及奉系其他首脑人物对张宗昌怀有一定戒心，是以一九二八年布置撤退时，令其退守热河，而不让他进入东三省。张作霖遇难后，张学良主持东北大计，仍然一如既往，不愿张宗昌的势力进入东北。滦河之役，张宗昌战败，只身逃至大连，但他不甘心于自己的失败，妄图利用机会，凭借自己的力量，东山再起，让奉系看一看，"我张宗昌靠自己的本领，也能杀出一条路来！"就是在这样一种主导思想支配下，妄想再次夺回山东。

（二）胶东半岛出现可乘之机

促使此次事件发生，除上述主观因素之外，尚有诸多客观因素。张宗昌在大连度其寓公生活时，与安福系政界人物如梁鸿志、曾玉隽等朝夕相处，彼等也极力怂恿张鼓起勇气，再次夺回山东。而当时山东也确实出现一些有利形势和可乘之机。日本出兵占领胶济铁路，革命军不能越过日军防线，致使胶东半岛成为真空地带。因此二七方面军残余部队——方永昌第四军和刘志陆第十三军残余部队，尚能在胶东负隅顽抗，苟延残喘。其时，山东省主席是陈调元，而陈与张的私交甚笃。孙殿英所属第十四军投向国民党后，此时恰好也调回山东。张宗昌认为这一切都是可资利用的有利因素。

（三）引发事件的导火线

促使张宗昌将夺回山东的念头付诸实际行动，直接导火线是方永昌。张宗昌率军自山东撤出后，方永昌率所部第四军仍转战胶东半岛。彼时，方部尚有两个团，约四五千人。两个团长，一个是刘珍年，一个是刘开泰。方为人好作威作福，动辄在大庭广众之下打骂部下，以显示自己的威严。昔日鼎盛时期，部下敢怒不敢言，而今已是残灯末庙，濒临垮台，人心浮动，恶习仍然不改，必定要引起哗变。

一九二九年（民国十八年）农历正月十五，方永昌娶媳妇，大办喜事。因为细故，加以酒醉，方又在众人面前打了刘珍年几个耳光。刘受辱后，极为气愤，乃率所部哗变出走。方永昌闻讯，立即率刘开泰团追击，结果反被击败。方逃到大连，进见张宗昌，力陈山东形势对张如何有利，并有刘开泰等部可资调遣。方敦促张积极采取行动，切勿坐失良机，实际上是借刀杀人，以报其私仇。

（四）得到马士伟经济支持

张宗昌夺取山东之行，在经济方面则有马士伟援助。

马士伟是山东会道门的一个首领。早在张宗昌督鲁时即曾有过往还。一九二七年（民国十六年）春末夏初时，青州道尹高明斋带领马士伟的大徒弟，到达济南晋见张宗昌，说长山马家庄有位绅士通晓道术。此人推知明年是杀伐之年，死人很多，因此他打算举办慈善事业，为受伤官兵建立医院，但苦于没有适当地方，没有医务人才，也没有运送伤员的交通工具，等等，困难很多，他准备出钱，请张宗昌自行办理。说话间，将款项清单交出。计有银锭六十万两，银锭均为重五十三两的大元宝，连同银元、钞票，总计大约有一百二三十万元。张宗昌见款项为数过大，甚感为难，不敢遽做主张，他向马士伟大徒弟表示，需要请示上级，再做决定。张宗昌立即拍电请示张作霖。张作霖因电同意接受捐款，并颁赠马士伟大匾一块，上书"慈善为怀"四个大字，以示鼓励。张宗昌收下款项，也赠给马士伟大匾一块，以表谢意。

这里再将马士伟有关情况略加介绍。据说，凡入其道者，须留满发，不剃须，不剪指甲，并须将全部财产交出。其道徒遍布山东、宁夏、甘肃、新疆及东北各地。张宗昌收下赠款后，曾派王琦和新闻记者管孟仁专程前往马士伟家登门致谢。据管孟仁跟我说，当他们到达周村下车时，马士伟派他四个徒弟前来迎送。这四个人均留有连鬓络腮的大胡须，见面后一起唱道："请专使回程！"言毕一齐跪倒在地，叩头不已，一再挡驾。王、管二人以奉督办之命，不敢中途折回为理由，坚持要到马老师家当面道谢。四个徒弟无可奈何，方才引导王、管二人去马家。到达住所，首先见到的一个人，自称是马士伟的大徒弟，今年七十八岁，已经有二十九年没有见过他的老师。现在，马老师是否在家，不得而知，还需进去看一看。须臾，转身回来说，恰巧在家。王、管二人得以有幸亲见其人，一睹庐山真面目。从外表来看，马士伟面目清秀，谈吐文雅，约有六十多岁。见面后，他又将举办慈善事业之事述说了一遍。王、管二人代表张宗昌表示感谢。管孟仁是一名新闻记者，随身携带有照相机，请马和他们一起拍照留念。马士伟坚持不肯，不知费了多少唇舌，最后才允许拍合影一张。管孟仁见其不肯多拍，便偷拍了多张。回到济南后，管立刻去照相馆洗印，以便向张宗昌汇报时一并出示，做为见面凭证。待到洗出一看，合影照片是人都有，独无马士伟。偷拍的多张照片，同样不见马的踪影。管甚感诧异，自认为摄影技术高明，万无一失，不知马士伟何以能躲过拍照的一霎时。

张宗昌后来也曾拜马士伟为师。有一次，张宗昌对我说："什么道不道，都是冤傻小子的事。我拜他为师，反正他得供应我，我没钱给他花！"据说，张敬尧也曾花过马士伟几十万块钱。张宗昌此次夺取山东，再度得到马士伟的经济援助，事为陈调元闻知，曾派人疏通，请马不要援助张宗昌。马不理睬，陈遂派兵去围剿，马士伟不得不逃之夭夭。

二、以失败告终

当时，方永昌所部刘开泰团驻扎龙口。张宗昌和褚玉璞等人自大连乘船至龙口登陆。原拟通过刘开泰说服刘珍年一起举事。不料，非但没有说通，二刘反而首先发生冲突。张宗昌率部一举占领烟台，并乘胜追击前进。时孙殿英率部在昌乐一带虚张声势，佯做声援之姿，实际按兵不动。刘珍年退至牟平，稍事整顿，旋即率部展开反攻。攻势甚猛，张、褚部队不支，张宗昌率领部分队伍退回烟台，褚玉璞率领部分队伍退至福山。

刘珍年随即将福山包围。褚玉璞兵力单薄，在里无粮草外无援兵的情况下，不得不放下武器投降。刘珍年提出，褚必须交付五十万元现款，然后才准予释放。褚玉璞家属为了保住褚能活命，竭尽全力如数拼凑，除将银行存款提出，并变卖大量房地产和金银首饰等物，凑足现款五十万元，送至刘珍年处。刘收到款项后，非但没有释放褚玉璞，反而立即将褚枪决。盖恐放虎归山，终遭报复。褚的家属费了九牛二虎之力，好不容易凑足五十万元，换回来的只是一具尸体。

褚玉璞一死，张宗昌更是孤掌难鸣，只得偃旗息鼓，悄悄浮海返回大连。企图东山再起、夺回山东之战，终以损兵折将彻底失败告终。此次行动自一九二九年（民国十八年）春季开始，至同年六月即告结束。

三、褚玉璞身世点滴

褚玉璞字蕴山，山东省汶上县人，自幼家贫如洗，后堕落为匪，并成为匪首，拥有部众数百人，出没在徐州一带，据点很多，到处绑票。后为第七十四旅旅长赵俊卿所收编。为了博得褚的高兴，笼络所部人心，赵俊卿故意给褚加了一个"少校先锋官"的头衔。一顶莫名其妙的高帽子，使褚乐得晕头转向，自以为成了一名冲锋陷阵的大将。每次出操时，赵总要对褚亲加指点，如是达两三年之久，使褚得以掌握基本操法，并具有一定基本军事知识，为其以后发展奠定了有利基础。因此，褚对赵始终是感恩不尽。当褚任直隶军务善后督办时，聘请赵俊卿任督署最高顾问，每月赠金一千元。

褚玉璞后来升任第七十四旅团长。一九一八年（民国七年），援湘之役军兴，北洋政府明令发表成立第六混成旅，并任命张宗昌为旅长。褚玉璞团由七十四旅拨归第六混成旅。从此，褚玉璞成为了张宗昌的一员虎将。

褚玉璞四十多岁时便满脸皱纹，看上去像五十多岁的人，饱经风霜，十分苍老。我曾经问过他，为什么年岁不算大，而面孔显得如此苍老。他直言不讳地说："过去当土匪时，总是提心吊胆，处处提防，有人的地方不敢呆，只能到深山老林中去藏身，饥一顿，饱一顿，风里来，雨里去，经常露宿旷野荒郊或是深山老林，长年累月不能过舒心日子，人怎么不老啊！"说话时感慨万分，流露出当时迫切希望得到招安的心情。

第二十四章　东渡日本

一、被迫流亡

张宗昌自烟台回到大连后，心情十分沉重。此次夺取山东之行，出师不利，竟使追随自己多年的忠实部下褚玉璞丧了命。正当他懊丧不已时，日本人又找上门来。日本地方当局认为张宗昌以大连为根据地，任意行事，恐外界误认为张的行动背后有日本官方支持，难免招致舆论非议，陷日本于被动不利局面。因此，大连日本当局奉令郑重提出要求，请张尽快离开大连，到其他地方去住。当然，如果张愿意的话，可以到日本任何一个地方去住。在大连日本当局的强烈要求下，张宗昌不得不决定离开大连，东渡日本，觅居于别府，度其流亡的寓公生活。

一九二九年（民国十八年）秋季，张宗昌到达日本别府。在别府专门包租了一家旅馆，名字叫"昭和园"。张为人喜聚不喜散，总是喜欢朋友和部下追随在自己周围。在台上时如此，在台下时也仍然如此。他对朋友和部下一向挥金如土，从不吝惜。当时就有很多人追随他去日本，后来又有许多人去日本看望他。这些人在日本的一切吃住费用，概由张负责支付，虽然开支庞大，也在所不计。因此，他在日本虽然仅仅住了一年，而生活费据说竟然花了近百万元。张本人手里积蓄寥寥无几，绝大部分仰仗老朋友和老部下解囊相助。陈调元、徐源泉、孙殿英等均曾给予大量资助。

二、误击肃王爷之子

张宗昌流亡日本时，曾发生一起非常不幸的事件。

清末肃王爷有一个小儿子，叫金宪凯，是一个颇思有所作为的青年，彼时就读于日本陆军士官学校。张宗昌寓居别府时，金宪凯曾慕名前来拜访，视张为老前辈，对张极表尊敬仰慕之意。张对金的印象也很好，认为一个贵族子弟，不畏艰苦，来到日本接受极为严格的军事教育，实属难能可贵。不久，金宪凯学习期满毕业，准备回国，特地前来辞行。张宗昌照例热情接待，给予鼓励，临别时，还亲自送至楼梯口，然后令人代送。张回到卧室，忽然想起手枪有毛病，信手从枕边拿出，拨弄了一回，发现子弹卡壳，随之信步走到阳台，朝天施放，不料子弹应声而出。当金宪凯走出昭和园旅馆大门时，弹头恰好自天而落，不偏不倚击中金的头部，当即殒命。张宗昌懊悔不已，但人死不能复生，只能将后事妥善处理，求得家属谅解。遂派人向金宪凯家属致以深切歉意，并赠送抚恤费四万元，事情便算了结。

三、返回故国

张宗昌初到日本时，由于朋友和部下馈赠，生活尚称无虞。天长日久，难免捉襟见肘，每况愈下，竟致债台高筑。张宗昌也深感寄居异国他乡，终非长久之计，自己的出路毕竟还是在自己的国度里。在昔日部属的倡议和劝说下，张的老母变卖了一些财产，连同手中积蓄的钱，共计凑得现款约十万元，东渡日本，亲自将儿子接回大连。张宗昌自一九二九年秋季流亡日本，至一九三〇年秋季返回大连，在日本别府整整住了一年。

第二十五章　寓居大连

一、张母进见张学良

一九三一年（民国二十年），张宗昌五十岁。是年八月，张宗昌派人到天津，给我带来一个口信，要我去大连一趟，有事相商。

原来，张宗昌在北京有两所房子，一所在东城铁狮子胡同，即今张自忠路和硕公主府旧址，一所房子在西城石老娘胡同，即今西四北五条，商业部宿舍。北洋军政府垮台后，两所房产均为南京国民党政府查封。阎、冯倒蒋发难后，一九三〇年九月，东北军再度大举入关，张学良随即驻节北平，主持华北军政大计。张宗昌也因之受到照顾。经张学良向南京政府疏通，张宗昌在京的两所房产均行启封发还。为了答谢张学良的深情厚谊，张宗昌决定让其老母代表他本人晋京谒见张学良，面致谢忱。所以如此安排，一则因为发还房产一事，纯属个人家庭私事，不便让外人代表；二则他本人此刻出头露面，时机尚不成熟，为了表示对张学良的尊敬，让其老母出面，较之家庭其他成员均更为郑重。但是只让一位老太太去，没有适当身份的人陪同前去，也不尽相宜。因此，他决定让我陪同张老太太一起到北平，谒见张学良致谢。

二、提防日本出兵

张宗昌令我陪同进见，还有其更为重要深层用意，这就是让我面告张学良，要密切注视日本的军事动向，特别要警惕日本出兵东北。当时，大连谣言颇盛，张宗昌从日本人口里也听到一些风声，说日本要出兵攻占东三省。他认为这不是无稽之谈，而是一触即发的事实。他跟我说："你不信，咱们到街上看一看，就知道了！"一天下午，吃过晚饭，傍晚时刻，我随同张宗昌乘汽车在街上兜了一个圈子，只见大街小巷充斥很多身穿和服，脚踏木屐的日本人，都是一些年轻小伙子，剃着光头。他边指边说："这些日本人脱下和服，换上军装，不就是兵吗？如果是换防，又何必伪装呢？既然是伪装，掩人耳目，岂不是秘密增兵，小日本肯定不怀好意！"

九月初，我陪同张老太太启程前往北平。临行前，张宗昌一再叮嘱，见到汉卿（张学良字汉卿），务必将日本增兵东北、心怀叵测的情况告诉他，促请他提高警惕，密切注视日本当局的军事活动，切不可疏忽大意，掉以轻心，陷入被动局面。

三、张学良"九一八"设宴

一九三一年九月八日，我偕同张老太太乘火车抵达北平，张学良派员到站迎接，并安排下榻东交民巷六国饭店，等候接见。

过了十天，即九月十八日，也就是"九一八事变"当天中午，张学良在官邸顺承王府接见并宴请张老太太。在座有张学良夫人于凤至，并有张作相夫妇、万福麟夫妇等作陪。

我和张学良从一九二八年到现在已经三年多没见面了。这次见面仍然和过去一样，先开个玩笑，照例冲我胸部就是一拳，然后叫一声"敌人"，说上一句："什么时候，咱们得好好较量较量！"自从第二次直奉战以后，我加入奉军行列，这一拳和这一句话就成了见面礼，每次见面都要先开这样一个玩笑。大概是因为山海关之战，直军第十五师狙击奉军三、八旅，给他留下的印象太深刻了！没想到，虽然已经三年多没见面了，但是传统的"见面礼"却始终没有忘记。

张学良和张老太太寒暄就坐后，我便打开话题，代表张宗昌问候少帅，并将张老太太来意述说了一遍。张老太太随即把话题接过来，代表自己的儿子和全家，向张学良表示深切谢意。

正事叙过，我便遵照张宗昌的嘱托，将日本增兵东北和大连社会上的谣传以及张宗昌的分析和看法，一一陈述一回。张学良听后，大不以为然。他说："一个小小的日本，有国联组织存在，它还敢吞掉东北？即使强行吞掉，国联也不会答应，一定能从日本手里把东北要回来！"我再次申述张宗昌的看法，说他在日本住了一年，朝野情况有所了解，深知日本少壮派军人野心勃勃，请少帅密切注意，千万多加小心。张学良对此等说法，似乎很难接受，此刻表现出有些不耐烦，最后说："我知道了，效坤（张宗昌字效坤）和我是自己人，他的话都是向着我！"宴请未了，张学良说下午要到南苑校阅空军，便中途退席，嘱夫人于凤至代为招待。

从这次谈话即可看出，此时此刻，张学良对东北局势的看法，同南京国民政府当局的观点是完全一致的，论调是一脉相承的。不料，话音未落，就在当天晚上，日本军国主义者便在沈阳发动了震惊世界的"九一八事变"。我的陆军大学同班同学荣臻，当时任军事委员会委员长东北行营参谋长，代张学良坐镇东北。据他后来跟我说，当日本悍然发动侵略战争，袭击北大营之际，他立刻给北平打电话报告张学良，而张不在，急令副官速请副司令接电话。此时张学良正在前门外戏院听梅兰芳演唱《太真外传》。副官悄悄走到身旁，低声耳语："荣参谋长从沈阳打来加急电话，有要紧事，请副总司令亲自去接。"张学良立即驱车返回顺承王府。当他获悉东北紧急情况后，立即向南京政府蒋介石电话报告事变情况，并请示处理办法。蒋要张采取克制态度，勿使事态扩大，要相信国联，通过外交途径解决问题。张学良随即电话通知荣臻，坚决执行南京政府当局指示，避免武装冲突，东北军开始迅速向关内撤退，东北三省相继迅速沦陷，落入日本帝国主义手中。

四、建议吴佩孚解甲归田

张宗昌第二次寓居大连时，曾经建议吴佩孚解甲归田，回归北京，并主动为之与张学良联系。

吴佩孚自一九二七年为北伐军战败后，声明不入租界，不靠外国人庇护，率领卫队两个团进入四川，得到了四川地方将领杨森等人的允许和关照。经过几年客居生活，吴深感前途渺茫，久居四川，粮饷均靠地方供应，终非长久之计，审时度势，权衡利害关系，认为还是依靠张学良解决自己的出路较为妥当。落叶归根，思归故土。

为了探讨此举可能性，吴佩孚多方进行活动，曾令赵玉珂找我就商于张宗昌。赵玉珂系天津人，曾任天津镇守使，乃曹锟手下三杰之一。赵知道我曾任直军第一军司令彭寿莘的参谋长，与彭有部属情谊，于是又邀彭出面，共同署名写信给我，约我到天津会面，说有要事相商。见面后，赵将吴当前处境和打算告诉我，要我去面见张宗昌，征求张的意见，并请张代向张学良致意，摸一摸张学良对其来归所持态度。我立即衔命去大连谒见张宗昌。

张宗昌对吴今后何去何从，做了明确表态。他意味深长地说："吴玉帅要能干，就自己单干，不要指望依靠别人；如果考虑自己没法单干，就乘早撂下。我看，吴玉帅已经这么大年岁了，带着队伍总是吃地方，仰仗他人过日子，总归不是个办法，还是不干为好。我估计，如果玉帅愿意回北京，安全是不成问题的；队伍也只有两团人，为数不多，安置也不会有什么问题。我愿意为吴玉帅效劳，与张学良进行联系。"联系结果，张学良慨然允诺，欢迎吴玉帅回归北京，安全、生活和队伍安置一概不成问题。我将联系结果面告赵玉珂。其后，赵玉珂告诉我，吴佩孚得知张宗昌的意见和张学良的明确表态，立即致电张学良，提出回归北平的愿望，恳请鼎力相助。张立即回电，表示竭诚欢迎，并就回平有关事项，一一做了具体细致安排，命令京绥铁路局准备专车迎吴回平。

不久，吴佩孚率领所属卫队，辗转抵达北平。当吴所乘专车到达西直门火车站时，张学良亲率东北军高级将领张作相、万福麟等，全副戎装，恭候迎接。吴下车后，军乐队立即奏乐，仪仗队举枪致敬，张学良等高级将领均行军礼欢迎，礼仪十分隆重，宛如当年他在巡阅使任内一样气派。吴佩孚驱车回到什锦花园私邸后，张学良又率高级将领亲自到吴公馆做礼节性拜会。吴佩孚也驱车到顺承王府做了回拜。

吴佩孚的卫队两个团，暂时安置在大公主府，其后由东北军改编。张学良每月赠送吴佩孚生活费六千元。吴佩孚对归来后的一切安排十分满意，对张学良也十分感激。

第二十六章　九一八事变后回归北平

一、决定离开大连

一九三一年（民国二十年）九月十八日，"九一八事变"爆发。不久，曾一度谣传张宗昌将与日本帝国主义合作，参加东北傀儡政权。他得知这一传闻后，毅然决定离开日本帝国主义盘踞的大连，回归北平，用自己的实际行动粉碎这些流言蜚语。此刻，他深深意识到，值此国难当头之际，只有与人民大众共赴国难，抗击日本帝国主义侵略，收复失土，才是自己的唯一出路。

二、疑虑重重

为了回归北平，张宗昌再次召我去大连，谈了他的想法，要我进见张学良征求意见。因为他回归北平和今后出路问题，仍需张学良鼎力相助。张宗昌不敢贸然行动，尚有难言的隐忧。他深恐张学良不忘旧恶，对他采取不利行动。其所以萌生这样念头，实缘于两件事。

一件事上面已经说过。一九二八年，张学良决定易帜，归附国民党，张宗昌曾拟随同易帜，但在部队整编问题上未能得到张学良谅解，因而反目，肆意谩骂。随着时间推移，事过境迁，往日怨愤，他自己可以说早已荡然无存；但张学良是否也是如此，殊难逆料。他深恐张学良为此耿耿于怀，一旦遇到机会，也许对他施加报复。

另一件事是杨宇霆和常荫怀的被杀，给张宗昌留下的印象实在太深刻了，使他至今对张学良怀有戒心，疑虑重重。杨、常被杀事件发生时，我正在大连。消息传到大连，在原奉系军政界上层人士中引起极大震动。张宗昌认为，杨、常二人都是追随老帅张作霖多年的亲信，张学良一旦翻脸，便大开杀戒，毫不留情，未免太过。他曾经跟我说："张学良这小伙子，心太狠，手太黑，真是翻脸不认人！"

不仅张宗昌有这样看法，孙传芳也有同感。张学良将杨、常诱至官邸枪杀后，尸骨未殓，便立即召集东北军政要人举行紧急会议。孙传芳当时正在沈阳，也应邀出席了会议。会后，他不辞而别，一声不响地离开沈阳，跑到大连。孙跟我说起过那次会议的情景。

那一天，参加会议的人事前均毫无所闻，突然接到召开紧急会议的通知，究竟发生了什么重大事件，无从猜测，也无暇猜测，便匆匆赶到官邸。会议大厅气氛显得有些紧张，与会人士都默默坐在那里，等候张学良出场。不一会儿，张学良步入大厅，神态十分严肃。就坐后，会议立即开始。张学良首先发言，劈头一句就是："今天，我放了一炮！"与会人员闻之都一愣，无不愕然。稍停片刻，张学良便正式宣布：杨宇霆和常荫怀二人已被处死。理由是杨、常二人勾结日本

144

帝国主义，阴谋夺取东三省。并且说日本军方还组织了一个团体叫做"杨宇霆后援会"，有一百零八个中将，若干个少将参加了这个组织。听了张学良这番话，与会者个个目瞪口呆，面面相觑，不知所云。会议大厅一片寂静，鸦雀无声。良久，张作相发言打破了沉寂的局面。他解劝了一番，大意说东北军老人儿不多了，没有什么解决不了的问题，何必非走极端不可，今后千万不要再这样做了！会议也就随之结束。

散会后，孙传芳连招呼也没敢打，便潜往大连。他在描述那次会议情景后，深有感触地说："我一辈子没害过怕，那回，我可真有点害怕了。说话瞪眼就杀人，一点情面不留！"

总之，杨、常被杀事件，使原奉系高级人士受到极大震动，也使张宗昌对张学良怀有极大戒心。

杨、常事件发生后，其背景和原因，当时在大连也流传种种分析揣测之辞，综观各种说法，不外乎两个方面，除国际因素外，与国内派系斗争不无瓜葛。当时，各派反蒋势力诸如桂系等均在积极开展工作。

三、征得张学良首肯

我受张宗昌委托，衔命到北平进见张学良。张的态度十分诚恳，他明确表态："效坤愿意回来共赴国难，我是非常欢迎的！"得到张学良首肯，我立即返回大连复命。张宗昌得知这一明确的肯定答复，当然非常高兴。但是，喜中有忧，喜的自然是回归故土指日可期，忧的仍然是个人安危祸福难以预卜。尽管得到张学良的同意，原有顾虑并未因此而彻底消失。是否立即踏上征途，张宗昌犹豫不决，对张学良能否捐弃前嫌仍持怀疑态度。我一再劝他放心："少帅的态度是真诚的，绝无半点虚假。您现在回归故土是为了参加抗日，少帅决不会因往日个人恩怨，而将抗日救国大业置诸脑后。回归北平，我保证万无一失。"经过反复考虑，张宗昌决定立即准备启程，回归故土。

四、顺利离开大连

回归故土既已决定，随之而来的一个问题，就是怎样离开大连，是公开走，还是秘密走？孙传芳是化装偷着走的。我向张宗昌建议，明人不做暗事，一定要

145

明着走，否则一旦泄露，反而不美。于是张将离开大连回归北平一事和启程具体日期，一一正式通知日本地方当局。大连日本当局曾派员进见张宗昌，当面提出质问："上将军赞成中日友好，为什么现在又要离开大连？"我当即代表张宗昌回答："上将军赞成中日友好，这是没有问题的。但是必须回去提倡，只有民众都赞成，中日友好才能实现；否则，只是一句空话，无济于事，中日友好是不能实现的。"日本官员哑口无言，只得放行。启程的那一天，风和日丽，送行者颇多，日本地方当局也派员送行。张宗昌要我和他一样均身着大礼服，头戴礼帽，郑重其事，冠冕堂皇地离开大连，登上"大连丸"号轮船，驶向天津。

五、受到天津各界热烈欢迎

当"大连丸"轮船驶进天津塘沽港时，只见迎面开来五艘小火轮，边行边鸣笛，每条船都悬挂着一串小彩旗，五色缤纷，迎风招展，鲜艳夺目。驶至近处，方才弄明白，原来小火轮满载的是前来欢迎的群众，有的挥舞着小彩旗，有的挥舞着帽子，有的招手致意。张宗昌弄清来意，也赶快来到船头甲板上，向欢迎群众挥手答谢。

下车后，乘坐专列，驶抵天津。河北省政府主席王树常率领河北省和天津市官员到车站迎接。当时，站台上停有一列空车，据介绍，这列客车是专门为接送欢迎群众而安排的，其盛况可想而知。

六、受到北平各界优渥礼遇

张宗昌在天津稍事逗留，出席午宴后，旋即乘专车于下午二时许抵达北平。时值北平大中学生麇集前门火车站，要求乘车南下请愿，致使张宗昌乘坐的专列无法进站，改在东便门火车站下车。在平的东北军政要人，除张学良外均到站欢迎。此外，还有工商界、学界等各界人民团体代表，也纷纷到站欢迎。张宗昌在专车上接待欢迎者，一批又一批，络绎不绝，足足接待了两个多小时，方才结束。

从天津到北平，热烈的欢迎场面和群众激昂的情绪，可以说一浪高过一浪，使张宗昌深受感动。军政界的欢迎自不待言，民众团体的欢迎，特别是学界人士能如此热烈欢迎他归来，实属出乎意料之外。他深切体会到，热烈欢迎反映了人民大众强烈而高涨的抗日情绪。

张宗昌离开东便门车站，随即驱车前往顺承王府谒见张学良。途中，张宗昌犹在担心自身安全，他问我："汉卿会不会下毒手？"我当即斩钉截铁地回答："您放心好了，绝对不会；万一下毒手，我陪着您一块死！"说话间，到了顺承王府。在客厅里会面时，张宗昌急走几步抢上前去，张学良也急走几步迎上前去，彼此紧紧握住双手，心情都十分激动，哽咽在喉，谁也没说出话，眼圈红润了，两个都落了几滴泪。还是张学良首先开口："过去的事，咱们都不提了，今后，我们还是好兄弟！"出自肺腑之言，顿使往日隔阂烟消云散，开始谈笑风生，和好如初。

从此时起，张宗昌再次定居故都北平。他经常生活在东城铁狮子胡同宅邸，偶而也到西城石老娘胡同私邸小住。张学良每月拨给生活费四千元。实际上，张宗昌月月超支。

张宗昌回到北平后，旧日僚属又重新聚集在他麾下。他们曾经在颐和园召开了一次盛大欢迎会，大约有三百余人参加，显示出一定的凝聚力。此次盛会曾拍照留念。

第二十七章　遇刺殒命

一九三三年（民国二十二年），是年八月，张宗昌在济南车站遇刺身亡，终年五十二岁。

一、访问济南的目的

日本帝国主义侵占东三省后，继而又于一九三三年三月大举进犯热河省。热河省政府主席汤玉麟不战而走，大片国土又复沦陷，举国哗然。迫于舆论压力，张学良曾在北平召开军事会议，决定收复热河，并将此项重任委之于东北军耆宿张作相。张作相深感个人势单力孤，难以胜任。于是，会议决定由张宗昌襄助完成收复热河大业。但张宗昌此刻并无一兵一卒，毫无实力可言，收复失地，岂能实现。会议考虑到这一点，决定将孙殿英所部调往热河，拨归张宗昌指挥。孙殿英本系张宗昌旧部，投向国民党后，此时仍率所部驻防在山东。经张学良商得山东省政府主席韩复榘同意，将孙部调出，枪支弹药不足等问题，亦由韩负责予以解决。为此，张宗昌曾与韩复榘在北平进行直接接触，晤谈颇为融洽。韩热情表示，愿竭尽全力予以支持。张宗昌济南之行的主要目的，就是为了进一步推动收复热河的决议付诸实施，以实现他东山再起的美梦。

张宗昌访问济南的另一目的，是为了解决经济问题。彼时，济南交通银行尚扣有张宗昌名下存款四十万元。张拟请韩复榘鼎力协助解冻此项存款，以解决孙部开拔时所急需的各项费用。

二、僚属意见不一

张宗昌访问济南一事，僚属之间意见不一。大多数持否定态度，认为直鲁军与国民军向有宿怨，曾进行过殊死搏斗，恐积怨难消。据了解，韩复榘为人心胸狭窄，诡变多端；而且，当时冯玉祥也正隐居泰山，冯的态度如何，也深为可虑。总之，大多数人认为，不可冒险行事，免遭不测。但张宗昌则认为，眼前国难当头，昔日个人恩怨已不足挂齿。直鲁军确实打败过国民军，而国民军也打败过直鲁军。更何况今天，不管直鲁军也好，国民军也好，都被国民党战败，早已不复存在，时过境迁，彼此彼此，何恨之有。况且，他与韩晤谈时，曾一再郑重表示，此次出山，纯属为了抗日，绝无觊觎山东地盘之心。韩复榘表态时也极为诚恳。因此，他认为韩不会对他下毒手。有一次，我劝张千万要慎重，济南之行不可行。他沉思良久，意味深长地说："如果韩复榘真的对我下了毒手，那他算是把我成全了！"他的意思是说，我张某人是为了抗日收复国土而去济南的，如果因此而丧命，那么我也算是为抗日而死，为国捐躯，虽死犹荣。

也有少数僚属，诸如金寿良、刘怀周等人，只盼张早日出山，其他一切均在所不计。居住在济南的旧日僚属，有人探知韩的意图，曾多次来信，密通情况，劝阻去济，但信件均为副官刘怀周扣留，密不示人，更不会让张宗昌知道。

三、自投虎穴

济南之行既经决定，为了躲避僚属及家属的阻拦，张宗昌竟然采取保密办法，一切准备工作，除少数随行人员知道，不向其他任何人透露。临行时，唯恐在前门站受到阻拦，不能成行，特意秘密驱车至丰台，改在丰台站上车。

张宗昌到达济南后，韩复榘表面上极尽热情招待之能事，但暗中却对行刺计划做了周密细致安排。例如，借一次宴会机会，乘张宗昌酒酣十分快意之际，故意把话题引向自卫枪支，问张喜爱使用何种型号手枪。张不知是计，毫不犹豫地将随身携带唯一的一支手枪出示给韩。韩把枪骗到手，赏玩再三，装做爱不释手，最后竟然提出索取此枪留作纪念。张对自己的财物从不吝惜，何况此时此刻豪兴正浓之际，又在大庭广众之下，焉能拒绝韩的要求而使其大丢面子，遂慨然相赠。韩复榘就这样在酒席筵上，谈笑声中，解除了张宗昌的自卫力量。

张宗昌在济南逗留了十天，与韩晤谈各项问题，堪称一切顺利，"圆满"完成任务，达到此行目的，遂决定启程返平。临行之日，韩复榘设晚宴为张饯行，令陪客轮番敬酒，致使张很快就醉意浓重，席间即已神志不清，有些胡言乱语。宴会结束，张宗昌立即驱车至济南火车站，准备搭乘晚八时火车回归北平。

张宗昌在站台上同送行者一一握手告别，旋即登车。当他在车厢门口转身再度向欢送者挥手致意时，突然一声枪响，一颗子弹向张射去，但是没有命中，而是打在车厢门框上。张闻枪声，立即转身一个箭步窜入车厢。此刻，随从副官刘怀周站在月台车厢门口，枪声一响，便立即伸手掏枪，可怜他枪未掏出口袋，便应声倒在血泊中，当场饮弹而亡。原来，这个唯一带枪的卫士，早已成为刺杀的目标。刘不动手则已，一经动手，便先将其置于死地。张宗昌跑过几节车厢后，便跃出车厢向站外飞奔。刺客紧追不舍，边追边开枪，一枪击中胯部，张宗昌应声而倒。刺客紧跟上去，连开数枪，其中致命的一枪是击中后脑左下方，张宗昌当即殒命。此刻，在站台上执勤的士兵不明真相，曾将凶手抓住，拳打脚踢，并用枪托殴打，待其他埋伏人员上前拦阻，方才解围。

事件发生后，韩复榘曾召见张宗昌的随员金寿良等，还假惺惺地责问金等，为什么不把张保护好。金回答说："在您的地面管辖范围里，我们怎么保护？既没有人，也没有枪。"

四、噩耗传到北平

张宗昌在济南遇刺的消息，是从三个方面传到北平的。首先是日本驻济南领事馆打电报给北平领事馆。北平领事馆立即将这个消息通知黄遐省。黄系日本留学生，曾负责为张宗昌办理有关日本外交事务。黄当即于是日午夜十二时驱车到我家，面告这一突然消息。其次是从铁路系统传来的。事件发生后，济南火车站迅速得知张遇刺确切情况，立即给北平前门火车站拍来电报。前门车站负责人于深夜二时将电报送至我家。正式消息则是翌日早晨接到金寿良自济南拍来电报，报告张宗昌在济南遇刺逝世。我当即手持电报，驱车至铁狮子胡同张府，面禀张母和张大太太。随即商定将所有眷属即诸姨太太和子女召集到大客厅，由我宣读电文，家人聆听后，纷纷跪伏在地，痛哭举哀。部属决定成立治丧委员会，并公推我任主任委员，负责处理丧葬事宜及家务后事，此事也征得家属同意。

五、卜葬香山

张宗昌灵柩自济南运抵北平，停灵在铁狮子胡同寓所治丧。在京郊香山购得茔地一块，并就山势发璇营造墓室，有马道通向墓室，两扇石门将墓室紧紧锁住。去世后七七四十九天发引，埋葬于香山茔地。由逊清翰林、清史稿撰写人柯绍忞撰写墓志铭。铭文中曾言及：张宗昌早年卒业于俄国哥萨克骑兵学校。此说纯系柯老异想天开，自行杜撰。铭文竣稿后，他曾经对我说："再过若干年后，又有谁能辨真伪。"治丧委员会向柯老赠薄酬八百元。

七七事变后，张墓曾经被盗，盗墓人将看坟人全家捆绑，然后从墓室侧面挖暗道进入室内。张在济南遇刺后，即由随从人员在济南购得材质上好的木棺草草装殓。除纱布、绷带和衣服外，身边没有任何随葬品。盗墓人费了九牛二虎之力，毫无所得，悻悻而去。翌日，看坟人赶忙进城向我报告陵墓被盗情况。我找了几个昔日亲信侍从到茔地实际查看，彼等沿盗墓人挖掘的通道进入墓室，只见棺木已从石台移至地面，棺盖打开，张的尸体抛置在地上。虽然已经埋葬达六七年之久，但尸体完好如初，面色有如刚刚去世。侍从人员将张的尸体重新装殓，并将通道填埋。

第二十八章　施政点滴

张宗昌自一九二五年五月就任山东省军务善后督办，至一九二八年五月退出济南，主持山东军政大计，整整三年。在这短短的三年中，他奉张作霖命令，南征北战，与内外敌对势力进行搏斗，无日不在枪林弹雨中过活，无时不在风雨飘摇中度日。尽管如此，他在政务方面，还是推行了一些工作，意在发展经济，巩固统治。

一、兴办银行

张宗昌接管山东后,面临的最大困难,就是财政拮据,无法支付庞大的军事和行政开支。过去,许多武将对财政经济问题一无所知,因而束手无策,无法摆脱经济困境,导致迅速垮台。而张宗昌则胸有成竹,刚一到任,首先立即着手创办山东省银行,并决定发行山东省军用钞票。他深深懂得,为了使军用钞票取信于商民,能在市场和社会上广为流通,必须有足够数量的硬通货做后盾。因此,在山东省银行正式开张营业之日,他汇集了七百万银元现款,陈列在大庭广众之下,任人参观。在硬通货面前,向山东省工商界和各界人士宣布,银行将发行山东省军用钞票,纸币钞票即以银元做后盾,纸币一元可兑换银元一元,使广大民众对军用钞票产生信任感,为其在市面流通创造了有利条件,及时解决了财政困难问题。

二、繁荣商业

为了繁荣市场,张宗昌倡议兴建济南劝业场,为商贾创造良好的营业场所。他还决定将济南市以北,泺口以南地区开辟为商埠,扩大济南市的工商业区,为工商业投资创造了条件。黄河水患历来给山东省经济和群众生活带来深重灾难。张宗昌到任之初,更立即亲自察看堤防工程,决定对黄河大堤济南段进行全面加固,兴修水利,防患于未然。大堤加固后,又将大堤开辟成为公路,发展交通事业。例如利津至荷泽段,曾兴办长途汽车运输事业,便利商旅往来。

三、创办山东大学

张宗昌就任山东省军政首脑后,当他了解到偌大的山东省尚无一所公立大学,虽然正值戎马倥偬,百事待举,而财政又严重困难之际,仍然立即指示筹建山东大学,随之拨款,并克期完成。经过三个多月的积极筹备,在济南六所专科学校的基础上,国立山东大学正式诞生。逊清状元王寿彭应聘出任第一任校长。此后,他还选派了一些学生出国留学,培养高级人才。张宗昌本系一介武夫,幼小失学,没念过几天书,但在他掌握地方大权后,上台伊始就能如此重视教育,在短短的几个月中便把一所大学建立起来,亦属难能可贵。这当然也与他的经历有关。民国初年，他曾主持南京军官教育团工作。教育工作实践使他懂得，要想干一番事业，要想缔造一个政治局面，没有一大批人才辅佐是办不到的。必须创办学校，必须培养人才。

四、刻印十三经

张宗昌公余之暇，延请韩虙古讲授经史知识。韩系河北省高阳县人，曾肄业于保定莲池书院，据称是桐城吴汝伦弟子，有诗集刻印问世。民国初年，张、韩相识于南京。张对韩的学识颇为景仰，迨至督鲁后，延为上宾，将督署最后排九间大房做为韩的居室，以便随时可去请教。韩虙古既是张的老师，也是智囊人物。在政务和教育方面，张宗昌经常去请教，征求韩的意见，往往是言听计从。例如在韩的引导下，张乃有重刻十三经之举。当然，提倡读经尊孔，刻经传世，在当时是有其政治背景的。重刻十三经序言中曾明确提出，宣扬孔孟之道，弘扬民族文化，以抵制共产主义思想之传播。刻经之举实属顺应当时反共之潮流。鸠工镂版竣工后，先后印刷三百套。首批五十套为红字，第二批五十套为蓝字，第三批二百套为黑字。这套十三经取材善本，字体秀丽，纸张考究，印刷精美，装帧典雅，风格古朴，具有收藏价值，在重刊古籍方面具有一定特色。

第二十九章　生活琐记

一、侍母至孝

张宗昌侍母至孝。上文曾经提到，张年幼时其父喝酒要钱，不务正业，家中经常无米下锅，难以度日；其母虽然迭次规劝，但未奏效，无奈竟丢下幼子，愤然改嫁。这在当时农村是极为鲜见之事，也是不很光彩的事。但是，张宗昌并未因母亲改嫁，使自己在幼小时吃了很多苦头而怨恨自己的母亲；也并未因母亲改嫁，使自己在人前丢面子而嫌弃自己的母亲。相反地，他能谅解母亲当年的艰难困苦，不忘自己襁褓时母亲养育之恩。一经身居高位，条件具备，便立即将母亲接回，奉养在身边。对于其母后夫则给予钱财，置办地亩，营建房屋，妥善解决其生活问题，使之非常满意。

二、喜爱京剧

张宗昌爱听京剧，与当时著名京剧演员均有往还，关系融洽。一九二五年（民国十四年）四月，北洋政府明令发表他任苏、鲁、皖、豫四省剿匪督办，继又任命为山东省军务善后督办，彼时恰值其母六十大寿，张宗昌大宴宾客，祝寿三天。余叔岩、杨小楼、梅兰芳、尚小云、程砚秋、荀慧生等名伶，均应邀至徐州演唱堂会，生、旦、净、末、丑各行的名角荟萃一堂，盛极一时。其后督鲁时期，也曾先后在济南、北京演唱堂会。九一八事变后，他回归北京，仍不时在东城铁狮子胡同和西城石老娘胡同私邸以及奉天会馆举办堂会演出。应邀演出的仍然是这些名优。堂会演出的戏，有的在外面剧院是无法听到的，例如余叔岩与梅兰芳同台演出《打渔杀家》。在西城石老娘胡同私邸小戏台，还曾演出《六五花洞》，饰潘金莲者除梅、尚、程、荀四大名旦外，尚有筱翠花（于连泉）、王幼卿，名丑如萧长华、慈瑞泉、曹二庚等均参加演出。旦角是一流旦角，丑角是一流丑角，如此众多一流名角在当时能同台演出，实属难能可贵。若非张宗昌倡议，并出资治办行头，恐难实现。我家尚存有当年《六五花洞》演出时所拍剧照一张，弥足珍贵。

张宗昌后来最喜欢听的一出戏是《霸王别姬》。虞姬自然是由梅兰芳扮演，霸王则由杨小楼扮演。张宗昌后来之所以偏爱这出戏，可能是与他失败的切身经历密切相关。楚霸王项羽起兵江东，征战四方，盛极一时，然而最终被困垓下，陷入穷途末路，发出无可奈何的凄凉悲苍感慨。正是这种感慨唤起张宗昌在思想感情上的共鸣。每当自家堂会演唱这出戏时，往往是先摆好酒席，正如戏里常说的"酒宴侍候"，锣鼓一响，他便如剧中人楚霸王一样，举杯畅饮，一边听戏，一边有姬妾把盏进酒。此时此刻，他或许恍如剧中人，而与之融成一体。

张宗昌一向挥金如土，对这些名伶的精彩演出，自然要重金酬报。不仅如此，而且敬如上宾，礼貌周到。在徐州演唱堂会时，除赠酬金外，还赠送烟土，五十两一包，根据角色等级不同，数量也有所不同，最多者十五包，以次有十二包、十包、八包，等等。

这些名伶是很义气的。张宗昌下台以后，特别是闲居在北平时，无钱又无势，还要唱堂会。这些名角依然如故，召之即来，不仅如此，往往还随便派戏，从未同台演出的，一经提出，就能合作演出，余叔岩与梅兰芳合作演出《打渔杀家》，便是突出的例子。我在这方面是深有体会的，因为那时唱堂会，我经常担任安排剧目的任务，有时考虑不周，他们还主动想方设法出主意，为我补台。有一次，我想提携年轻演员李万春，就派了一出戏，由余叔岩与李万春合演《八大锤》，事前也忽略了征求余叔岩的意见，便脱口而出。由于辈份与水平的差异，余叔岩面有难色，杨小楼在一旁立即看出问题，便主动向我提出，"还是由我和叔岩合作演出，您看好不好？"我立刻恍然大悟，向余表示歉意，是我考虑不周。这些堪称泰斗的演员能如此屈己从人，实属难能可贵，若不是看在张宗昌的份上，万难办到。余叔岩就曾对我说过："当初，人家（指张宗昌）有钱时，我们花过人家的；现在不能因为人家没钱了，就不侍候了！"他也曾当面对张宗昌说过："您什么时候想听，您自管说话，我随叫随到。"实际情况也确实如此，余叔岩每次堂会演出，不仅自己分文不取，而且连场面也由他自理。梅兰芳自己也是分文不取，只要脑门钱八十元，用以支付琴师、鼓师等伴奏人员的费用。

张宗昌在位时举办堂会，为每位名演员确定演出酬金数额，是一个颇感棘手的问题，因为它涉及到对每位演员的评价及其在梨园界的声望和地位等诸多方面。处理得当，皆大欢喜；处理不当，引出意见。因此，他请余叔岩全权处理，由余提出名单，规定酬金数额，令有关人员照此支付。最高者，一次可得一万元。

三、与洋车夫打诨

张宗昌出身贫贱，自青少年时期即开始闯荡江湖，因此他也能和社会下层劳苦人接触，有时甚至开个玩笑。

张宗昌回到北平后，有一次去东四隆福寺逛庙会。当他走出庙门时，一群洋车夫蜂拥上来揽座："您上哪儿，我拉您去？"张宗昌漫不经心，顺口搭讪："铁狮子胡同。"正说话间，他乘坐的汽车开过来了。洋车夫一看，原来是自己有汽车，其中有一个车夫开口便说："您自己有汽车，还雇洋车，这不是拿我们穷人打哈哈吗！"意思是说拿穷人开心取笑。张宗昌一听就笑了，随声反问这个车夫："谁拿你开玩笑，你拉不拉呀？"车夫回答说："当然拉呀！"张宗昌说："你拉我就坐。"说话迈步就登上这辆车。其他洋车夫一看，虽然不知道是张宗昌，但是准知道是一位阔佬，既然坐车，肯定不会少给钱，于是丢下自己的车，都跑过来帮着拉这辆车，拉的拉，推的推，前后有五六个洋车夫簇拥着这辆车飞跑起来，穿街过巷，不一会儿来到了铁狮子胡同。张宗昌下了车，一边掏钱，一边向车夫们说："现在就看你们的运气了，我这一把掏出来，有多少就算多少！"话音刚落，一叠钞票就像雪片一样撒向车夫们。张宗昌随身带的钱多是大面额钞票，这一撒至少是上百元，每个车夫总要分得二三十元。最后是皆大欢喜，满意而去。

第三十章 "三不知"

一提起张宗昌，人们往往就会联想到市井流传的一种说法，"张宗昌有三不知：兵有多少，不知道；钱有多少，不知道；姨太太有多少，不知道。"当然，这是一个夸张的说法，意在渲染其多，渲染其杂乱无章。实际情况如何，下面逐项予以简略说明。

一、兵有多少

一九二四年秋季，第二次直奉战爆发时，张宗昌仅有一旅之众，为数不过七八千人。经连年征战，队伍不断扩大。总的来说，大体可以分为三个阶段。

第一次扩编是在第二次直奉战取得决定性胜利之际，张宗昌收编直军投降部队及散兵游勇，将褚玉璞、许锟、程国瑞、毕庶澄诸团扩编为三团制的旅；将钟震国、方振武所部扩编为两团的旅。部众总数达五万余人。

第二次扩编是在一九二五年他出任山东省军务善后督办之际。由于有了地盘，兵源和财源都不成问题。刚刚扩编不久的诸旅、团，又再次扩编为军、独立师、独立旅（当时称支队），再加上原山东省地方部队以及李景林撤入山东的部队，总计达到二十余万人。其中张宗昌自兼军长，我兼任参谋长的第一军和褚玉璞、程国瑞、王栋、徐源泉、许琨、毕庶澄、孙殿英诸军，具有较强的战斗力。但是也有的军只有番号，实际并未成军。例如曾明令发表组建第二十军，并任命我兼任军长。那时，限于省内财力，只批番号和少许筹建经费，如果正式成军后，则粮、饷、服装等项费用，一切均须靠地方供应。我深感带着上万人吃地方，有如一群蝗虫苦害地方百姓。既然政府不能按期拨款发饷，不成立也好。因此，我没有招兵买马，第二十军建制徒具虚名，实际上一兵一卒也没有。

第三次扩军是在一九二八年以后，总兵力增到四十万人。从人数看，此时张宗昌的军事力量达到鼎盛时期。其基本力量即嫡系主力部队，仅有十五六万人，其余均为地方游杂部队以及外省客军。北伐时期，在长江以南作战失利的孙传芳和广西刘志陆、马济等人的部队均陆续撤入山东省境，服从张宗昌统一指挥。当时，张作霖曾有命令，凡从南方撤下来的部队，一律不得收容。张宗昌揆诸当时形势，没有执行此项命令。他认为南方友军战败，处在危急存亡严重关头，前来投我，既是对自己的信任，也是对北方政府的信任。既然是一个战壕里的战友，理应患难与共；如果不予收容，则是背信弃义，北京政府也将威信扫地。

从当时形势来看，如果不准南方友军入境，势必发生武力冲突。前方已经一再告急，后方再生变故，祸起萧墙，内忧外患交相煎熬，势难首尾兼顾，形势将更趋恶化。因此，张宗昌决定，南方友军愿入山东省境者，一律收留。但事先讲明：当前，山东困难很多，要求不能过高，只要山东部队有吃的，有穿的，南方友军也一律都有。是以进入山东省境的南方友军都非常满意，对张宗昌也深为感激。

二、钱有多少

张宗昌一生过手金钱何止千万。如果问他一辈子有过多少钱，别人说不清，恐怕连他自己也说不清。他从青年时期开始在社会上闯荡，有钱就花，自己花，别人花，大伙花，从不考虑个人生计，从不知道积攒钱财。他遇刺逝世后，遗产除去北京的两所住房外，一无所有。同仁及家属公推我主持丧葬事宜并处理家务后事，为此，不得不再次求助于张学良。我将其遗产清理结果和家务处理办法，向张做了简要汇报，并请张鼎力协助解决。根据估算，需要现款八万元。具体办法是请张学良拿出八万块钱，购下张宗昌东城铁狮子胡同和西城石老娘胡同的两所住宅。蒙张学良慨然允诺，其家务善后处理才得以顺利解决。

不仅房屋做价处理，家中家具什物包括盆栽花木均做价处理。这里顺便提一下张宗昌家存字画的不幸遭遇。在清理家中遗物时，张宗昌的老母认为字画是一堆烂纸，毫无用处，竟然将其堆放在院子里点火燃烧，谁也拦不住。家人赶忙去告我，待我赶到时，早已化为灰烬。我告诉张老太太，烧的不是烂纸，都是钞票。但是，悔之晚矣。诚然，这些字画不一定是珍品，但是做为礼品送给张宗昌，纵有赝品，也绝非一般可比，付之一炬，实属可惜。

三、姨太太有多少

张宗昌自幼与邻村贾氏女订婚，二十岁成婚。贾氏不幸早逝。续娶袁氏，东北人，缠足。步入仕途之后，张宗昌曾纳妾多人，均按序数排列。袁氏明媒正娶，自然是大太太，以次为二太太、三太太，直至二十五太太。诸姨太太身世不尽相同，如十太太是唱奉调大鼓的，十六太太是唱武生的，最后一个二十五太太也是唱大鼓的，除此之外，大多来自青楼。彼时，有的名妓想跳出苦海，唯一办法是早日从良。但这并非易事，需有客人愿意为之赎身。而老鸨索取赎身费往往高达万元，甚至数万元，如此巨额花费，绝非一般人所能承受。只有等待达官贵人或富商巨贾光临，从中寻觅"乐善好施"的阔佬，为之慷慨解囊。此类名妓一旦遇到张宗昌，知其为人豁达大度，挥金如土，决不轻意放过机会，有的甚至苦苦哀求，要张搭救她脱离苦海。而张宗昌遇到此种场合，也深感"盛情难却"，义不容辞，连一个弱女子都救不了，我张某人怎能称得起男子汉大丈夫。在这样一种心态支配下，自然是出钱将人接回家去。有的人不愿公开纳妾，害怕舆论非议。而张宗昌则无所顾忌。他说皇帝能有三宫六院七十二嫔妃，为什么老百姓不能有，我又不是抢来的，是她们愿意跟我，我替她们赎了身。这当然是为他自己纳妾进行辩护，但这也是他的真实思想。

关于纳妾，还曾发生过这样一桩事。张宗昌少年时代，在家乡有一个小伙伴，此人见张执掌山东大权，有钱又有势，便千方百计托人说情，想把自己的女儿嫁给张宗昌为妾，遭张严词拒绝。但此人财迷心窍，竟然不择手段，借一次机会将张灌醉，然后令其女儿陪卧，待张酒醒后，方知中计，但木已成舟，无法挽回。张将女父痛骂一回，与之绝交，誓不再见。至于其女，当然要给一笔重金，排上一个名次。

张宗昌姨太太虽多，但倍受宠爱者却不多。四太太雅仙容貌秀丽，聪明伶俐，善解人意，最为得宠，其余均属一般。张宗昌对诸姨太太的心态是一清二楚的，他曾经说过："我这个人有什么可爱的，除去两条腿长，还有什么？"言外之意，是说这些姨太太只不过看他有钱有势才跟他。因此，他对姨太太是持宽容态度的。除九太太因涉及桃色事件披露在报端，弄得声名狼藉，不得不将其除名，其余当他在世时均能相安无事。

张宗昌在其宅邸中有自己的卧室和起居室，他从不到姨太太的房中去。想要哪一位姨太太陪伴他，便差人去请。他的用意不言而喻，对此他也毫不隐讳。有一次闲谈，他跟我说："李纯的死是自找的。"我哂然一笑，彼此心领神会。

张宗昌的话与我过去所闻不谋而合。李纯三十六岁任江苏督军，叱咤风云。未几，突然自戕身亡，留有遗嘱，忧国忧民，感时伤怀，悲愤交加，自绝尘世。大小报刊登载遗嘱，街谈巷议，喧嚣一时。一九二五年驱逐齐燮元之战结束后，我在上海遇见一位老同学，彼在齐的队伍中任职很久。偶然谈及李纯之死，我问他到底原因何在。他长叹一声说不用提了，显然是话里有话，不愿再说下去。经我再三追问，方才吐露真相。原来是李纯的四姨太太与年轻副官有染。有一天，李纯到四姨太太房中去，恰巧碰上，于是立即转身走出房间。其副官见奸情泄露，此番李纯一回去，自己肯定不得活命，索性一不做二不休，拔枪自身后向李纯连开数枪，李遂中弹身亡。齐燮元当时任旅长，立即接替李纯师长职务，并就任江苏督军。为了掩人耳目，维护长官的面子，维护全师官兵的声誉，确保江苏省地盘，齐燮元遂为李纯之死，捏造了一个忧国忧民、自杀殉国的谎言遗嘱。事隔多年，无人知晓内幕，谎言也就变成事实。上面是李纯之死的一种说法，顺便说说，为了解这一事件做参考。

张宗昌死后，有的姨太太手中有积蓄，不再索取生活费，便自行离去。有些姨太太手中积蓄无几，难以维持生计。经商定，生活困难的姨太太，每人给洋三千元，做为遣散费，有子女者，每个孩子给洋两千元，做为赡养教育费。例如十五太太和十六太太没有子女，每人给洋三千元。八太太是朝鲜人，家在朝鲜，生有一女，十太太生有一子，各给洋五千元。折卖两所住房所得八万元，绝大部分都用于支付诸姨太太及其子女的赡养费。

四、子女十人

张宗昌生有五子五女，长子济乐，次子宁乐，三子昭乐，四子盛乐，五子冬乐。长子和次子是大太太袁氏所生。长子济乐毕业于日本陆军士官学校，当张宗昌遇刺逝世后，方从日本归来，后随其母回归东北。

五个女儿的名字分别为春姣、春兰、春婷、春绥、春宵。长女春姣与次女春兰也是大太太袁氏所生。次女春兰与陆宗舆之子结婚。值得一提的是长女春姣，排行老大，颇有才干。当她还是一个十六岁的少女时，便代表父亲张宗昌到前线慰问将士，到医院慰问伤员，仪态大方，讲话得体。就其聪明才智来说，颇有父风，因此深得乃父钟爱和青睐。张宗昌曾为其延师课读，聘请一位学识渊博的青年学子做为家庭教师。后来，张宗昌有意将女儿许配这位大学毕业的老师，但遭到女儿反对。为了表示坚决反抗父母包办婚姻，这位风华正茂、颇思有所作为的年轻少女，竟愤而吞食鸦片，服毒自杀，与世长辞。

第三十一章　关于张宗昌的综述

一、张宗昌在北洋军阀中的地位

辛亥革命成功以后，自一九一二年至一九二八年，北洋政府统治时期，无论南方还是北方，均曾出现军阀统治的局面。"军阀"的特点是拥兵自重，割据一方，自成派系，左右政局。大军阀往往拥兵数万乃至数十万，占据一省或数省地盘，控制政局，有的甚至登上北洋政府元首的宝座。北方军阀大多出自清末北洋新军，因此又统称为北洋军阀。为了说明张宗昌在北洋军阀中的地位，不妨以实力和地位及其影响为标准，对北洋军阀做一粗略划分。第一类军阀，首推北洋军阀的鼻祖袁世凯，袁手握重兵，而且登上大总统的宝座。其次有曹锟、吴佩孚、张作霖。吴佩孚虽然不是国家元首，但他掌握直系数十万大军，控制中央政府，左右全国政局。曹锟身为总统，只是徒具虚名而已。张作霖统率奉系数十万大军，组织军政府，以"大元帅"名义君临天下，统御全局。至于冯国璋、段祺瑞虽然也曾一度登上北洋政府元首宝座，但掌握兵力有限，难以一呼百诺控制北洋政府全局。

第二类军阀的代表人物有孙传芳、张宗昌。孙传芳尤为典型，曾独树一帜，拥兵二十万，占据苏、皖、浙、闽、赣五省，自称五省联军总司令。张宗昌占有直、鲁两省，任直鲁联军总司令，鼎盛时期拥兵四十万。他把张作霖捧上北洋政府元首宝座，为张作霖的统治支撑半边天。张宗昌虽属奉系，但非奉系嫡系亲信人物，具有相对的独立性。然而他为维护张作霖的统治，南征北战，发挥了巨大作用。国民革命军北伐时，由于内部矛盾诸因素的影响，其战略目标是志在占领山东，以便夺取京、津重地，将奉军逐回东三省，并利用奉军实力拱卫东三省。因此，其战略为"声西击东"，在京汉线上制造声势，实则重点进攻津浦线上的直鲁军。而奉军为掩护京汉线嫡系部队，又命令直鲁军进攻河南方面冯玉祥的精锐部队，致使直鲁军损失严重，而奉军嫡系部队实力得以保全。

第三类军阀人数众多，凡拥兵逾万乃至数万，盘踞一省的督军，均可纳入此类，其代表人物如李纯、王占元等。这类军阀虽然叱咤风云一时，但其活动范围只限于一省之内，也未经历过连年剧烈的争战，对北洋政局虽有一定影响，但不是直接的、具有决定性作用的影响。

从上述分析可以看出，张宗昌具有较强的相对独立性，也即是具有鲜明的二重性：一方面他绝对效忠张作霖，报答张作霖知遇之恩，不肯接受国民党的招降纳叛；另一方面他又要创造一个相对独立的政治局面，不肯俯首贴耳寄人篱下，不甘心任人摆布。他劝说姜登选时也表现了这一点。张作霖父子对张宗昌也因此怀有一定戒心。一是要利用，因其战功卓著；二是不放心，因其具有离心力，自作主张，又无可奈何。一九二八年，北京政府崩溃前夕，矛盾暴露无遗。张作霖令张宗昌退守热河，东北三省根据地绝对不允许张宗昌染指，唯恐祸起萧墙。而张宗昌也心如明镜，既不我信，我亦拒不受命，宁可玉碎，决不瓦全，宁肯全军覆没，也不能忍辱从命。这是张宗昌向张作霖以"死"表自己的"忠心"，也折射出对张作霖的不满。据张作相谈：张作霖撤离北京时，曾谣传张效坤（张宗昌）乘老将（张作霖）出关路过天津时将有所举动。老将本不相信，但当时局势混乱，人心浮动，也不能不格外警惕。张作霖决定提前开车出京。张宗昌此刻在京等候伴送，突闻老将提前动身，急急忙忙赶至车站，专车早已开行。张宗昌专列随后急追，并沿站用电话联络，请老将停车少待。行至廊坊车站方才赶上。见面后，张老将问张宗昌：有什么事教我等你？张回答：什么事也没有，我只想跟着火车送送您。车过天津，张宗昌方始下车。谣言也随之灯销火灭。

张宗昌率残部退至滦河一带，恰值张学良决定易帜，他反复思量，一改初衷，拟随之易帜。但张学良坚持要张、褚两人下野，队伍改编。虽有张作相为之说情，认为张宗昌多年来有功于东北，应予照顾，但终难奏效，而张作相反过来又认为张宗昌过于固执己见，何不暂时委屈一步，再图后计。综观张学良不肯收留张宗昌残部，原因不外乎两点：一是认为张宗昌难以驾驭，老将在时尚且如此，如今老将不在，恐更难以控制；二是认为张部人员庞杂，良莠不齐，一团乱麻。其实这两个问题由来已久。张作霖在世时，即作如是观。我任直鲁联军总参谋长暨山东军务善后督办公署参谋长时，始终负责军队铨叙工作即军衔的评定事宜。有一

160

次，张作霖曾当面指示我说："你们督办的人事保举工作乱七八糟，一次保举那么多的中将、少将。今后，你要严格审查把关，我按你审定的意见批！"我只能唯唯诺诺，表示遵命。事后，我不得不去找总部负责铨叙具体工作的杨毓珣等人设法疏通，请他们谅解："我们督办也深感为难，那么多人都差不多一边高，给谁不给谁，比来比去实在不好办。今后，我们一定按照大元帅的指示，认真做好铨叙评审工作。"

二、张宗昌在北洋军阀中独有的特点

要深入地了解做为"军阀"的张宗昌，就有必要把他放到北洋军阀的群体中进行考察，把他与同时代的军阀进行比较，从家世、出身、经历以及所作所为进行多方位比较，才能更好地了解他与一般军阀的差异，了解他的特点与突出之处，同时也有助于了解当时一些历史现象的主客观背景。

（一）张宗昌幼年、少年和青年时期，饱受困苦生活的煎熬，实为军阀之最。张宗昌出生在一个极其贫苦的农家，父亲张文福靠当吹鼓手为生，挣钱本来无几，何况又染上喝酒赌博的恶习，不正经养家。其母竟然丢下幼子，愤而改嫁。家庭生活困窘之状，可想而知。张宗昌小时候跟这样一个父亲生活，饥一顿，饱一顿，自是常事，实在没有着落，只得向街坊四邻乞讨，偷食土地爷小庙中的供品。十来岁时，不得不跑到外村小酒店中当学徒。十五六岁时，就去闯关东。他在东北农村和城市中干过各种苦力活，后来又去为帝俄修筑中东铁路，从此成为一名铁路工人。张宗昌的幼年和青少年时期的困苦遭遇和经历，集旧社会农民与工人苦难于一身，迥非当时一般大军阀所能相比。

（二）张宗昌是唯一与帝俄结下不解之缘的军阀。张为帝俄修筑中东铁路，能力出众而又粗通俄语，博得俄国人的赏识。日俄战起，张为帝俄组织游击队。在帝俄军官的指导下，他成为一名粗具军事知识的指挥官，锻炼了统帅千军万马的能力和信心。俄国十月革命成功，一些帝俄高级军官率队携械向张宗昌投诚。从此，张宗昌拥有了白俄雇佣兵，组建了外籍兵团，创建了铁甲列车部队。张宗昌成为第一个，也是唯一的利用外国兵打内战的军阀。

由于与俄国人特别是帝俄高级军官——皇家贵族交往，张宗昌熟悉外国交际礼仪，习惯西服革履。一般人以为他"土"得很，实际不然。九一八事变后，他离开日本人统治的大连时，为了表示郑重其事，他决定身着大礼服，头戴大礼帽登上返程轮船。做为主要随员，我没有大礼服，他特意让外国洋行为我赶制了大礼服、燕尾服、小礼服，使归国场面隆重，服饰庄重。

（三）张宗昌是唯一不是出自北洋系统的北洋军阀。北洋军阀均来自袁世凯小站练兵的新军，来自北洋六镇，来自各个派系的清军。张作霖、褚玉璞等虽出身于胡子土匪，但均为当时政府招降，成为政府军的正式军官。只有张宗昌一人来自辛亥革命时期的革命军，成为正式军人之前，与北洋清军没有任何关系。一九一三年二次革命时，方才由革命阵营游离而出，投入北洋军阀怀抱。只是由于受到冯国璋的青睐，才青云直上，跻身北洋政府高级将领。然而终究是无源之水，无本之木，冯国璋一死，便无立锥之地。曹锟、吴佩孚以其非直系正宗，拒不接纳。后来虽为张作霖收留，但又非奉系正宗，虽为奉系南征北战，屡建赫赫战功，但终为奉军彻底消灭，仅以身免。

（四）张宗昌是一个广揽人才，不分派系，不分地域，来者不拒，兼容并蓄的军阀。一般军阀多持门户畛域之见，只承认一己嫡系势力，至于旁系杂牌队伍，不是排斥便是翦除。张宗昌恰恰相反，正因为如此，所以他统率的直鲁军成为一个人员庞杂、源流纷呈的大杂烩军事集团。直系和皖系一些资深将领也云集在张宗昌麾下。第二军军长张敬尧，早在民国八年张宗昌任混成旅旅长率部入湘作战时，就已位居湖南督军，资历远远高于张宗昌。第十七军军长曲同丰是段祺瑞皖系大将，直皖战争时曾任皖军总司令。此外，军长寇英杰、陈文钊、杨清臣均系直系吴佩孚的将领。军长马济、刘志陆均系广西军阀陆荣廷的部将。尤以马济在广西军界素负盛名，国民党桂系军人大多出其门下。军长柴云升、姜明玉、阚玉珍系陕军刘镇华的部属。军长袁家骥则是来自柏文蔚的皖军。张作霖曾三令五申，所有各路来归的部队，一律不予接纳和供应。而张宗昌则敞开大门，来者不拒，而且一视同仁，与直鲁军嫡系部队享受同等待遇。孙传芳率部投归北洋政府，加入津浦线作战，由张宗昌统一指挥。孙部来归，虽经张作霖同意批准，但北洋政府并不拨款，所有军需给养和各项费用开支，均由山东地方负责筹措。庞大的军费负担，使张宗昌极感困难，捉襟见肘，穷于应付。

张宗昌也十分注意延揽文人名士，聘请逊清末科状元王寿彭出任教育厅长兼山东大学校长；聘请袁世凯称帝时筹安会六君子之首湖南名士杨度任总参议；还曾迎请康有为莅鲁，尊为上宾。

（五）张宗昌执掌山东后，立即办了一些发展经济和教育事业的实事，为一般军阀所不及。例如开辟济南至青岛的长途电话，便利群众，促进工商业发展，这在当时实属创举。创办山东大学，使山东省开始有了高等学府。镂版重刻十三经，印刷装帧精美，古朴大方，为发扬传统文化、镂版印刷事业留下美好的一笔，民国以来的军阀，唯其一人问津此道。

（六）张宗昌喜好京剧，并与余叔岩、杨小楼、梅兰芳、程砚秋等京剧泰斗建立了良好的关系。这在军阀中也是唯此一人。一九二五年四月，张任四省剿匪司令时，在徐州为其母祝寿，开始举办堂会，邀请诸名伶莅徐演出。督鲁期间，在济南和北京均曾数次举办堂会。一九三二年自大连回归北京后，仍不时在其私邸举办堂会。演出档次之高，非一般可比。张宗昌下野后与其在位时举办堂会所不同者是，诸名伶均是义务演出，个人分文不取，这是非常可贵的。诸名伶很讲义气，重视友谊，不因张宗昌没钱没势而拒绝演出。这也说明张宗昌在位时，对这些名伶是很尊重的，态度是诚恳的，不因自己有钱有势而盛气凌人，蔑视艺人。

（七）张宗昌纳妾人数之多，在北洋军阀中首屈一指。张宗昌寻花问柳，嫖娼纳妾，招致非议最多，当是咎由自取。不管舆论怎样谩骂，他全然不予理会。在他眼里，男子汉大丈夫理应如此。在外统帅千军万马，在内自应妻妾成群。张宗昌的一贯指导思想是"有买的，有卖的"，"老子有钱，花钱买乐"，这是人间"正道"。他曾暗地劝诫一位要人，在闲谈中宣扬他的这种观点："咱们有钱，花钱什么样好看的买不来？何必到人家里去瞎闹，既败坏人家的名誉，也败坏了自己的声望。"

（八）张宗昌一生过手金钱，何止千万元，但他从不为自己将来的生计着想，有钱就花，没钱照样花，以致身后萧条，一无所有，这在北洋军阀中也是独一无二的。一般军阀总要考虑下野后的生活问题，银行里有存款，租界里有住房。但张宗昌下野后，银行里没存款，除老家掖县有住房一所，北京有住房两所外，租界里一间住房也没有。一九二八年，张宗昌兵败滦河，他只身浮海逃到大连，寄居在他父母家。房子是他老母用自己积攒的钱购置的，十分简陋，巴掌大的小院，只有五六间房，张宗昌站在院子里可头顶屋檐。张宗昌喜聚不喜散，在位时即使千军万马，来者不拒；下野后依然如故，终朝每日，门前车水马龙，高朋满座，食客盈门，护兵马弁成群，为此花掉多少钱也在所不惜。张学良每月供给四千元，月月超支。

"明知山有虎，偏向虎山行"，这是张宗昌的一贯作风。其成也在此，败也在此。日俄战时，他曾深入匪穴，以胆识征服匪首，终于组成一支庞大的游击队伍。令其丧命的山东之行，目的是抗日，借以东山再起。张学良本有所安排，但与韩复榘达成的协议要变成现实，还需张宗昌本人付出努力。当时济南方面杀机四伏，张宗昌本有所知。如果怕死不去，则前功尽弃，协议终成泡影。如果破釜沉舟，背水一战，协议实现，则走马上任，踏上抗日征途；否则不成功便成仁。用他自己的话说，我是为抗日而死。

九一八事变后，张宗昌拒绝日本帝国主义的威胁与利诱，毅然决然回到祖国的怀抱，与张学良重归于好，积极投身抗日活动，保持了应有的民族气节。盖棺论定，大节不失，应予肯定。

树倒猢狲散，张宗昌一死，偌大的一个"钟鸣鼎食"之家，立刻化为乌有，了无痕迹。这既是张宗昌悲剧所在，也是张宗昌一生"活着干死了算"的最好写照。他自己主动地走过了自我肯定、自我否定的全历程，从无到有、从有到无的最终归宿。这对某些人也许有所启示。

第五编　北洋政府所辖各师和混成旅变迁简况

自一九一二年（民国元年）北京共和政府成立，至一九二四年（民国十三年）直系曹锟政府倒台，陆军建制的最高独立编制单位为"师"，其次为"混成旅"。其后，奉系张作霖军政府统治时期，始有"军"的建制。

现将民国元年至民国十三年，北洋政府直辖各"师"和"混成旅"的建立和演变简况纪要如下。从建制变迁和人事归属等方面，可以看出派系势力的消长。唯以事隔多年，记忆模糊，虽经多方咨询，难以补全，只好付诸阙如。疏漏错误之处，尚请指正。至于地方建立的师、旅武装力量，则不在本文叙述范围之内。

一、陆军各"师"演变简况

一九二四年（民国十三年）以前，由北洋政府正式明令颁发的"师"级番号，共计三十个，按"第一师"、"第二师"顺序排列，以清末所编六镇为序列之始。

（一）第一师：一九一二年（民国元年），清末第一镇改编为第一师，何宗莲任师长，并兼任察哈尔省副都统。民国三年八月，该师第一旅旅长蔡成勋升任师长。民国十一年四月，蔡出任江西督军，该师随同进驻江西。时杨以来和冯绍闵分任第一旅和第二旅旅长。后蔡去职，冯绍闵继任师长。民国十四年，第一师归属孙传芳浙、闽、苏、皖、赣五省联军。民国十五年，在江西为北伐军战败，后随同五省联军覆灭。

（二）第二师：一九一二年（民国元年），清末第二镇改编为第二师，王占元任师长；石振声和王金镜分任第三旅和第四旅旅长。民国三年，该师奉派进驻湖北。民国四年，王占元督理湖北军务。民国五年一月，王金镜接任师长兼武岳司令，驻岳州。湘桂联军兴师，王金镜率师退临湘。民国七年二月，仍由王占元兼任师长。民国十年，武昌兵变，王占元出走。同年八月，孙传芳继任师长，孟昭月和张俊声分任第三旅和第四旅旅长。民国十一年，孙传芳率该师进驻福建。民国十三年，孙传芳复率师进驻浙江。民国十四年十一月，孙传芳在南京就任浙、闽、苏、皖、赣五省联军总司令，第二师师长遂由浙江总司令卢香亭接任。民国十五年，李宝章任师长。民国十七年，李率师随同五省联军其他诸部归附北伐军。

（三）第三师：一九一二年（民国元年），清末第三镇改编为第三师，曹锟任师长；蒋国斌和张鸿逵分任第五旅和第六旅旅长。民国二年，曹锟任长江上游警备总司令，率该师进驻湖南岳州（岳阳），时汪学谦和吴佩孚分任第五旅和第六旅旅长。民国四年，反袁帝制军兴，曹锟率第六旅入川，第五旅随同第六师进驻湘西。民国五年，曹锟出任直隶督军，该师随同北归，驻防保定。民国七年二月，吴佩孚任师长。同年，援湘之役军兴，吴率师进攻湖南，克岳州、长沙，止于衡阳。民国九年，吴佩孚通电主和，自衡阳撤防北归。直皖战后，该师移驻洛阳，时杨清臣和张席珍分任第五旅和第六旅旅长。民国十三年十一月，第二次直奉战末期，第五、六两旅分别在山海关和滦河边为奉军解除武装。

（四）第四师：一九一二年（民国元年），清末第四镇改编为第四师，陈光远任师长。由于广水兵变，陈光远撤职，杨善德继任师长；臧致平和李厚基分任第七旅和第八旅旅长。民国三年，杨善德奉派率师进驻上海，并任淞沪护军使。民国六年十一月，杨善德率部进驻浙江，任浙江督军，仍自兼师长；陈乐山和何丰林分任第七旅和第八旅旅长。民国十三年九月，夏兆麟暂代师长。民国十四年，该师归属孙传芳五省联军，孙任命谢鸿勋为第四师师长。谢与北伐军作战负伤致死，上官云相继任第四师师长，后投归北伐军。

（五）第五师：一九一二年（民国元年），清末第五镇改编为第五师，靳云鹏任师长，驻防山东。民国三年，张树元继任师长；郑士琦和徐鸿宾分任第九旅和第十旅旅长。民国五年，张怀芝接替靳云鹏任山东督军。其后，张树元接任山东督军并兼任师长。民国八年十二月，田中玉任山东督军，郑士琦升任第五师师长。郑以拥有兵权继而出任山东督军。民国十三年，吴佩孚倡议督军不再兼任师长，是以郑士琦任督军后，所遗第五师师长一职由孙宗先继任。民国十四年，张

166

宗昌任山东军务善后督办，曾将第五师改编。民国十七年，该师随二七方面军覆没于北伐战争中。

（六）第六师：一九一二年（民国元年），清末第六镇改编为第六师，李纯任师长。民国二年，李纯出任江西督军，该师第十一旅随同进驻江西，而第十二旅在旅长张敬尧的率领下，以第三混成旅名义，正在河南助剿白狼匪军，未能随同入赣。因此，李纯到达江西后，立即招募新兵，重新组编第十二旅，任命齐燮元为旅长。同年八月，马继增任师长，周文炳和齐燮元分任旅长。民国四年，帝制事起，马继增以第一路司令名义率军入湘，在辰溪暴死，齐燮元任师长。民国六年八月，李纯任江苏督军，该师随同进驻江苏。民国八年，李纯暴死，齐燮元继任江苏督军兼第六师师长，卢凤书和宫邦铎分任旅长。民国十四年，齐燮元被逐，陈调元继任师长。后陈归附孙传芳五省联军，任安徽省总司令，民国十五年，陈调元率部投向北伐军，接受改编。

（七）第七师：一九一三年（民国二年）八月，以拱卫军改编为第七师，雷震春任师长。民国三年四月，陆建章任师长，贾德耀和冯玉祥分任第十三旅和第十四旅旅长。同时，陆奉派督理陕西军务，遂率师入陕。不久，两旅分别改编为第十五混成旅和第十六混成旅。是年十月，另以驻河南的张敬尧所属第三混成旅扩编为第七师，张敬尧任师长，吴新田和田树勋分任第十三旅和第十四旅旅长，并奉令移驻北京南苑。民国四年，帝制事起，张敬尧任第二路司令，率师进驻四川，翌年北归。民国七年，张敬尧率师攻占湖南，任湖南督军。民国九年，南军谭延闿攻占长沙，张敬尧出走，吴新田继任师长；顾琢塘和刘宝善分任第十三旅和第十四旅旅长。民国十年，吴新田率师自河南南阳进入陕西，任汉中镇守使。民国十四年，吴新田任陕西督军，旋任陕南护军使兼汉中镇守使，同年五月，顾琢塘任师长。民国十五年，该师归附北伐军。

（八）第八师：一九一三年（民国二年）八月，以拱卫军前路改编为第八师，王汝贤任师长，陶云鹤与何锋钰分任第十五旅和第十六旅旅长。民国三年九月，李长泰任师长，驻军保定。民国四年帝制事起，开赴四川。民国五年北归，驻军天津马厂。民国六年六月，张勋复辟，段祺瑞马厂誓师，通电讨伐张勋，即以该师为主力军。同年八月，傅良佐出任湖南督军，王汝贤再任师长，随傅进驻湖南。零陵独立，王汝贤任湖南总司令，通电停战，第八师退长沙，再退岳州。民国八年九月，王汝勤任师长，刘建章和刘玉春分任第十五旅和第十六旅旅长。同年，王汝勤任长江上游警备总司令，该师移驻宜昌。民国十五年夏季，王汝勤被逐，旅长刘玉春接任师长。后刘在武昌被俘，张辅臣继任师长，归附北伐军，接受改编。

（九）第九师：一九一四年（民国三年）九月，以河南第一师改编为第九师，张锡元任师长，成慎和柴得贵分任第十七旅和第十八旅旅长。民国五年，第九师改编为河南第一旅和第二旅；另以黎天才第十一师改编为第九师，黎天才任师长，驻襄阳。民国六年，另以模范团第二期学员改编为第九师，魏宗瀚任师长。民国十一年八月，陆锦以陆军总长兼第九师师长，耿锡龄和冯玉荣分任第十七旅和第十八旅旅长。民国十三年，吴佩孚提议内阁阁员不兼任师长，董政国继任师长。民国十三年年末，在第二次直奉战中，被缴械遣散。

（十）第十师：一九一四年（民国三年）五月，以第三师第五旅扩编为第十师，卢永祥任师长，王宾和任道一分任第十九旅和第二十旅旅长。卢旋任淞沪护军使，率师进驻上海。民国六年，卢出任浙江督军，第十师移驻浙江。民国十三年，孙传芳自福建大举进攻浙江，卢永祥战败，第十师由皖系归附直系孙传芳，孙任命郑俊彦为第十师师长。五省联军残余部队始而归附国民革命军阎锡山部，继而又依附蒋介石，缩编为第四十七师。

（十一）第十一师：一九一二年（民国元年），黎天才任第十一师师长，驻守湖北襄阳。民国五年一月，第十一师改编为第九师，仍由黎天才任师长。早在民国初年，袁世凯即在保定设立模范团，自兼团长，任命陈光远为团副，督办新编陆军。其时，刘启恒、萧广傅、李奎元、萧安国任模范团旅长。民国四年，以上述新编陆军成立第十一师和第十二师。张永成和李奎元曾于民国五年和六年先后任第十一师师长。直皖战后，该师裁撤，另以第十六混成旅扩编为第十一师，冯玉祥任师长，张之江和李鸣钟分任第二十一旅和第二十二旅旅长。民国十年，冯率该师进驻陕西，继阎相文任陕西督军。民国十一年，冯任陆军检阅使，该师随同进驻北京。鹿钟麟和刘郁芬分任该师旅长，张之江和李鸣钟则升任混成旅旅长。其后，冯逐步以第十一师为核心力量，形成了国民军。

（十二）第十二师：一九一五年（民国四年），以上述袁世凯所建模范团一部组建第十二师，陈光远任师长，周荫人和萧安国分任第二十三旅和第二十四旅旅长。民国六年，陈光远出任江西督军，第十二师随同进驻江西。民国十一年十一月，周荫人任师长，周荫轩和陆殿臣分任旅长。其后，周奉令率师进入福建，曾任福建督军孙传芳帮办。孙攻占浙江，周任福建督军。孙传芳组织五省联军，周任福建总司令，苏延任第十二师师长，在北伐战争中，第十二师随五省联军覆没。

（十三）第十三师：一九一一年（清宣统三年）九月，袁世凯出任湖广总督。在河南彰德招募士兵，组建湖北巡防营，总计建立三十个营。袁任内阁总理时，巡防营随同进京。民国元年，巡防营改编为拱卫军，段芝贵任军统。民国五年，段祺瑞任国务总理，拱卫军改编为第十三师，李进才任师长，陶经武和刘富有分任第二十五旅和第二十六旅旅长，驻军北京西苑。民国十三年，第二次直奉战爆发，王怀庆任直军第二军总司令，率第十三师等部出喜峰口向朝阳进击。该师战斗力很差，最终随直军失败而覆没。

（十四）第十四师：一九一四年（民国三年），段芝贵督理湖北军务，以湖北第三混成旅改编为第十四师，卢金山任师长，并兼任长江上游警备总司令。民国十一年十一月，第一次直奉战后，另以第七混成旅唐天喜部改编为第十四师，靳云鹗任师长。民国十三年，第十四师布防在山海关左翼安民寨一带，战绩卓著。直军全线失利后，第十四师大部被解除武装。靳云鹗退至河南重组第十四师，在北伐战争中归附北伐军。

（十五）第十五师：一九一五年（民国四年），帝制事起，以四川省第一师改编为第十五师，周骏任师长。帝制失败，该部为四川地方反袁部队改编。民国六年，冯国璋任代理总统，以直隶第一混成旅扩编为第十五师，刘询任师长，隶属皖系。直皖战皖系失败，该师建制随之撤销。民国十一年，第一次直奉战后，另以直军第十四混成旅扩编为第十五师，彭寿莘任师长，郭敬臣和郭之桢分任第二十九旅和第三十旅长。该师驻守滦州和永年一带。民国十三年，第二次直奉战时，第十五师负责防守山海关阵地，并坚守阵地直至战争末期。在突围途中，向奉军投降，缴械解散。

（十六）第十六师：清宣统末年，冯国璋任禁卫军军统。民国元年，除其第二团戍守皇宫，余部均改编为第十六师，冯兼任师长。民国二年，冯出任江苏督都，该部随同进驻南京。民国六年，冯任代理总统，该部又随同返回北京，逐步遣散。后以奉天巡防营改编为第十六师，王廷桢任师长。民国八年，王率部至察哈尔任都统。民国九年，王景惠继任察哈尔都统并兼任第十六师师长。后邹芬接任第十六师师长，关忠和田献章分任第三十一旅和第三十二旅旅长。第十六师最终归属奉系并被改编。

（十七）第十七师：暂阙。

（十八）第十八师：一九一八年（民国七年）一月，以驻湖北第六混成旅扩编为第十八师，王懋赏任师长。后卢金山任师长。民国十四年，卢接替王汝勤任长江上游警备总司令，率师进驻宜昌。民国十五年秋，卢金山将所部扩编为两个师，原第十八师旅长刘汉三和杨荫荣分任师长。不久，两师均为北伐军王天培等部包围缴械。

（十九）第十九师：暂阙。

（廿）第二十师：一九一二年（民国元年），逊清第二十镇改编为第二十师。民国三年四月，吴光新任师长，车震与张建功分任第三十九旅和第四十旅旅长。民国四年，帝制事起，该师奉令开往湖南，进至湘西。民国五年，傅良佐任湖南督军，零陵独立，范国璋任湖南副司令，与总司令王汝贤通电停战，退至长沙，又退岳州。民国九年，直皖战后，阎相文任师长。民国十年，阎任陕西督军，率师进驻陕西。不久，阎自杀身亡。民国十一年，阎治堂任师长，石绍明与豫积孚分任第三十九旅和第四十旅旅长，驻军潼关。民国十三年，第二次直奉战起，该师奉调至直军前线，与奉军作战。战争末期，为奉军缴械解散。

（廿一）第二十一师：暂阙。

（廿二）第二十二师：暂阙。

（廿三）第二十三师：一九二〇年（民国九年），直皖战后，以直隶第一混成旅扩编为第二十三师，王承斌任师长，王维城和孙清山分任第四十五旅和第四十六旅旅长。同年十月，王承斌任直隶督军，仍兼师长。民国十二年，吴佩孚提议督军不兼师长，王维城升任师长。部队驻廊坊和沧州一带。民国十三年，第二次直奉战爆发，该师奉令出界岭口，经干沟向绥中方向前进。战争末期，在滦河下游为奉军解除武装。

（廿四）第二十四师：一九二〇年（民国九年），直皖战后，以直隶第二混成旅扩编为第二十四师，张福来任师长，王为蔚和苏世荣分任第四十七旅和第四十八旅旅长。同年十月，张福来任河南督军，仍兼第二十四师师长。民国十二年，吴佩孚提议督军不兼师长，杨清臣继任师长。队伍驻河南开封。民国十三年，第二次直奉战时，第二十四师编入第一军序列。战争末期，溃败于山海关。

（廿五）第二十五师：一九二〇年（民国九年），直皖战后，以直隶第三混成旅扩编为第二十五师，萧耀南任师长，王启贵和陈嘉谟分任第四十九旅和第五十旅旅长。民国十二年，吴佩孚提议督军不兼师长，陈嘉谟继任师长。

（廿六）第二十六师：一九二〇年（民国九年），直皖战后，以直隶第四混成旅扩编为第二十六师，曹锳任师长，刘景元和曹景桐分任第五十一旅和第五十二旅旅长。队伍驻马厂等地。民国十三年，第二次直奉战末期，该师一部在滦河边为奉军解除武装，一部回援北京，在杨村和北仓一带为国民军战败。至此，第二十六师全部溃散。民国十四年十月，吴佩孚下令，将于学忠所属第十八混成旅又复扩编为第二十六师，于学忠任师长，杨殿云和马廷福分任旅长，驻防施南、宜昌等地。民国十六年五月，经吴佩孚同意，以原第二十六师扩编为第二十五师和第二十六师，以杨殿云和马廷福分任两师师长，后皆归属奉军。

（廿七）第二十七师：一九一二年（民国元年），以奉天巡防中前两路改编为第二十七师，张作霖任师长，汤玉麟和孙烈臣分任第五十三旅和第五十四旅旅长。民国六年，孙烈臣任师长。民国十一年，张作相任师长，赵明德和李振声分任第五十三旅和第五十四旅旅长。以后随奉军改编和扩编，番号均有所变化。

（廿八）第二十八师：一九一二年（民国元年），以奉天巡防右路改编为第二十八师，冯麟阁任师长，张海鹏和汲金纯分任第五十五旅和第五十六旅旅长。民国六年，汲金纯任师长，史奎元和张作涛分任第五十五旅和第五十六旅旅长。以后随奉军改编和扩编，番号均有所变化。

（廿九）第二十九师：一九一二年（民国元年），以黑龙江骑兵第二旅及奉天巡防后路改编为第二十九师，吴俊升任师长，万福麟和李冠英分任第五十七旅和第五十八旅旅长。以后随奉军改编和扩编，番号均有所变化。

（卅）第三十师：暂阙。

二、陆军各"混成旅"演变简况

（一）第一混成旅：一九一三年（民国二年）十一月，以驻山东第五师第十旅扩编为第一混成旅，王汝勤任旅长。民国三年八月，施从滨任旅长。民国七年六月，潘鸿钧任旅长，驻济宁。民国十三年十二月取消建制。

（二）第二混成旅：一九一三年（民国二年）九月成旅，褚恩荣任旅长，驻军武汉。民国三年，吴庆桐任旅长。民国六年十一月，刘跃龙任旅长，驻军河南。民国七年，李治云任旅长。民国九年，阎相文任旅长。民国十年十二月，胡念先任旅长，部队移驻武汉新堤。

（三）第三混成旅：一九一四年（民国三年）八月，以驻河南第六师第十二旅扩编为第三混成旅，张敬尧任旅长。同年十月，第三混成旅扩编为第七师。是年，以彰德招募之湖北省防团改编为第三混成旅，卢金山任旅长，驻防湖北。第三混成旅旋即扩编为第十四师。民国四年十二月，另以江西省防团改编为第三混成旅，黄振魁任旅长，驻防江西。民国六年十一月，陈光魁任旅长。民国十三年一月，唐福山任旅长，驻军信丰。同年十二月，以第三混成旅及赣东之第二团合编为江西第一师。

（四）第四混成旅：一九一四年（民国三年）八月，以驻长沙、岳州之第二十师所属第三十九旅扩编为第四混成旅，伍祥桢任旅长。民国四年三月，该旅随陈宦进驻四川。民国五年，陈离川，至宜昌遣散。民国六年六月，另以近畿第一旅改编为第四混成旅，张锡元任旅长。后张任察哈尔都统，该旅随同进驻察哈尔。民国十一年，张金标任旅长。民国十三年十二月，宋玉珍任旅长，因士兵哗变抢掠商民，取消建制番号。

（五）第五混成旅：一九一四年（民国三年）八月，以冯国璋率至南京之直隶第一混成旅改编为第五混成旅，刘询任旅长，驻军淮安。民国六年八月，该旅扩编为第十五师，刘询升任师长。另以湖南陆军第一旅改编成第五混成旅，朱泽黄任旅长。民国九年六月，因湘战溃散。民国十一年二月，另以绥远两暂编混成旅改编成第五混成旅，马鸿逵任旅长。

（六）第六混成旅：一九一四年（民国三年）八月，以驻湖北第二师补充旅改编成第六混成旅，王金镜任旅长。民国五年，王金镜升任第二师师长，王懋赏任旅长。民国七年一月，该旅扩编为第十八师。同年二月，另以江苏第七十四旅一个步兵团扩编成第六混成旅，张宗昌任旅长，开赴湖南参加援湘之役。民国八年八月，第六混成旅另加王康福所属暂编第一混成团，合编成陆军暂编第一师，张宗昌任师长。民国九年一月，另以第四师第八旅扩编成第六混成旅，何丰林任旅长，驻军上海。民国十三年十月，江浙战后，该旅为孙传芳遣散。

（七）第七混成旅：一九一四年（民国三年）八月，以驻京师北苑第一路备补营改编为第七混成旅，唐天喜任旅长，移驻河南。民国十一年改编为第十四师。民国十一年九月，冯玉祥任河南督军时，另从河南新募五团新兵中抽拔两团组编第七混成旅，张之江任旅长，驻军京师南苑。后张任察哈尔都统，葛金章任旅长。

（八）第八混成旅：一九一四年（民国三年）八月，以驻保定第二路备补营改编成第八混成旅，徐占凤任旅长。民国七年十二月，靳云鹗任旅长。民国十一年七月，第八混成旅扩编为第十四师。同年九月，冯玉祥另以第一补充旅改编为第八混成旅，李鸣钟任旅长，驻军京师南苑。后李任绥远都统，石友三任旅长。

（九）第九混成旅：一九一四年（民国三年）八月，以江西第六混成旅改编为第九混成旅，丁效兰任旅长，驻军赣县等地。民国八年十二月，赣南镇守使吴鸿昌兼署旅长。民国十一年四月，王永贵任旅长；同年九月，邓如琢任旅长。民国十三年十二月，以第九混成旅和第二十三混成旅之一部并补充团一团，改编为近畿第一师；另以江西第二旅及暂编第三旅之一部，改编为第九混成旅，季鸿程任旅长。民国十四年十二月，张凤岐任旅长。

（十）第十混成旅：一九一四年（民国三年）九月，以驻福建陆军第十四团及补充第五团，改编为第十混成旅，唐国谟任旅长。民国十二年七月，该旅解散。另以第二师备补兵改编成旅，孟昭月任旅长，驻军泉州。

（十一）第十一混成旅：一九一四年（民国三年）九月，以福建第二十七混成旅改编为第十一混成旅，王麒任旅长。

（十二）第十二混成旅：一九二〇年（民国九年）十一月，以直隶第一补充旅改编为第十二混成旅，葛树屏任旅长。民国十三年，第二次直奉战开战后，该旅奉令出界岭口，在干沟和九门口中间地带前进。战事末期，溃散于山海关。

（十三）第十三混成旅：一九一五年（民国四年）一月成旅，李炳之任旅长。陈宧任四川将军时，率该旅入川。民国五年，陈离川，至宜昌该旅解散；另以第一师步兵一团与第二师一混成团合编为第十三混成旅，李炳之任旅长。民国六年，吴光新率该旅入川。民国七年十一月，张培元任旅长。民国九年八月，以第十三混成旅与第二十一混成旅合并为湖北暂编第一师。同年十月，另以直隶补充旅改编为第十三混成旅，董政国任旅长。民国十三年，冯玉荣任旅长。第二次直奉战爆发，该旅奉令至九门口占领阵地。战事末期，溃散于九门口。

（十四）第十四混成旅：一九一六年（民国五年）五月，以第十师第十九旅一个团改编为第十四混成旅，臧致平任旅长。民国七年，扩充为福建暂编第二师。民国九年十一月，另以直隶第二补充旅改编为第十四混成旅，彭寿莘任旅长。民国十一年，第一次直奉战末期，第十四混成旅扩编为第十五师。同年十一月，另建第十四混成旅，时全胜任旅长。民国十三年，第二次直奉战爆发，第十四混成旅奉令出冷口，在凌源与干沟中间地带前进。战争末期，溃散于山海关。

（十五）第十五混成旅：一九一四年（民国三年）九月，以驻陕西第七师改编为第十五和第十六混成旅。贾德耀任第十五混成旅旅长。民国九年七月取消建制，同年十一月，另以直隶第三补充旅改编为第十五混成旅，孙岳任旅长。民国十四年一月，王允恭任旅长。

（十六）第十六混成旅：一九一四年（民国三年）九月，第七师改编为第十五和第十六混成旅，冯玉祥任第十六混成旅旅长。民国四年，第十六混成旅随陈宧进驻四川。民国五年，陈离川，冯率军由陕西北归，驻军廊坊。民国六年，杨桂堂任旅长。民国六年，复辟事起，复任冯玉祥为旅长。民国七年二月，因屯兵武穴，通电主和，改任董世禄代理旅长；不久，冯又复职。民国十年七月，第十六混成旅扩编为第十一师，冯任师长。民国十一年十月，曹锟以其卫队团扩编为第十六混成旅，曹世杰任旅长。民国十年十二月，在第二次直奉战中溃散。

（十七）第十七混成旅：一九一七年（民国六年）二月，由于驻湖北第九师师长黎天才宣布自主，遂以第九师改编为第十七和第十八两混成旅。张联升任第十七混成旅旅长，先驻襄阳，后移驻老河口。民国十四年三月，该旅改编为暂编第五师。

（十八）第十八混成旅：一九一七年（民国六年）二月，以第九师改编为第十七和第十八混成旅，赵荣华任第十八混成旅旅长，先驻钟祥，后移驻襄阳。民国十二年十二月，于学忠任旅长。次年春季，第十八混成旅扩编为第二十六师。于学忠任师长，先驻施南，后移驻宜昌。此部辗转纳入奉军体系。

（十九）第十九混成旅：一九一八年（民国七年）三月成旅，鲍贵卿兼代旅长。民国八年八月，张焕相任旅长，驻奉天。

（廿）第二十混成旅：一九一八年（民国七年）六月，以陆军第一旅改编为第二十混成旅，吴长植任旅长，驻山东济宁。民国十五年，吴任曹州镇守使时，率该部偷袭济南，企图驱逐张宗昌，夺取山东地盘。结果事败，吴长植被击毙，队伍溃散。

（廿一）第二十一混成旅：一九一七年（民国六年）十月，以湖北省防两团改编为第二十一混成旅，孙传芳任旅长，驻宜昌。民国九年八月，以第十三混成旅与第二十一混成旅合并，改编为湖北暂编第一师。民国十年二月，湖北督军王占元咨请取消该师建制，恢复第二十一混成旅建制，王都庆任旅长，仍驻宜昌。

（廿二）第二十二混成旅：一九二三年（民国十二年）八月，以陕西第五旅改编为第二十二混成旅，王鸿恩任旅长。

（廿三）第二十三混成旅：一九二三年（民国十二年）八月，以绥远援赣混成第一团改编为第二十三混成旅，王麟庆任旅长。民国十三年十一月，以第二十三混成旅与江西第一、暂编第三旅之各一部合并为江西第二师。

（廿四）第二十四混成旅：一九一八年（民国七年）十月，以援福建之西北边防军第一旅，改编为第二十四混成旅，原第一旅旅长王永泉升任混成旅旅长，驻延平。王永泉推翻李厚基，占据福建地盘。团副杨化昭升任第二十四混成旅旅长。

（廿五）第二十五混成旅：一九二〇年（民国九年）九月，以西北边防军褚其祥所属第三旅扩编为第二十五混成旅。民国十年一月库伦之役，褚其祥旅撤至张家口整编。同年十月，由察哈尔都统张景惠予以改编，齐占元任旅长。民国十一年第一次直奉战，该旅溃散。同年九月，冯玉祥另以第二补充旅改编为第二十五混成旅，宋哲元任旅长。

（廿六）第二十六混成旅：一九二四年（民国十三年）四月，以陕西第一旅改编为第二十六混成旅，田维勤任旅长。同年十二月末，第二次直奉战末期，该旅在秦皇岛以北地区为奉军解除武装。

（廿七）第二十七混成旅：暂阙。

（廿八）第二十八混成旅：一九二四年（民国十三年）八月，以四川第三混成旅改编为第二十八混成旅，王陵基任旅长。

（廿九）第二十九混成旅：一九二四年（民国十三年）十月，以安徽补充混成旅改编为第二十九混成旅，田锦章任旅长。民国十四年二月，以福建原编两混成旅改编为第二十九混成旅，孔昭月任旅长。

（卅）第三十混成旅：一九二四年（民国十三年）十月，以陕西暂编第一混成旅改编为第三十混成旅，张宝麟任旅长。民国十四年十二月，以福建在豫新募之兵及卫队合并，编为第三十混成旅，苏挺任旅长。

第六编　清末兴办军事学堂梗概

清末采用西法培养军事人才，始自李鸿章创办的天津武备学堂。前后共有六期学员毕业，为学习西法培养军事人才奠定了基础。其后，袁世凯编练新军，继续兴办各种随营武备学堂，采用西法造就亟需的军事人才。袁还在全国各地兴办陆军小学、中学，以求形成从陆军小学到中学到大学的军事教育体系。与此同时，各类武备学堂逐渐脱离"随营"性质而形成独立的教育机构。至民国初年，形成了保定陆军军官学校和北京陆军大学的两级制军事教育体系。了解清末近代军事教育体系的建立和发展，有助于了解北洋军阀和军阀派系的形成和发展。

一、李鸿章创办军事学堂

（一）天津武备学堂。一八八五年（清光绪十一年）五月，李鸿章奏请在天津仿照西法，创设武备学堂，遴委德国军官李宝、崔发禄、哲宁、那铂博、郎阆士等做为教师，并选派通习中外文字者分充翻译，将各营送来之弁兵即下级军官与士兵，挑取百余人入堂肄业。待头批学员学习期满，发回各营，由各营量材任用；再挑二批学员，送堂肄业。其学习成绩优良者，或留堂做帮教习即留校任助教；或回营任教习，转教本营弁兵。

一八八七年（清光绪十三年）十月，李鸿章再次奏禀：武备学堂学生，臣亲临考验各项操法，一律娴熟，试以炮台工程作法及测绘算化，无不洞悉要领，因择其屡考优等学生，令回营转相传授。当时学生中之著者，有段祺瑞、冯国璋、王士珍、段芝贵、陆建章、王占元、雷震春、张怀芝、曹锟、李纯、蔡成勋等。幼年班有魏宗瀚、陆锦等。此等学员，在李鸿章麾下时期多从事军事教育，尚未得参加军队实际工作。直至袁世凯小站练兵时方才予以重用。其中号称"北洋三杰"者，如王士珍、段祺瑞、冯国璋，且于民国后继袁世凯主持北洋政府军政大计。

（二）山海关随营武备学堂，一八八四年（清光绪十年）创办。学生中之著者有王宾、卢永祥、鲍贵卿、田中玉等。

（三）开平随营武备学堂，一八八四年（清光绪十年），由淮军驻防北洋记名提督聂士成开办。学生中之著者有吴恒赞、田献章、田锦璋、崔承然、董鸿逵、宋玉珍等。清光绪二十六年，八国联军进攻天津，聂军战败，所有该堂学生皆归袁世凯收用。

（四）威海随营武备学堂，与上述随营武备学堂同时期开办。段祺瑞曾于光绪十七年至二十一年在该堂任教。

二、袁世凯小站练兵时期军事学堂

（一）小站新建陆军随营武备学堂。袁世凯在小站新建陆军成军后，于一八八八年（清光绪二十四年）四月创设德文、炮队、步队、马队四所随营武备学堂。关于这方面情况，袁世凯在其直隶总督任内，于光绪二十九年六月的一通奏折中曾有详细说明，援引如下："臣部武卫右军（即新建陆军）自募练之始即规仿西制，创设德文暨炮队、步队、马队四项随营武备学堂，于所部挑选学生入堂，并拟定条规，每届两年期满，汇奖一次。据该堂总办知府段祺瑞等援案开单，详请奏咨给奖。伏计该堂各员生自二十四年奏奖之后，迄今又历四年，臣督饬该总办率同监督、教习各员认真训迪，不惮辛勤，各学生南北随营，循序程功，寒暑不辍，经迭次考试，类多勇猛精进，实觉月异而岁不同，其毕业诸生材艺有成者，或拔任营员，或经湖北、山西、陕西各省，纷纷咨调，派充教习营弁，其志期远者，选五十余名，派赴日本游学，以资深造。近时直隶募练新军所派将校官弁，亦多取材于此。"

甲、德文随营武备学堂，教语言文字，以德员穆兴礼为教习。

乙、炮队随营武备学堂，段祺瑞为监督。炮队学堂声名最为卓著，以德员祁开芬为教习。学生中有靳云鹏、贾德耀、傅良佐、吴光新、曲同丰、陈文运、张树元、张士钰、李钟岳、马良、李玉麟、段启勋、冯俊英、郑士琦、何丰林等。

丙、步队随营武备学堂，刘浩春为监督。学生中有臧致平、丁博霄、马克耀、高鹤、田书年等。

丁、马队随营武备学堂，以德员曼德为教习。

（二）此外尚有工程队随营学堂，王士珍为监督，分桥梁、电雷、土工（或称沟垒队）、测量四队，以德员魏贝尔为教习，卫兴武、李长泰等任队长。

一八九九年（清光绪二十五）年，袁世凯出任山东巡抚，新建陆军即武卫右军随同移驻山东，原小站所设随营各学堂亦迁至济南。

三、袁世凯督直时期军事学堂

一九〇一年（清光绪二十七年），袁世凯出任直隶总督，袁世凯督直时期，注重练兵，并注重军事教育，在新练军总部设有多所军事学堂。

（一）附属于参谋处的学堂有三所。当时，新练军总部设有参谋处，段祺瑞任参谋处总办。

甲、保定参谋学堂，一九〇二年（清光绪二十八年）开办，旨在造就幕僚干部，段祺瑞以参谋处总办兼参谋学堂总办。学生中之著者有靳云鹏、陈调元、段芝贵、熊炳琦、吴新田、张联棻、师景云、杨文恺等。

乙、保定武备学堂，一九〇二年（清光绪二十八年）开办，段祺瑞任总办。

丙、测绘学堂，一九〇二年（清光绪二十八年）开办，段祺瑞任总办。吴佩孚即毕业于该学堂。

这三所学堂设在一处，由一个大门出入，因此有人说测绘学堂系测绘班，附属于参谋学堂。

（二）附属于教练处的学堂有三所。当时，新练军总部设有教练处，冯国璋任教练处总办。

甲、练官营，一九〇二年（清光绪二十八年）开办，冯国璋任总办，张士钰任帮办；分步、马、炮、工四队。李泽霖任步队队官，王廷桢任马队队官，张绍曾任炮队队官，贾宾卿任工队队官。练官营遴派教习，修明操法，使北洋旧有之军与新练之军，教练渐趋一致。

乙、保定将弁学堂，一九〇二年（清光绪二十八年）开办，冯国璋任总办，旨在接纳旧军将官及侍卫等入堂肄业，相当于后来的将校研究班。

丙、保定速成武备学堂，一九〇二年（清光绪二十八年）开办，旨在培植军队中下级干部。冯国璋任总办。曾举办速成三班（三期），在北洋政府所辖各省招收学员；举办协和三班（三期），在全国范围内招收学员。

四、袁世凯兴办陆军中、小学

袁世凯对军事教育是非常重视的，在设立随营学堂的同时，奏请兴办陆军小学和中学，建立正规军事教育体系。令各省各建陆军小学一座，四年卒业。又于北京、南京、武昌、西安各建陆军中学一座，三年卒业。陆军中学由陆军部直接管辖，学生由各省陆军小学毕业生升入。陆军中学毕业后，入军队见习，见习期满，方能充当初级军官。这是一条培养正规军官的途径。但当时各部新军均已成立，大部军官均为行伍出身，难期精进，故而建立参谋学堂、练官营、将弁学堂、速成武备学堂、速成班、协和班乃至军械学堂，一方面培养在职人员，一方面也招考具有一定学识的青年入校，直接授以初级、中级军官教育，以期能于一年或两年最短期间内毕业，分发各部队或军事机关录用，解决人材短缺问题。

陆军中学于民国改元后，更名为陆军预备学校，二年毕业，仅在北京和武昌两地设立。

五、陆军大学的由来

保定军官学堂（与民国后保定陆军军官学校不同），开办于一九〇六年（清光绪三十二年），段祺瑞任督办，张鸿逵任监督。学生称学员，系由军队或军事机关内曾受初级军官教育并曾服务两年以上的军官中考选之。第一期分速成和深造两科。速成科一年半卒业，深造科三年卒业。第二期以后均改为修业三年，第三期在校时，恰值改元民国，学校更名为陆军大学。学校也自保定迁至北京，校址位于西直门大街崇元观。第九期时，于民国十九年迁往南京。学制仍为三年。一届学员学习期满毕业后，方才招收下一届学员入学，因此在校学员只有一届。

第七编　琐闻数则

琐闻轶事在北洋政治中本不足道，但若细心察之，亦有助于了解一人一事之全貌。例如第一次世界大战，中国政府对德宣战，日本帝国主义竟借机出兵强行占领胶州湾，举国上下哗然。官方敢怒不敢言，无可奈何，于是暗中支持德国抗击日寇，乃有优待德国俘虏之举。小事也能说明大问题。

一、冯国璋二三事

（一）一句话引起的风波

一九〇四年（清光绪三十年），时袁世凯任直隶总督，段祺瑞任第三镇统制，冯国璋任陆军学堂督办，节制北洋陆军所属各学堂。

是年十月初十，恰逢慈禧万寿，为了表示庆贺，军队支搭彩棚唱大戏。演出时，第三镇士兵有的故意起哄，怪声叫好，致使会场秩序大乱，无法继续演出。冯国璋当即下令停止演出，并亲自上台讲话，要大家好好听戏，不要怪声叫好，为了引起士兵的重视，竟然粗俗地说：怪声叫好不是好孩子干的事，只有卖腚的孩子才干这种事！第三镇士兵闻听此言，立即大哗，话音刚落，砖头瓦块一起飞上台。事出意外，猝不及防，冯国璋恰好"中弹"，伤及头部。各营官长立即出来管束士兵，维持秩序。为了避免士兵继续恣意闹事，营盘随即吹起集合号，士兵纷纷返回营地，一场风波始告平息。

段祺瑞当即向冯国璋赔礼道歉，事情便成过去。不料这场小小骚乱很快为袁世凯所知悉，他立即召见冯国璋。冯不敢去，但头部缠有绷带，深恐为袁看出，只好戴上一顶大帽子，极力遮盖。见面后，袁劈头便问冯头缠绷带是怎么回事。

冯回答说是骑马摔的，想敷衍搪塞一下就过去了。不料，袁竟然板起面孔，厉声说："不对！你说实话吧！"冯国璋情知事泄，无可奈何，只得将事情真相一五一十禀报清楚。袁立即又将段祺瑞召来，对两人大加申斥，治军不严，教育无方。随即下令，段祺瑞调离第三镇，接替冯国璋任陆军学堂督办，冯国璋另调他职，后任军咨府正使。

从上述一场闹事风波的处理来看，袁世凯治军极为严肃。一经发现学堂与军队之间出现龃龉，便及时采取措施予以整合；一经发现手下干部处理问题不当，便及时调动工作予以调整。见微知著，发现苗头，便一抓到底，即使高级干部，也绝不姑息。

（二）说服禁卫军接受共和诏

辛亥革命前夕，守卫都城北京的清军有禁卫军和第一镇两支队伍。禁卫军军统是良弼，该军除第四团为京兆二十四县的汉族人外，其余第一、二、三团和骑兵、炮兵、工兵、辎重兵各团均为满族旗人。第一镇统制是何宗莲，军官和士兵也均为满族旗人。这两支队伍是清军的精锐部队，军容颇为严整。

辛亥革命爆发后，清政府起用袁世凯。袁派冯国璋统率大军南下镇压革命，当其攻陷武汉三镇的龟山后，便下令停止前进。他一方面威胁利诱革命军拥戴他当总统，一方面威胁利诱清廷把政权移交给他。为了控制清廷，解除清廷武装力量，袁世凯力保冯国璋接任禁卫军军统，另派段祺瑞接替冯国璋，统率前线大军。

袁派冯任禁卫军军统，是经过一番考虑的。当时，冯国璋因镇压武昌起义有功，在清廷和清军中颇有声望，特别是在满族官兵中享有崇高威信。冯任禁卫军军统，禁卫军官兵在思想感情上是能够接受的。

冯国璋在就职讲话中曾慷慨陈辞，向全体禁卫军官兵表示，要誓死保卫清廷，消灭革命军，以此赢得全体官兵的信赖和拥护。

在清廷下共和诏前夕，冯国璋恐禁卫军不稳，发生兵变，再次向全体官兵讲话，说明无法再同革命军继续战斗下去的苦衷。当场，有一部分官兵提出质问："军统在就职时，曾经表示要誓死与革命军血战到底，为什么中途改变？"冯当时令人把这一部分士兵的番号和姓名记下，然后继续说明形势的严峻和朝廷的决定。

待讲话完毕，又复召集这一部分官兵讲话，再次说明苦衷，声泪俱下，最后从身上掏出两把手枪，放在桌上说："我冯国璋再没有别的办法了，谁不同意停战，谁就拿手枪把我打死好了。我死了，也就没法管了，大家爱怎么办就怎么办好了！"这一突然举措，完全出乎人们意料之外，弄得这些官兵瞠目结舌，面面相觑，无言答对，最终只得表示接受共和诏。于是，冯对这一部分官兵又说了一番勉励的话，希望他们回队后要进一步向兄弟们解释，体谅朝廷爱护黎民百姓，使生灵免遭涂炭之苦衷。

共和诏颁布之后，禁卫军官兵情绪稳定，没有发生任何意外事件。随即对禁卫军进行改编，除第二团留在皇城内担负守卫皇城的任务外，其余改编为第十六师，仍由冯国璋统率。冯任长江巡阅使时，第十六师随冯南下，驻扎在南京。后来，冯有意识地将该师官长陆续调任其他职务，无形中将该师遣散。

这里顺便说明一点，第一次直奉战时，奉军西路总司令张景惠所辖邹芬第十六师，系由奉天巡防营改编而成，并非禁卫军改编而成的第十六师。

（三）购置军械被劫

民国初年，冯国璋任长江巡阅使驻节南京时，曾委托江苏督军李纯出面，与日本进行秘密洽谈，订购三八式步枪一批，用以编练自己的队伍，培植个人势力。当这批军械——步枪三万只，即将运抵秦皇岛时，不料事为徐树铮得知。徐为段祺瑞的心腹和谋士，喜弄权术。当时正值冯、段政见不和，处于对立状态。徐树铮为了破坏冯的建军计划，乃就商于吴光新和陆军总长段芝贵。为了躲避人们耳目，徐将密谋地点安排在前门外一家妓院。劫持军械计划商定后，彼此还相约不让老头儿知道（老头儿指的是段祺瑞），恐段知道后，碍于多年老交情，不肯为之。徐随即去奉天游说张作霖，与张约定，待军械运抵秦皇岛时，由张出兵两个旅强行劫走这批军械。事成后，二一添作五，奉张得枪五万只，段得枪五万只。尔后，段祺瑞建立西北边防军，即是用这批枪支武装起来的。

（四）遗产有多少

冯国璋任代理大总统时，张宗昌任总统府副官长。冯去世后，张曾参与料理丧事及清理遗产等后事。有一次，张宗昌对我说："冯大总统做了一辈子官，而且是从年轻时起就做大官，落了一个'爱财'的名声，其实，也没几个钱。死后清理遗产结果，房产、地产和银行存款，所有动产和不动产加起来，也只不过三百多万块钱。"

二、第三师与直系内部矛盾事例

清末第三镇即民国第三师，乃是北洋政府直系武装力量的核心。现将第三师及直系武装力量内部的矛盾事例，简述一二。

日俄战后，为了接收东北，第三镇奉清廷命令，自关内调至关外，驻防吉林省长春等地。当时，第三镇统制即第三师师长为曹锟，所属第五协协统即第五旅旅长为卢永祥，第六协协统即第六旅旅长为陈文运。

辛亥革命爆发后，第三镇调回京师。不久，第五协奉派进驻山西，去平定山西革命。卢永祥率领第五协所属第十标即第十团和第六协所属第十一标即第十一团开入山西。这两标（团）队伍纪律松弛，军风纪很差，行军途中，时有抢劫之事发生，百姓士绅怨声载道，怒不敢言。于是有人铸大铁人一个，手持大元宝，用以讽刺卢永祥，使卢大为恼火。

不久，清帝退位，改元民国。卢永祥所率第五协奉令自山西移驻直隶省正定府（即河北省正定县），于是决定整顿军风纪。参谋长王承斌力主彻底整饬，凡违犯纪律者一律遣散。具体作法是，不动声色，暗中进行，处理完了，再行公布，以免激发兵变，出现暴乱。每个应遣散的士兵，名义上给假三个月，令其回乡探亲，每人开给路条一纸，可免费乘火车。与此同时，将每个离营士兵的不轨行动，秘密通知其家乡所在地方当局，待该人一经到达家乡后，便由当地政府下令严加管束，不得任意行动。所有应遣散的士兵离营后，军队内部再行正式明令予以开除。经过摸底，估算了一下，一个标（团）三个营，只能剩下一个营，也就是说，应有三分之二的士兵要遣送回籍，留下的老兵只能编一个营，其余两个营都要招募新兵，第十标标统容道一同意此项办法，第十一标标统王某不同意该项办法。卢永祥便令这位王标统自动请长假，而且不得走漏风声，否则以军法是问。同时宣布，参谋长王承斌兼任第十一标标统，整饬军风纪方案终于付诸实施。

一九一三年（民国二年）正、二月间，第三师到直隶省宁津县招募新兵。当时宁津县有一所两等小学（即包括初小和高小两等级的小学）、一所中学、一所师范学校。这三个学校的学生一听说招兵，便纷纷报名参军，致使三所学校学生大量流失，濒临关闭的局面。盖民国初年，辛亥革命刚刚成功之际，各地青年学子、有志之士投笔从戎、参军报国之风颇为盛行，已经成为当时社会的一种风尚。

新兵募齐后，第三师重新整编。第十团和第十一团的第一营均为老兵，第二营和第三营均为新兵。第十团划归第五旅，第十一团仍划归第六旅，恢复原有建制。第十团第一营营长为张福来，第二营营长为阎相文，第三营营长为王绍桢。

不久，第三师又调回北京，驻防南苑。时蒙匪陶什陶活动猖獗，卢永祥所属第五旅奉令开抵绥远省剿匪。卢永祥与曹锟不和，曹知道卢此去决不会再回第三师。于是，待部队抵达南苑后，不到三个月，便成立了第五补充旅。该旅也是由招募来的新兵组成。

随后，北洋政府发表曹锟为长江上游警备总司令，第三师奉令移驻岳州（岳阳）。因此，第三师师长曹锟立即召开军事会议，研究哪一部分队伍先行开拔为宜，因为到达南方可能发生战事，须立即投入战斗。由于第五补充旅和第十一团都是新兵，尚未经过严格训练，谈不上有什么战斗力，很难安排。当时，吴佩孚任第三师副官长兼骑炮团团长。吴在会上发牢骚，埋怨第十一团有那么多好弟兄都遣散了，现在要用人没人了，队伍战斗力削弱了。这一说激怒了王承斌，吴、王二人遂在会上争吵不休。原来决定第十一团暂留南苑训练，王承斌坚决不同意，大声疾呼："我的小孩兵非去不可！"曹锟极力解劝，采取抹稀泥的办法，息事宁人，说双方都是为公，谁也不准再吵了。一场风波始告平息。

第三师开抵湖南岳州后，第十一团虽然大多数是新兵，但纪律最好；第十二团虽然尽是老兵，但军风纪最差。按照规定，营盘晚上要点三次名，最后一次点完，便熄灯睡觉。但是有些老兵又偷偷起来，跳墙出去，利用腰包里的饷钱去寻欢作乐，而新兵则无一人违反纪律。因此王承斌扬眉吐气，唇枪舌剑，咄咄逼人。吴佩孚在事实面前，则不得不认输，对王只好多方迁就。

民国三年，第三师到达湖南后，湖南督军汤芗铭召开盛大欢迎会，曹锟不善言辞，由吴佩孚代致答辞，话虽不多，但颇为得体，深受汤芗铭赏识。汤邀吴出任其卫队旅旅长，曹坚决不允，事终未成。当时，第三师所属第五旅旅长为汪凤谦，安徽合肥人；第六旅旅长为张洪志。进驻湖南不久，张洪志病故，曹锟立即任命吴佩孚为第六旅旅长。

洪宪军兴，曹锟任总司令，兵分两路声讨反袁大军。一路由第三师所属汪凤谦第五旅和第六师所属齐燮元第十二旅组成，向湘西麻阳方面进攻；第五旅战绩不佳，第十二旅战绩良好。另一路由第三师所属吴佩孚第六旅和张敬尧所属第七师组成，向四川方面进击，两支部队战绩均佳。

帝制取消后，曹锟升任直隶督军，所遗第三师师长一职，段祺瑞极力保举第五旅旅长汪凤谦继任，因汪是安徽人，与段为同乡。但曹锟力保吴佩孚继任第三师师长。最后，曹锟获得胜利，吴佩孚当上第三师师长。

曹锟取得直隶地盘后，开始扩军，组建了两个混成旅。任命王承斌为直隶第一混成旅旅长，王永忠为直隶第二混成旅旅长，参谋长萧耀南为直隶第三混成旅旅长，曹锳为第四混成旅旅长。

直皖战后，直系曹锟再次扩军。第一混成旅扩编为第二十三师，王承斌任师长；第二混成旅扩编为第二十四师，张福来任师长；第三混成旅扩编为第二十五师，萧耀南任师长；第四混成旅扩编为第二十六师，曹锳任师长。另行组建四个混成旅：第十二混成旅，葛树屏任旅长；第十三混成旅，董政国任旅长；第十四混成旅，彭寿莘任旅长；第十五混成旅，孙岳任旅长。

第一次直奉战后，直系武装力量又有所扩充。第十四混成旅扩编为第十五师，彭寿莘任师长。第十五混成旅抽出一部分，另组第十六混成旅，曹世杰任旅长。曹世杰是曹锟的侄子，曹旅实际上是曹锟的卫队旅。

当时一个师官兵足额约计一万人，一个混成旅约计五千人。一个师的年经费约为一百四十万元。盖自清末以来，一个师的年经费即为一百四十万元；禁卫军各部待遇较高，一个师的年经费约为二百万元。

曹锟器重吴佩孚，倚畀甚殷，使吴成为直系武装力量的首领。但直系内部有的高级将领与吴也是矛盾重重。例如，围绕曹锟是否应竞选总统，便产生分歧意见。以曹锐（曹锟之弟，人称曹四爷）为首的天津派力主竞选总统，目的当然是为了确保其家族利益，而吴佩孚对此则持反对态度。他认为曹锟一旦登上总统宝座，将成为众矢之的，使直系陷入被动局面。曾任直隶督军的二十三师师长王承斌隶属天津派，拥护曹锟当总统，对吴的观点持反对态度。其实，吴、王不和，由来已久，如上所述，早在一九一三年即民国二年，为整顿第三师纪律等一系列问题，便曾发生激烈争吵，进而形成彼此之间的成见。甚至发展到在第二次直奉战暗中支持冯玉祥倒戈，陷吴佩孚于彻底失败的境地。

三、曹锟与孙岳

孙岳系河北省高阳县人，北洋二班学生，清末任第三镇参谋长，该镇驻扎在东三省时，孙经常在言谈话语中表示赞成革命，事为陆军部尚书铁良闻知，秘密下令逮捕并送部议处。第三镇统制曹锟得到密令后，立即暗示孙迅速逃跑，孙岳方才得以逃脱。

辛亥革命后，孙曾到南方参加革命，但不为人所理解，反遭歧视，甚至被人怀疑为奸细。孙走投无路，心灰意冷，最后跑到山西五台山当了和尚。

其后，曹锟任直隶督军时，孙岳又去投效，曹锟笑问他："还革命不革命了？"孙回答说："那是骂满清政府，还得请大帅赏碗饭吃！"曹任命孙为卫队司令，后又任命为第十五混成旅旅长。第一次直奉战时，孙任直军西路司令，继而又兼任大名镇守使。曹锟任总统时，孙调任京师卫戍司令。第二次直奉战时，孙竟与冯玉祥秘密合作，敞开京师大门，让冯不费一枪一弹，占领北京，囚禁曹锟，搞垮直系政权。其后，孙岳接受冯玉祥委任，所部改编为国民三军。孙曾发动进攻，企图夺取李景林直隶地盘。时李、冯之间也有默契。攻占直隶地盘之举，不仅未获成功，还搅乱了自己的阵营，孙之反曹，也是由于个人权欲未获满足，对曹吴不满所致。反对奉张、反对曹吴的将领诸如郭松龄、李景林、孙岳均聚集在冯玉祥国民军的周围。

四、郭松龄二三事

（一）投效奉张

一九一七年（民国六年），我正在陆军大学读书。有一天，一个同学借课间休息时间走上讲台，向全班同学宣称有点事要大家帮助一下。他说第四期有个同学叫郭松龄，刚从广州来到北京，准备去奉天，他已在奉天谋得一个差事。可是，他目前手无分文，困在前门外小客栈中走不了，希望陆大同学能帮助一下，给他凑点路费，好去奉天上任。这位同学又一再敦促大家，无论如何要帮一帮，不拘多少，每人给凑一点。好在陆军大学学生都是带薪学习，结果商定每人拿两块钱，大约凑了一百多块钱，由这位同学转交郭松龄。

事后，据这位同学介绍，郭松龄系奉天人，陆军大学第四期毕业。他的思想比较新颖，倾向于革命，曾南下广州，参加孙中山所领导的革命。但是由于人生地不熟，又没有一定可靠关系为之介绍，不仅难以得到施展抱负的机会，甚至被人误解可能是北方派来的奸细，迫不得已，只好告别南方，重返北方，另谋出路。

他写信给同学秦华，请秦为自己谋一个职位。当时，秦任奉天督署参谋长。不久得到复信，秦在复信中表示，安排一个少校参谋职务不成问题，至于更高的职位则无能为力，郭立即回信表示同意，随即启程到京转赴奉天。

（二）辅佐少帅

郭松龄到达奉天后，曾先后任督署少校参谋和讲武堂教官。当然，他最希望的是带兵。不久，时来运转，巧逢良机。

这一年，年仅十八岁的张学良向父亲提出自己想带兵的要求，张作霖一听，儿子小小年纪，竟然胸怀大志，堪称后继有人，自然是喜上心头。但是，自己不好明说，于是向参谋长念秧："他妈拉巴的，小六子（张学良的乳名）真是胡闹，这么点个孩子就想带兵，真他妈拉巴的不知道天多高地多厚！"参谋长秦华一听，便心领神会，于是大加赞赏："想带兵是好事。这是胸怀壮志，少年有为。再说十八岁也不算小了，应该历炼历炼，他愿意带兵就让他带吧！这件事很好办，不必另成队伍，就让他带你老的卫队，我给他物色一位能干的参谋长，辅佐一下就行了。"张作霖闻言，正中己怀，欣然同意。张学良由此当上了卫队旅旅长，即尔后之第三旅旅长，郭松龄由于秦华的推荐，任卫队旅参谋长。张、郭从此结成了关系密切、友谊深厚的战斗伙伴。

（三）锐意整顿

郭松龄被任命为卫队旅参谋长，得到了施展才能的机遇，决心大干一番。他为部队制定了周密而严格的训练计划，锐意整顿军风。当时，卫队旅暮气沉沉，自恃为大帅的卫队，从不进行认真训练。有一个团长是张作霖早年的老弟兄，更是有恃无恐，竟然拒不执行训练计划。郭松龄决心彻底整顿，绝不姑息迁就。他首先说服张学良，由张学良出面，征得张作霖同意，将该团长撤职，并令郭松龄兼任团长。此举引起全旅官兵极大震动，团长以下各级军官从此无不唯命是从，士气也为之大振。张学良和郭松龄两人均严格要求自己，以身作则，与全旅官兵同甘共苦，按时一起出操，进行严格监督检查，从无丝毫懈怠。经过一年多紧张训练，卫队旅已成为奉军一支劲旅。

（四）首战告捷

其时奉天和吉林两省交界处胡匪活动猖獗，越剿越凶。剿匪队伍多与土匪队伍串通一气，官军来，匪军走；官军走，匪军来。官军只是骚扰地方商民，并不认真肃清匪患。郭松龄了解此中真情，而此时卫队旅已经成为一支训练有素、战斗力很强的队伍，因此他跃跃欲试，想借此机会大显身手，于是鼓动张学良主动请战。此时，张作霖对匪患也深感头痛，苦无良策，既然儿子要去，肯定有些把握，如获成功，既可肃清匪患，又能增加卫队旅威望，一箭双雕，遂点头应允。

卫队旅即第三旅随即出发，所到之处，胡匪均遭痛剿而覆灭，匪患彻底肃清。第三旅不仅真枪真刀地实干，而且买卖公平，凡地方供应粮秣车辆，一律均按当地市价计价付钱。因此地方绅民大悦，无不拍手称快，赞扬第三旅不愧为大帅的卫队，既能打仗，又能公买公卖，确实与众不同。歌功颂德的电报信函像雪片般纷扬而至。张作霖喜出望外，下令组建第八旅，任命郭松龄为旅长，同时仍兼任第三旅参谋长。从此，三、八旅成为奉军主力部队，坚强核心。

（五）倒戈遇害

第一次直奉战时，郭松龄负责指挥中路，东、西两路均遭失败，唯中路取得胜利，因此倍受张作霖青睐，地位扶摇直上。

第二次直奉战时，郭松龄负责指挥山海关正面攻坚战，虽未奏效，但攻克秦皇岛，摧毁直军总司令部，加快直军全线彻底崩溃，为奉军取得最后胜利立下汗马功劳。在论功行赏时，杨宇霆出任江苏省军务善后督办，姜登选出任安徽省军务善后督办，李景林出任直隶省军务善后督办，张宗昌出任山东省军务善后督办，独郭未授任何地方实职，因此他有些忿忿不平，对张作霖深为不满。据当时有识者分析，郭所率领的部队是奉军主力的核心，是看家的基本力量，奉张决不会将这支部队置于外围地区。如果要犒赏郭松龄，也必定从东三省中拿出一个省来安排他。

郭松龄在奉系将领中系属少壮派，素有抱负，颇思在政治、经济、军事诸方面有所革新，创建一个崭新的政治局面，但他为人骄横跋扈，蔑视一切，唯我独尊，对张作霖手下那些老派人物，自然认为是糟朽无能，不屑一顾；就是对那些留日新派人物也全然看不上眼，认为这些人成事不足，坏事有余，枪杀姜登选便是一例。

郭松龄倒戈与冯玉祥有秘密协议。冯妻李德全和郭妻韩淑秀系通县潞河中学同窗好友，从中做了一些穿针引线工作。据时人分析，如果郭松龄当时能把握战机，全力以赴，一鼓作气猛攻奉天省垣，也可能会出现一种与后来全然不同的结

189

局。而贻误战机的原因之一，据说是等待饶汉祥和林长民两位学究最后修订通电的电文。郭松龄想在攻占奉天省垣后，发出一则通电，昭告全国与有关国家。电文不仅要求辞严义正，大义凛然，而且要求词藻华丽，朗朗上口。在在需要反复推敲，因而拖延两三日，致使奉军得以从容部署反击，居于有利形势。其实，胁从之师本无斗志，即使没有贻误战机之说，从人心所向、力量对比来看，郭松龄均处于劣势，难以进行持久战。失败恐怕是必然的。最后陷入包围，郭不得不弃军出走，企图率百余骑卫士突围而去。但中途与吴俊升的兵团遭遇寡不敌众，陷入重围，夫妻二人不得不弃离坐骑躲进菜窖，终被查获。原拟解至奉天，恐中途有变，张作霖下令就地枪决，夫妻双双丧生。

（六）我的知音

我和郭松龄素不相识，而且过去还处在敌对立场，特别是在第二次直奉战时，我们曾进行过殊死搏斗。在山海关战场上，他攻我守。郭松龄率领以三、八旅为核心的奉军精锐部队，轮番猛攻直军阵地，但均为我守军第十五师挫败，难越雷池一步。直军第十五师的坚固阵地和坚强防守，不仅使奉军遭受数以万计的惨重伤亡，而且迫使郭松龄不得不放弃原来的作战计划，转移了进攻目标。总之，第二次直奉战，奉军精锐主力部队受阻于山海关，呈胶着状态；反不如张宗昌所率领的杂牌军进展迅速，突破直军冷口防线，直下滦县，切断直军后路，夺取了开战以来的首功。当直军全线崩溃，山海关已成为孤岛时，我领衔率领直军第十五师向奉军三、八旅缴械投降成为俘虏，郭松龄不仅没有丝毫蔑视报复之意，反而立即捐弃前嫌，待我如上宾，亲自到车站迎接我这个"阶下囚"，热情邀我担任他的参谋长，当我婉言谢绝后，又任命我为他的司令部交通处处长，让我暂时在后方好好休息一下，以后另行安排职务。

我以败军之将，身着直军军服，出入于奉军司令部，滋味难耐，遂借机不辞而别。不想在天津又被张宗昌"搜获"，并被扣留出任其参谋长。而郭松龄对我始终并未忘怀。在他倒戈前一个月，我们在徐州城门洞巧遇。他骑马出城，我骑马进城。他执意邀我到他专车上闲谈，谈话间流露出对张作霖的不满，并且一再表示："咱们今后可得在一块儿好好干一干。现在，你暂时在这儿干吧！"他的意思是说叫我暂时先跟着张宗昌干，以后还是要跟着他去干。在滦县发动倒戈时，他打电报给我，暗示我对他不要有所牵扯。

我把电报拿给张宗昌看，对其用意也不甚明了。待其发难，真相大白，拍电的真实意图方才一目了然，但也给我带来很大麻烦。张宗昌怀疑我有二心，人在曹营心在汉，或许与郭松龄有些瓜葛，看得出来，待我不像以前那样热情。我深有体会，泰然处之。经过很长时间疑忌方才冰释，一切恢复正常。

张学良对郭松龄始终是很钦佩的。在郭倒戈失败被杀后，张学良和我闲谈时，曾不止一次地说过："平心静气地说，给郭松龄带上几个师，那还是真能打！"言下不胜惋惜，爱才之意溢于言表。

五、何海鸣枪毙余大鸿

一九一三年（民国二年），二次革命爆发。袁世凯密令军法官余大鸿去安徽，拟联络皖南镇守使鲍桂卿，说服鲍派兵扼守虎口，切断黄兴与柏文蔚之间的联系。不料，余行至南京下关，竟被南军查获。南军随即请示黄兴如何发落，时黄已出走，秘书处只剩下秘书何海鸣一人留守。何竟自行作主下令予以枪决，并通电全国。此举使北京政府受到极大震动。待张勋攻占南京后，何海鸣乔装打扮成一个卖鸡蛋的小贩，苦苦哀求城门岗哨准予放行，方由此而得以脱逃。

后经潘复和郝玉仓介绍，何海鸣曾在张宗昌山东军务善后督办公署任职秘书。

六、唐天喜解甲归田

唐天喜为袁世凯亲信侍从人员，少年时代便入袁家当差，因为聪明伶俐，深受主人青睐。袁世凯任总统后，以其当差多年，虽无功劳也有苦劳，遂任命唐为第七混成旅旅长。该旅始终驻守河南项城一带，实际上是负责守卫袁的家乡。

后袁世凯病故，唐见靠山不存在了，而自己又非行伍出身，带兵之事，今后恐难胜任，且手中又颇有积蓄，不如及早解甲归田，回家享清福。唐有倦勤之意，事为靳云鹏得知。靳有野心，极欲培植个人势力，经商得唐同意，将第七混成旅扩编为第十四师，由其弟靳云鹗任师长。唐随即去职。

七、德国战俘

一九一四年（民国三年）秋季，第一次世界大战爆发。日本帝国主义借口对德宣战，出兵胶州湾，围攻青岛，企图攫取德国在山东享有的权益。当时，守卫青岛的德军为数不多，势单力孤，而且缺乏武器和弹药。袁世凯曾下令暗中给予援助和支持，彼时恰巧从德国运到上海一批军火，袁政府便密令转运青岛。德军之所以能抵抗一时，实有赖于这批军火。战到最后，有一艘德国军舰突围而出，并击沉日本海军巡洋舰"高千岁号"，日本舰只尾随追击。德舰逃抵海州后，舰长命令士兵登陆，向中国政府投降，而自己则炸船与军舰同归于尽。这批德国战俘始而送往南京，继而又全部送至北京西山，关押在一所偏僻的寺庙中，但对士兵的待遇非常优厚，管理也非常宽松，决不似一般俘虏。直至欧战结束，这批战俘方被遣送回国。

八、陈炯明善批"八字"

一九三一年前后，我在大连时经常与陈炯明晤面。在闲谈中我无意发现，原来我们有一个共同的业余爱好，这就是"批八字"。此后，谈论切磋批八字成为我们的主要话题。陈炯明也是无师自通，通过自学掌握了批八字。首先是看书，了解批八字的原则要领，参照实例，特别是细批流年的实例，反复体会，逐渐成熟。陈炯明在批八字方面确有真知灼见，颇见功底。

第八编　作者的经历散记

做为北洋政府时代的一名军人，我所经历的大事——军阀混战，已经写入历次战役回忆录中。除此之外，还有些经历，有些思想活动，虽属个人琐事和想法，但也能说明一些问题，反映社会历史的一个小小侧面，因此一并志之。

一、投考保定陆军速成学堂

我于一八九二年（清光绪十八年）出生在一个世世代代务农为生的家庭。元祖于一七九一年（清乾隆五十六年），自祖籍直隶省（河北省）饶阳县逃荒到京郊，落户于北京广安门外丰台万宝坊东管头村。一九〇〇年（清光绪二十六年），我的父亲方届而立之年，因积劳成疾，丢下我母亲、九岁的我和六岁的弟弟，早早离开人间。母亲是城里人不会种地，那时北方也没有妇女下地干活的习俗。孤儿寡母三人难以在农村过活，只得进城寄居舅父家。尽管舅父生活并不富裕，但他还是尽力帮助守寡的妹妹度日，想方设法让我们兄弟二人上学念书。

我在城里上的是广益小学，据说这是京师第一所私立小学，是校长陆达夫创办的。小学毕业，我考入京师满蒙文高等学堂。这是一所造就边疆人才，为少数民族服务的学校，学校设满文和蒙文两科。我那时遐想翩翩，内外蒙古幅员辽阔，如果有机会跨上骏马，驰骋在浩瀚无垠的大草原上，该有多美！于是我选学了蒙文。毕业后本应继续深造，无奈家庭拮据，不仅无力供我上学，还需我挣钱养家糊口。那一年我十六岁，如果去学徒，年龄偏大，而且一时也挣不到钱；如果找正式工作，年龄又偏小。母亲想让我去当"小听差的"——佣人。我感到十分苦恼，何去何从，一筹莫展。恰在这时，出现一线生机。我在同学边明远家里，说起自己当前的处境。他的父亲很同情我，给我出了个主意。他告诉我：目前，保定陆军速成学堂正在招生，两年毕业，吃、穿、住、行、书本等一切费用都由公家供给，可能还给点零花钱，不用家里花一分钱。他建议我去报考这个学校，投身军界总归是一条正道，当一辈子听差的算怎么回事呢？我听了喜出望外，这正好圆了我少年时代幻想当军人的梦，而且两年时间不算长，毕业就能挣钱养家，于是当即决定报考。原来，我同学的父亲在宛平县衙门当一名文书，专管收发和抄写文件。学校招生行文到宛平县衙门，因此他对一切规定和投考办法都非常熟悉。

一九〇九年（清宣统元年），我考入保定陆军速成学堂步兵科。军事学堂的学习和训练是紧张而严格的，生活艰苦，纪律严明。就拿饭来说，大米根本不淘，伙夫扛着麻包袋，直接就往锅里倒。饭里经常有沙子，根本不敢细嚼，也不允许你细嚼，因为吃饭时间规定很短，哨声一响，马上就要撂下饭碗，赶紧跑步到操场集合，一点不敢急慢。如果你非要细嚼慢咽，那只好天天挨饿。

一九一一年（清宣统三年），学习期满毕业，我被分配到第三镇（师）任见习排长。见习三个月期满，正式任命为排长，一年后又升任连长。第三镇在北洋六镇中当属精锐之师。当时第三镇统制（师长）是曹锟，吴佩孚是一名标统（团长）。我所在标（团）的标统，是尔后曾任直隶督军的王承斌。

二、考入航空学校

一九一三年（民国二年），袁世凯创建中国空军，在北京南苑兴建机场，建立中国第一所航空学校，选拔陆军下级军官入校学习飞机驾驶。经过严格的体格检查和考试，是年秋季，我考入航空学校，成为民国以来培养的第一批飞行员。一九一五年（民国四年）秋季毕业，我因飞行术科和学科考试成绩优异，升任少校航空连长。时值袁世凯准备称帝，全国鼎沸，西南川、滇诸省反对尤烈。袁决定派其心腹陈宦（二庵）出任四川将军，并统率一只劲旅随同入川，以镇压西南反帝制势力。最初拟派贾德耀所属第十五混成旅随陈入川，贾索要开拔费十五万元，袁认为太高；而第十六混成旅冯玉祥只要十万元，遂改派冯旅入川。同时，令派我率领所属航空连随军出征，以壮军威，航空连归冯玉祥节制。当时，航空连配备法制飞机三架。启运时，飞机均拆卸装箱，由京汉铁路运抵武汉，然后装船，逆水而上到达重庆，再由旱路运抵成都，历时一个月。机场修建竣工，飞机组装调试完毕，经过试飞成功，又举行了一次隆重的飞行校阅仪式。四川将军陈宧、参谋长张联棻、旅长冯玉祥等，均亲临现场观看飞行表演。四川人亲眼目睹飞机翱翔于蓝天，实始于此时。

在成都飞行，曾经发生一次严重的安全事故。一天，我驾机正在飞行中，发动机突然发生故障，飞机失控，迅速下落。在这千钧一发之际，我竭尽全力控制方向，使飞机一头栽到一棵大树上，由于树干挺拔，枝叶繁茂，竟将飞机托住，奇迹般形成一次"软着陆"，避免了一次机毁人亡的不幸事件。事后检修，最感棘手的问题是汽缸出现细小裂缝，机械师无能为力。我决定求助于成都金银器作坊的老师傅，俗称小炉匠，他们经验丰富办法多，或许能解决问题。这位老师傅真是不负重托，他用极细的银丝把汽缸裂缝填实，然后焊接打磨。经过处理后，发动机工作效果居然完好如初。机翼损坏的修复，我们采取制作油布雨伞的办法，缠一层布，涂一层桐油，一共缠了三层布，涂了三层油。这架飞机终于再次飞上蓝天。

未几，帝制失败，陈宧决定撤军北归。冯玉祥要我留在他的队伍中，我那时因为对冯有点看法，没有同意。陈宧最后决定撤兵时，曾召集一次高级军官扩大会议。我虽然只是一名少校连长，但是航空连是一个直属独立单位，因此得以列席会议。会上，陈讲话后，请诸将领发表意见，冯是关键人物，是实力派，握有兵权，地位又高，最有资格发言。但冯却坐在那里闭目养神，一语不发。别人谁也不好发言，致使会议长时间冷场，陷陈于十分尴尬的境地。究竟是同意撤军还是不同意，或是另有高见，理应明确表态，怎么能一声不吭呢？当时给我的感觉是：在关键时刻，故意给长官出难题，看长官的好看；如此对待长官，未免太过；与一个心胸不够宽厚坦荡的人，恐难处好。

三、报考陆军大学

一九一六年（民国五年）秋季回到北京，我向参谋本部报到，并将飞机如数交差。当时正值陆军大学第五期招生，参谋本部征得我的同意，保送我去报名投考。由此，我考入陆军大学第五期肄业。陆军大学在北京西直门内大街崇元观胡同。学制三年，学员均带薪学习。每期毕业后，再招下一期，因此在校学员只有一届。学员均须具有中级军官学校毕业资格，并具有三年以上的实际工作经历。

第五期中有一位特殊学员，这就是杨毓珣。杨毓珣字琪山，曾任张作霖、张学良的副官长。他是世家子弟，伯父和父亲均是袁世凯的心腹智囊。伯父杨士骧曾继袁世凯任山东巡抚和直隶总督，父亲杨士琦曾任左丞。一九一四年，袁世凯废除临时约法，另行制定新约法，总统独揽全国军政大权，特任命徐世昌为国务卿。国务卿下设左丞和右丞。其父杨士琦任左丞，钱能训为右丞。而杨毓珣本人又是袁世凯的女婿（袁三小姐之夫）。杨毓珣被保送入陆军大学第四期，其时袁世凯尚在世，但由于不是中级军官学校毕业，即使这样一种人际关系，杨也仅能是旁听生，尽管各科考试合格，也不能算做陆军大学毕业，而是只承认他具有中等军官学校毕业的资格。为了取得陆军大学正式毕业的资格，杨毓珣又参加了第五期学习。可见，那时办事制度还是相当严格的。

陆军大学有一门课，是步兵、骑兵、炮兵、辎重各科学员共同必修的主课，这就是"战术学"。每期战术课均请两名日本教官讲授。第五期的两名教官是柳川平之助和多田骏。柳川是日本二·二六政变时第一师团的中将师团长，侵华战争时曾任兴亚院总裁。多田骏后晋升为大将，侵华战争时曾任华北驻屯军司令官。战术课除课堂讲授外，毕业时还要举行一次参谋旅行，考核学员实地作战的指挥能力。第五期学员是在唐山地区进行野外实习。结合各地地势和地形的不同以及设想的各种不同情况，考官口头提出各种不同内容的题目，学员必须立刻回答，稍有迟误，便立即宣布该学员"阵亡"，再换另一个。日本教官态度十分严厉，要求十分严格。根据中国参谋本部要求，每期毕业时参谋旅行考核完毕，日本教官必须选拔十名成绩优秀的学员，推荐给参谋本部，做为参谋本部今后录用人员时的参考。第五期推荐的十名学员，我的名字名列榜首。因此，一九一九年（民国八年）陆军大学毕业后，参谋本部便分配我到保定陆军军官学校任战术教官。

四、担任保定军官学校战术教官

我任战术教官时，正值第八、九两期在校学习。那时何柱国任学生队长。学生的名字大多不复记忆，有的学生毕业后在奉军中任职如王以哲，见面时很客气，称我为老师，这才引起我的记忆。但是有一个学生的名字却使我终生难忘。此人叫冯轶裴，浙江人，曾任蒋介石教导师师长，阎冯倒蒋时积劳成疾，英年早逝，就是这个学生差一点儿让我与他同归于尽，葬身火海。

我任战术教官时，学校曾向学员介绍我的简历，因此学员都知道我是航校第一期毕业生，当过航空连长，是一个"老航空"。冯轶裴想我既是"老航空"，一定与保定机场的官员都很熟识，一再要求我带他坐一回飞机，尝一尝坐飞机的滋味。他这种好奇的迫切心情，实在是让老师感到"盛情难却"。经与机场联系，恰好那时从德国引进六架容克式飞机，每天都在试飞，星期日照常进行。机杨负责人叫我星期日早八点到机场。我通知冯准时在机场大门等候。星期六晚上，一位航校的老同学突然来看我。他对工作单位领导不满，写了好几封告状的信，跑来向我发牢骚。已经是午夜十二点了，还没完没了地说个不停。我告诉他我要早点睡，与机场约好明天早八点带学生去坐试飞的飞机。熄灯后，他在床上翻来覆去睡不着，影响我久久才得入睡。一觉醒来，已经快八点了，而此刻这位老同学不知何时起的床，早已踪影不见。我草草梳洗，叫了一辆洋车，多加些钱，让车夫跑快些。我坐在车上心里十分着急，唯恐赶不上飞机起飞，对那位老同学也产生了埋怨情绪，你明明知道我早八点要去机场，为什么起来时不叫我一声，真是岂有此理。到了机场，我带着冯轶裴径向停机坪跑去，这时飞机就要起飞，螺旋桨已经转动起来。我跑到飞机旁，向驾驶员招手示意，请他不要起飞，好让我们上去。哪知这位飞行员聚精会神地注视着前方，目不转睛，全然没有理会我的招手，径自沿跑道滑行起飞。我感到十分懊丧。机场负责人劝解说，不要紧，呆一会儿飞机回来，再让驾驶员给你飞一回。库里还有五架一样型号的飞机，咱们一起去看一看。闲谈我来晚的原因时，得知昨天晚上来看我的那位同学，先我来到机场，已坐在那架刚才起飞的飞机上。正当我们在机库参观新飞机时，突然天空中"砰"的一声巨响，一声剧烈的爆炸声，我们急忙跑到机场上，只见空中一团烈火冒着滚滚黑烟冲向地面，在地面上燃起熊熊大火。经过消防人员奋力扑救，一个多小时后大火才逐渐熄灭。机上人员全部遇难。尸体已无法辨认，都烧成了三尺多长的黑炭，可怜我那位同学也葬身火海。真是万幸，我越想越后怕：若是驾驶员偶然往旁边一看，我们也就上了这架飞机；若是晚上这位同学不来，我睡得早，起得早，也会赶上这架飞机；若是这位同学早晨起来叫我一声，还会赶上这架飞机。现在不仅不该埋怨他，而是应该万分感谢他，正是他救了我们师生二人的命，他是我们的救命恩人，也是我们的替死鬼。

　　经过这件事，冯轶裴再也不向我提坐飞机的事了。他回去一宣传，也没人敢再向我提坐飞机的要求。冯轶裴这次若是真的坐成了，平平安安回来，不知还有多少人都想尝一尝坐飞机的滋味。这次机毁人亡，也是民国初年航空史上的一次空难，应该记上一笔。

五、应张宗昌邀请入湘作战的动机

我自从军以来，都是在部队中任职，做为一名年轻军官，也应该到部队中去锻炼。到军校去教书，我从来没想过。参谋本部遴派我到保定军官学校充任战术教官时，曾经提到我的参谋旅行考核成绩名列第一，嘱我要不负重托，这也是出乎我的意料。当时我的心情自是十分高兴，对教学工作也充满信心。无论备课和讲课均十分认真。授课主旨是一切从实战出发，特点是结合日俄战争和第一次世界大战的实战经验讲授作战原理，并参考当时日本士官学校教学资料，特别注意介绍一些新鲜资料和战术思想，例如日本竹本多吉的"立体兵棋"。由于讲课主旨明确，重点突出，实例丰富，深入浅出，启发学员灵活运用战术原理，博得同学的好评。但是经过一段教学实践，我自己又萌发了一个念头：讲来讲去，都是人家的东西，自己没有真正带兵打过仗，毫无实战经验可言，纯属"纸上谈兵"，误己误人，有机会一定要到实战中锻炼一番。不久，机会真的来了。援湘战役军兴，张宗昌奉派任新编第六混成旅旅长，准备进入湖南作战，缺乏参谋人员。经陆军大学同学齐长增介绍，我与张宗昌会面。张热情邀我任该旅参谋处长（不设参谋长），随他入湘，协助指挥作战。我认为机会难得，定要一试身手。经商得学校同意，由齐长增暂代我任战术教官讲授战术课。齐长增，满族旗人，原名长增，改元民国后贯姓齐，也是陆军大学第五期毕业生，后曾任张宗昌督办公署副官长。参谋旅行时曾一度被宣布为"阵亡"。

我随张宗昌入湘作战，纯属个人行为，私人朋友帮忙，并未经过政府军政部门的正式调遣和任免，用唱戏的行话说，叫作"玩票"。只要有机会到实战中去锻炼一番，什么名义、待遇、将来前途如何、个人安危等等，一切都在所不计。可见那时我一心想到"实战"中去锻炼的迫切心情。

六、张宗昌兵败江西的原因

张宗昌率军入湘作战，初战顺利，节节获胜。张本人也由混成旅旅长升任暂编第一师师长，并兼任第二路总指挥。但最后以失败告终，队伍缴械遣散，全军覆没。揆其原因有以下几点：其一，也是最主要的原因，直皖两系矛盾加剧。直军是北洋政府入湘作战的主力军，张宗昌所部处在从属地位。做为主力军的直军，暗中与南军携手，突然全面撤军，不战而走，根本没把第二路放在眼里，致使第二路陷入孤立无援、被动挨打的境地。张宗昌不得不率领所部暂退江西，听候北京中央政府的安排。其二是冯国璋下台而且病故。张宗昌组织第六混成旅并率军入湘作战，是冯国璋任代理总统时明令决定的。大树既倒，也就无荫凉可乘。所以，张宗昌在北京求天天不应，叫地地不灵。第六混成旅的善后处理，既无人理睬，又无人负责，任其自生自灭。其三是张宗昌所属第六混成旅后改编为暂编第一师，原系各地杂牌军队改编而成，均属"淘汰品"，无人愿意重新收留。至于其所指挥的潘鸿钧等旅，原系山东地方正规部队，调回原驻地，自是顺理成章，立即得到解决。其四是各省督军为巩固自己的地盘，卧榻之侧决不容他人酣睡，地方上各种异己势力必欲去之而后快，唯恐养痈遗患，让他人取而代之。赣南镇守使吴鸿昌与督军陈光远有矛盾，欲联张驱陈。而张宗昌并无染指江西的野心，自认是中央政府的队伍，不愿插手地方纠纷，婉言谢绝。陈光远则恰恰相反，调集强有力的部队将张部团团包围，并采取分化利诱等各种手段，以期彻底消灭张部。张部势单力孤，决非陈部的对手，张宗昌要么束手就擒，要么弃军出走，箭在弦上，刻不容缓，须当机立断。我主张主帅必须出走，不能作阶下囚，留得青山在，不怕没柴烧。当时，陈光远为了彻底消灭张部，布下天罗地网，派兵四处搜查，唯恐张宗昌逃脱。因此，张只身弃军出走，历经艰险，幸赖江西青年钟震国等多方掩护，由当地老百姓作向导，或沿山僻小路，或涉急流险滩，出入于无人之境，险象丛生，几经绝处逢生，方始到达武汉。钟震国等在北京拜张宗昌为老师，建立了巩固的师生友谊关系。张宗昌督鲁时，曾任命钟震国为混成旅旅长。

七、参加直系部队，步入正规的军事实践

一九二二年（民国十一年）四月，第一次直奉战爆发，我奉令调往前线，任东线司令彭寿莘的参谋长。这次与上次入湘作战不同。入湘是"玩票"，没有参谋本部正式调遣令，纯属私人帮忙，临时向保定军校请了短假，一切人事关系仍保留在军校。而这次则是正式调离保定军校，有参谋本部正式调令和任命，我在

直军任职期间，精神最为愉快，工作最为顺利，成绩也令人满意。其原因有几个方面：一是直军的一切制度比较正规化，有严格的军事训练和管理办法，军官士兵素质比较好，葆有传统中良好的一面；薪饷来源可靠，人心安定。二是领导作风好，没有乌七八糟的东西。从直军最高首脑吴佩孚来说，他虽然刚愎自用，思想陈旧，但作风正派，不怕死，不贪财，不好色，给人以希望。我的直接长官彭寿莘，其个人品德操守以及领导能力，在当时的将领中均属上乘。他敢于用人，善于用人，一经了解我，便大胆放手让我工作；而且在我取得成绩时，也不据为己有。他不是那种又让人干事、又不放心的人，不是那种又让人施展本领、又怕人超越自己而忌贤妒能的人。更为难能可贵的是他那种"铁面无私"的作风令人钦佩。前文说过，他以旅长身份指挥师长，而且师长曹锳是总统曹锟的亲兄弟，他竟然板起面孔，一点情面不留，如同对待一个普通下属，这在当时一般人是很难做到的。正由于有了好的领导和好的官兵，所以直军第十五师在两次直奉战中，始终立于不败之地。总之，直军具有国家正规军的一些风范。

八、在奉军嫡系部队中的感受

给我留下最深刻印象的自然是郭松龄。他是我平生遇到的第三个知己。张宗昌和彭寿莘是因我在其麾下任职做出成绩，博得他们的赏识而成为我的知己，郭松龄则截然不同。他是在两军进行殊死搏斗，我占下风而他占上风的情况下，博得他的赏识而成为我的知己，这是非常难能可贵的。特别是我从他的司令部出走，不辞而别，所去之处又是他所不齿的张宗昌，以后见面时，他并没有责怪我，更没有抛弃我，仍然一如既往热情地邀我今后无论如何要去帮他工作。不难看出，这是郭松龄想干一番事业，网罗人才的迫切心情。

后来，我也庆幸自己的出走，是歪打正着。否则，郭松龄倒戈也将陷我于进退两难的境地。郭松龄倒戈，我势必要跟着他干。但我是一个反对"犯上"的人，郭松龄不该倒戈，至少是时机不成熟。一是不该有负张老帅的信任和重托；二是不该陷少帅于进退两难的尴尬境地，不该有负少帅言听计从、亲密无间的友谊关系；三是正当张老帅吉星高照、蒸蒸日上时，反张岂有成功之理；四是过高估计自己，人心思"张"的胁从之师，哪有不败之理；五是枪杀姜登选以泄私愤，怎能不有失民心；六是郭、冯合作是针尖对麦芒，前途不容乐观。

九、随军参谋长的设置

自一九二四年(民国十三年)年末，我再度成为张宗昌的一员军事幕僚。最初，我以随军参谋长名义，主持作战和有关军务工作。张宗昌督鲁后，开始时我仍然沿用这个名义，只不过是兼职的名义愈来愈多。例如张宗昌兼任山东省军事训练总监，我兼任副总监，主持部队扩编、整编、训练的日常工作；张宗昌兼任第一军军长，我兼任第一军参谋长，等等。但是领取薪金的职务只有前两个，随军参谋长月薪八百元(与督署参谋长相同)，训练副总监月薪六百元，共计一千四百元，至于其他兼职全属义务职，分文不发。"随军参谋长"一职，是张宗昌在不得已的情况下，为避免人事安排上的纠纷而设置的。在张麾下任职的陆军大学毕业生，除我之外，尚有王翰鸣(第四期)、许锟、金寿良、齐长增(均为第五期)。王、许曾任军长，领兵作战。王在关外时就曾任张的参谋长，以足智多谋自诩；许沉稳内向；金、齐两人均为满族旗人，适合文职工作。我结识张宗昌，虽系齐长增介绍，但在五人中与张共事最早。在入湘作战与远征库伦的准备工作中，我给张留下比较深刻的印象。此后，我便回归直军系统工作。张宗昌在东北崛起，王、许、金、齐追随左右，自关外起兵，突破直军防线，直至占领天津，劳苦功高。取得重大胜利后，我才再度加入这个团体，蒙张倚畀甚殷。"随军参谋长"这个职称，乍听起来不甚正规，但当时行军作战是主要的，协助指挥作战、部队调动、扩编、整编、训练等工作，均掌握在我的手里。组织直鲁联军时任命我为总参谋长，正是随军参谋长所应该担任的职务，水到渠成，顺理成章，足见张宗昌用心良苦。参谋长王翰鸣等于架空，无缘追随在张的左右，在僚属同仁面前，他自觉面子难堪，大为不满。金寿良亦有同感，不谋而合。张宗昌深知其中矛盾，曾委金寿良为苏州镇守使，督鲁时任命王翰鸣为首任督办公署参谋长。其后又继续逐步安排。组织直鲁联军时，委王翰鸣为第十一军军长，遗缺由金寿良担任，经过一个时期，又任命我为督署参谋长。张宗昌虽尽力解决高级幕僚之间的矛盾，平衡人际关系，但王、金深怀忌妒，几至有动枪置我于死地之心。当时，我并不理会，认为自己常年征战四方，出生入死，疲于奔命，名利场中与人无争，与事无争，不会招致非议与不满，直至下台后，才有人道出此中真情，而我们之间的恩恩怨怨也随下野而冰释。

张宗昌督鲁初期，我与他之间也曾一度出现误会。事情缘于郭松龄倒戈前曾拍给我一封电报，大意是叫我设法不要在后面牵扯他。我不明其意，与郭也无任何瓜葛，便将电报交给张宗昌。张阅后，也不明其意。待郭反对奉张明朗化，电报的真实意图也就一清二楚了。而张宗昌对我的态度也由此突然发生变化，见面时的神态和言谈话语，显而易见不似过去那样热情亲切，给人以冷漠之感。我立刻意识到，张对我产生猜疑，怀疑我可能与郭松龄有所勾结，对他不忠。我问心无愧，把电报交给他正是忠于他的表现，不想竟然招致"不忠"的后果。我本想找他谈一谈，考虑再三，还是不谈为好。我主动把电报交给张看，正说明自己是光明磊落，忠贞不二。既已用实际行动为自己做了最好的辩护，何需再说。说多了，反而是此地无银三百两。我泰然处之，一切依然如故。不久，他大概想通了，芥蒂化为乌有，一切恢复正常。

张宗昌最后失败时，错过三次机会，犯了三次大错误。他有"三不该"：一不该拒绝张作霖叫他退守热河的安排；二不该拒绝白崇禧叫他投降的具体办法；三不该拒绝我叫他撤离铁道线，相机行动的建议。这三者都是保存实力，免遭围歼，随机应变的好办法。以后事实证明，阎冯倒蒋等等，都是他东山再起的绝好机会。坐失良机，咎由自取。

十、代表张宗昌觐见溥仪致谢

众所周知，正当第二次直奉大战两军在山海关沿长城各关口酣战不已之际，冯玉祥接受奉张巨额贿款，率师回京倒戈相向，并暗中勾通京师卫戍司令孙岳占领北京。囚禁了总统曹锟，同时上演了"逼宫"一幕，驱逐清逊帝溥仪。

一九二四年（民国十三年）十一月五日，溥仪被逼出皇宫，暂居什刹海摄政王载沣府第。旋于翌年二月二十三日迁往天津日租界，定居在逊清武昌驻军第八镇统制张彪的别墅——张园。

一九二六年（民国十五年）五月，张宗昌率直鲁联军将冯玉祥国民军逐出京畿，并于同年八月攻克南口，摧毁国民军最后一道防线，使国民军不得不远走西北。张宗昌的胜利与冯玉祥的失败，自然是大快逊清皇室与遗老遗少之心，更使溥仪"龙颜大悦"。他立即给张宗昌写了一封亲笔信，派员携带信函与礼品，前往北京慰问张宗昌。信函原文是："字问效坤督办安好。久未通讯，深为想念。

202

此次南口军事业已结束，讨赤之功，十成八九。将军以十万之众转战直鲁，连摧强敌。当兹炎夏，艰险备尝，坚持讨逆，竟于数日内直捣贼穴，建此伟大功业，挽中国之既危，灭共产之已成。今赤军虽已远飏，然根株不除，终恐为将来之患。仍望本除恶务尽之意，一鼓而荡平之。中国幸甚，人民幸甚。现派索玉山赠予将军银瓶一对，以为此次破南口之纪念，望哂纳之矣。仰芳宸、蕴山均望致意。"

（作者注：标点系后加，李景林字芳宸，褚玉璞字蕴山。）

为了答谢溥仪的深情厚谊，张宗昌派我代表他赴津觐见溥仪，面致谢忱。按当时张园礼仪规定，觐见溥仪须行三鞠躬礼。

十一、乡亲们给我挂匾表扬

一九二六年（民国十五年），直鲁联军攻打国民军，五月占领北京。那时司令部设在丰台火车站，离我家东管头仅三里之遥。傍晚，我骑马回家去看望伯父。乡亲们由此知道我是直鲁军的参谋长。当时，大军云集，调动频繁，粮秣辎重运输均需征用民间骡马大车。因为运输任务一个接一个，大车一旦被抓走，就很难立刻放回。开始是东管头、西管头的大车被抓走，乡亲们托伯父找我想办法，我只好拿一张名片，写上抓车部队的番号，请该部官长关照。各部官长一见我亲笔写的名片，就立刻放车。乡亲们一看真灵，一传十，十传百，不久周围十里八里的村子，还有天主教会，都通过各种渠道找我说情要大车，实在是应接不暇。我从卫队中抽出一个连，在丰台附近村子的主要路口派兵站岗，遇有队伍找大车，就告诉他们这里是总参谋长的家乡，请他们不要打扰。随着大军陆续调往南口，征用大车的事也就愈来愈少，扰民的事也就没了。乡亲们非常感激，念念不忘，决定给我挂匾。匾额为黑漆底板，上书四个金漆大字"寰阎蒙庥"，上款是直鲁联军总参谋长李公藻麟德政，下款由丰台十八村具名。挂匾那天非常热闹，乡亲们敲锣打鼓，唢呐齐鸣，抬着大匾，打着万民伞，十八村的代表和武术队前呼后拥地来到东管头，城里的亲友和同仁们都纷纷来祝贺。每个村子的武术队如东管头的五虎棍等都在场院里进行表演，十八个村村村要表演，而且每个队都拿出自己的看家本领，使尽浑身解数尽情表演，因此表演时间很长，一直延续到傍晚。为了便于亲友同事们晚上进城回家，不得不通知地方当局，将广安门关城时间延长至晚九时。金寿良看了这种热闹场面，不住地称赞说，你在家乡的人缘还真不错！

十二、张宗昌为我祝寿

一九三一年（民国二十年），九一八事变后，张宗昌回到北平。是年农历十月十六日是我四十岁生日。张宗昌提议举办京剧堂会为我祝寿，邀请余叔岩、杨小楼、梅兰芳、程砚秋等名伶联袂演出。我当即婉言谢绝。"刚刚四十岁，称不起'寿'字，何况上有高堂老母，更不宜大办。当前国难当头，我个人的一个小小生日，也不宜大肆张扬。如果您喜欢借机会让同仁欢聚一回，不妨请一堂杂耍儿，给大家助一助兴。"张宗昌见我执意不肯唱大戏，也只好同意我的意见，出资送了一堂杂耍儿。在他的倡议带动下，当时北平市长周大文等名流均曾来家祝寿。

张宗昌要为我大办生日，揆其原因大致有以下几点。一是他自大连回归北平，受到军政以及工商各界、特别是学界的热烈欢迎，心情非常舒畅愉快。二是我为他的回归做了许多工作，使他感到满意。更为重要的原因是，他在大连时得知一九二五年末，我曾冒着生命危险粉碎褚玉璞部将联合直军"驱张捧褚"、企图夺取山东军务督办职位的阴谋。他一向认为褚玉璞是他的铁杆儿部将，褚所统率的部队是他的铁杆儿部队，绝对忠心耿耿，万无一失。万万没想到，他认为铁杆儿的将和兵，原来也并不那么铁。他逐渐体会到"士为知己者死"的崇高品德，一再表示对不起我，有朝一日他东山再起，一定要好好补偿。想为我大办生日，也许就是这种补偿心理的一种反映。

祝寿礼品中有两件最惬人意。一件是载涛亲笔绘制的工笔骏马图一幅。图中绘骏马两匹，一匹是白色，一匹是棕色，均为站姿，以青松山石为衬。载涛是光绪皇帝载湉的七弟，摄政王载沣是他的二哥，宣统皇帝是他的侄子。载涛晋封贝勒，一般人称涛贝勒，其府第在今西城李广桥。清末，载涛曾任军咨府大臣，禁卫军军统，是当时一位颇图有所作为的青年权贵。改元民国后，宫城内外逊清皇室家庭生活一如既往，幸福优裕，更多加了一份悠闲自在。是以自民国初年以来，京师满清皇室子弟一是多习书法丹青，一是学唱京剧，大唱京剧成风。载涛可以算作这种风气的代表人物。他爱马、养马、骑马，而且绘马，吹拉弹唱样样精通。他演的"贵妃醉酒"，某些身段之美，难度之高，据说并不亚于梅兰芳，甚至有过之无不及。一九二六年（民国十五年），直鲁联军将冯玉祥国民军逐出北京时，我结识了载涛。满清皇室对冯玉祥将溥仪逐出皇宫，均是敢怒不敢言；而对直鲁军赶走冯玉祥，自是感恩戴德。因此溥仪有慰问张宗昌以示感谢之举。张宗昌派我赴津答谢，也是皇室所共知。这次借张宗昌给我做生日之机，载涛为我绘制骏马图祝寿，是有其渊源的，与溥仪赠瓶有异曲同工之妙。

另一件值得一提的祝寿礼品，是京剧名伶程砚秋亲笔书写的"无量寿经"条幅，共计三百五十字，楷书工整，刚劲有力，颇显傲骨嶙峋之风，署名"程豔秋"。程家境贫寒，自幼习河北梆子。罗瘿公先生见而怜之，喜其相貌清秀，更具书卷气，诚堪造就，习唱梆子未免可惜。于是代为赎身，脱离梆子班，改习京剧。罗早年投身政界，学识渊博，为报界巨子，酷喜京剧，与梨园界交往密切。在罗的精心安排下，程虽曾拜梅兰芳为师，但实际是师从青衣泰斗王瑶卿先生。王先生根据程的嗓音特点而设计创新唱腔，经程本人不断实践提高，乃有优美的程腔传世。罗不仅为程学习京剧创造良好条件，而且亲自教书育人，指导其读书习字，学习丹青，使程不仅具有良好的文化素养，而且具有洁身自好，嫉恶如仇的高尚品格。罗去世时，程以亲子身份，执幡为罗送葬，时人称之。程始名"豔秋"，此条幅作"豔秋"，尔后则正式更为"砚秋"。虽一字之差，足见其人格境界之纯真。我与张宗昌除欣赏梅腔外，对程腔亦情有独钟，我更喜其独具的人格风范，与他的交往较当时其他伶人更为密切些。与其他伶人则闲谈聊天较多，聆听梨园趣闻轶事。例如余叔岩曾经告诉我："钱金福的小嗓唱得特别好，您不信就去问问他，让他给您唱一段。您可千万别说我说的。"余叔岩的话想必是真，而且余叔岩能夸好，绝非一般的好，定有相当高的造诣水平。我们都知道钱金福是唱架子花脸的，如果余叔岩不说，外界谁能知道他的小嗓唱得非常好。

在这里顺便补述一下，我在山东担任督办公署参谋长期间，经常参加或代张接待各方嘉宾，诸如康有为、杨度等社会名流。康、杨均曾为我书写条幅留念。记得康有为为我书写的诗句是"落日照大旗，马鸣风萧萧"，针对我这个武人写出古战场的一片肃杀悲壮情景。

后 记

一部好的个人传记，核心的内容是个人，而核心的思考是个人与整体结构之间的关系，这是一种既以小见小，又以小见大的视野。

李藻麟，字伯仁，1892 年 (光绪十八年) 生于北京。1909 年考入保定陆军速成学堂步兵科，1911 年毕业后，分配到北洋陆军第三镇 (师) 任下级军官。《我的北洋军旅生涯》，是李藻麟的遗稿。其在文稿初具规模，部分内容尚待进一步充实之际，不幸于 1961 年病逝。

北洋政府统治时期，军阀混战是这一历史时期的重要特点。直皖战争、第一次直奉战、第二次直奉战等等经常为人所提到，但是这些战争的具体规模和历程，则缺乏详细记录。如奉系张作霖是北洋军阀的重要一支，而张宗昌又是奉系内部的重要一支。由于李藻麟个人职务与私交缘故，通过其所述有助于了解和研究上述诸问题。这种当事人根据亲身经历写成的一手史料，证据直接，准确性高。针对具体事件能给出直截了当的阐述。例如："张宗昌在北京有两所房子，一所在东城铁狮子胡同，即今张自忠路和硕公主府旧址，一所房子在西城石老娘胡同，即今西四北五条，商业部宿舍。北洋军政府垮台后，两所房产均为南京民党政府查封。"几句话即点明了两处房址的沿革。另如"北洋政府所辖各师和混成旅变迁简况"一编，将民国元年至民国十三年，北洋政府直辖各"师"和"混成旅"的建立和演变简况详细记录了下来。这即是一种以小见小，只叙事实，不论观点。

至于以小见大，往往体现于传记中个人对于所处时代的观感。如前所述，研究北洋军阀统治时期的历史，困难之一是史料短缺。在一手史料中提供出有价值的观点，更为难能可贵。如张宗昌津浦线作战失败后，拒绝了张作霖命其退守热河的指示，而拒绝退守热河的指示"……多少是出于负气。他认为张作霖这样安排，是把自己拒之于东三省大门之外，话里话外表现出不满情绪……这是导致他最后彻底失败和覆灭的错误决策。一时意气用事，竟然贻误终身。"这说明张宗昌的覆灭并非完全出于军事上的溃败，一定程度上也和其与张作霖之间的矛盾有关。

又如"九一八事变"时张学良的动向："当日本悍然发动侵略战争，袭击北大营之际，他（荣臻）立刻给北平打电话报告张学良，而张不在，急令副官速请副司令接电话。此时张学良正在前门外戏院听梅兰芳演唱《太真外传》……张学良立即驱车返回顺承王府。当他获悉东北紧急情况后，立即向南京政府蒋介石电话报告事变情况，并请示处理办法。蒋要张采取克制态度，勿使事态扩大，要相信国联，通过外交途径解决问题。张学良随即电话通知荣臻，坚决执行南京政府当局指示，避免武装冲突，东北军开始迅速向关内撤退，东北三省相继迅速沦陷，落入日本帝国主义手中。"这段详述凸显了"九一八事变"当中蒋、张的态度，直接导致了东三省的沦陷。这种带有深刻时代烙印的史实，以小见大地反映出社会的更迭与时代的变迁。

本书据1998年九洲图书出版社的版本修订后重新出版，就文字上做了少许改动。作者李藻麟之子李周先生在整理原文稿时，为保持原稿回忆录记实风貌，仅在章节上有所变动；至于内容，则根据作者在世时的言谈记录略作补充。我社出版本书前，曾尝试多方联系李周先生未果。如见此书，望李周先生能与我社取得联系。

团结出版社

2017 年 7 月